ARCHITEKTUR IN HANNOVER SEIT 2000

Heinrich Hecht & Conrad von Meding

Leuenhagen & Paris

Einleitung Introduction

Die gläserne Nord/LB, das neue Kröpcke-Center im Herzen der Stadt, der Üstra-Tower von Frank O. Gehry und ein Hotelhochhaus im Zentrum: Hannovers Stadtbild ist in den vergangenen Jahren um viel ungewöhnliche Architektur bereichert worden. Dieses Buch versammelt die wichtigsten Bauwerke, die seit der Expo 2000, der bisher einzigen Weltausstellung auf deutschem Boden, in der Niedersächsischen Landeshauptstadt entstanden sind. Vom anthrazitfarbenen Erweiterungsbau des Sprengel-Museums am Maschsee mit seiner polierten Sichtbetonfassade über das wiederaufgebaute Schloss Herrenhausen bis zum neuen Plenarbereich des Niedersächsischen Landtags, von glänzenden Versicherungszentralen bis zum Hängehaus am Aegi, von aufregenden Wohnbauten bis zum größten Holzdach der Welt auf Hannovers Messegelände.

Dieses Buch ist in erster Linie ein Fotoband. Aus verschiedenen Blickwinkeln und zu unterschiedlichen Tageszeiten zeigt er die Vielfalt der Architektur in Hannover. Zu jedem Bauwerk aber gehört auch seine ganz eigene Geschichte, die wir in kurzen Texten zu erzählen versuchen. Dabei geht es weniger um architekturtheoretische Abhandlungen als vielmehr um die Beschreibung dessen, was die Besonderheit eines Bauwerks ausmacht, die es zum Bestandteil einer Stadt werden lässt.

Ergänzt wird das Buch durch ein Gespräch mit Architekten aus Hannover, die einordnen, wo Hannover derzeit steht, ob wir mehr Highlights oder bessere Standards brauchen, was gut gelungen ist (und was vielleicht weniger) und wie wir mehr Verständnis für Baukultur schaffen können. Ein Kapitel beschäftigt sich zudem mit einigen Aspekten des „ungebauten Hannover“, also all den Entwürfen, die nie zur Umsetzung kamen, ein anderes Kapitel mit erfolgreichen Revitalisierungen.

Das Buch erhebt keinen Anspruch auf Vollständigkeit – das wäre sicherlich vermessen. Und es spart auch zwei wichtige Disziplinen aus: die der Innen- und die der Landschaftsarchitektur. Beide ausreichend zu würdigen, hätte den Rahmen gesprengt.

Wir meinen, dass Hannovers Entwicklung 20 Jahre nach der Expo solch ein Kompendium verdient. Und wollen ein Buch liefern, das ungewöhnliche Perspektiven bietet, einen Anreiz zum Schauen und Staunen – und beim nächsten Gang durch die Stadt einen neuen Blick eröffnet auf Hannovers Architektur seit dem Jahr 2000.

The glass Nord/LB, the new Kröpcke Center in the heart of the city, the Üstra Tower by Frank O. Gehry and a high-rise hotel in the center: Hannover's cityscape has been enriched by a lot of unusual architecture in recent years. This book brings together the most important buildings that have been erected in the capital of Lower Saxony since Expo 2000, the only world exhibition on German soil to date. From the anthracite-colored extension of the Sprengel Museum on the Maschsee lake with its polished exposed concrete facade to the reconstructed Herrenhausen Palace and the new plenary chamber of the Lower Saxony State Parliament, from gleaming insurance headquarters to the hanging house on the Aegi, from exciting residential buildings to the world's largest wooden roof on Hannover's exhibition grounds.

This book is first and foremost a book of photographs. From different angles and at different times of day, it shows the diversity of architecture in Hannover. But each building also has its own story, which we try to tell in short texts. The focus is less on architectural theory than on describing what makes a building so special that it becomes an integral part of a city.

The book is supplemented by a conversation with architects from Hannover who classify where Hannover currently stands, whether we need more highlights or better standards, what has been done well (and what perhaps less so), and how we can create more understanding for building culture. One chapter also deals with some aspects of "unbuilt Hannover", i.e. all the designs that never came to fruition, another chapter with successful revitalizations.

The book makes no claim to completeness - that would certainly be presumptuous. And it also leaves out two important disciplines: interior design and landscape architecture. To pay sufficient tribute to both would have gone beyond the scope of the book.

We believe that Hannover's development 20 years after the Expo deserves such a compendium. And we want to deliver a book that offers unusual perspectives, an incentive to look and marvel - and opens up a new view of Hannover's architecture since the year 2000 the next time you walk through the city.

Heinrich Hecht & Conrad von Meding

Inhalt Contents

Hannover war im Mittelalter eine wichtige Handelsstadt, wandelte sich unter Kurfürstin Sophie zur barocken Kulturstadt, degenerierte unter preußischer Annexion zur Mittelmäßigkeit, wurde im Krieg zerstört wie Dresden – startete danach aber beispiellos den Wiederaufbau. Die Expo 2000, einzige Weltausstellung auf deutschem Boden, brachte zur Jahrtausendwende Weltoffenheit in die Stadt. Das zeigt sich auch und ganz besonders in der Architektur. Ein Rückblick.
Hannover was an important trading city in the Middle Ages, transformed itself into a Baroque city of culture under Electress Sophie, degenerated into mediocrity under Prussian annexation, was destroyed in the war like Dresden – but then embarked on an unprecedented reconstruction. Expo 2000, the only world exhibition on German soil, brought cosmopolitanism to the city at the turn of the millennium. This is also and especially evident in the city's architecture. A look back.

Ein Studentenwohnheim in einer aufgegebenen Kirche, ein Expo-Pavillon als Energie-Plus-Haus, ein quirliges Wohn- und Geschäftszentrum in einer alten Wurstfabrik: Ein Blick auf gelungene Revitalisierungen in Bestandsgebäuden.
A student dormitory in an abandoned church, an Expo pavilion as an energy-plus building, a lively residential and commercial center in an old sausage factory: a look at successful revitalizations in existing buildings.

Am Kronsberg und in der Wasserstadt entstehen große neue Siedlungen. Aber wir lenken den Blick auch auf die vielen anderen Projekte. Vom Gilde-Carrée in Linden über das anspruchsvolle Lifestyle-Projekt „Vier" im Pelikan-Quartier, von Tiny-Houses bis zur umgebauten Hautklinik am Ihme-Ufer, von der Üstra-Holzhaussiedlung bis zu einem „neuen Altbau".
Large new housing developments are being built at Kronsberg and Wasserstadt. But we also draw attention to the many other projects. From the Gilde-Carrée in Linden to the sophisticated lifestyle project "Vier" in the Pelikan-Quartier, from Tiny-Houses to the converted skin clinic on the banks of the Ihme, from the Üstra timber housing estate to a "new old building".

Titelbild: Wohnungsbau „Vier" im Pelikan-Viertel, siehe Seite 222. / Rücktitel: Neubau der Nord/LB, siehe Seite 242.
Cover photo: Apartment building "Four" in the Pelikan district, see page 222. / Back cover: New Nord/LB building, see page 242.

Bauwerke 2004–2000
Buildings 2004–2000

Bauwerke zur Expo
Die Welt zu Gast in Hannover
Buildings for Expo
Hannover hosts the world

Wo steht Hannover architektonisch? Braucht die Stadt mehr Highlights oder bessere Standards? Was ist gelungen, was weniger? Wie schaffen wir mehr Verständnis für und Bereitschaft zu Baukultur? Ein Diskurs über das gebaute Hannover in Gegenwart und Zukunft.
Where does Hannover stand architecturally? Does the city need more highlights or better standards? What is successful, what less so? How do we create more understanding for and readiness for building culture? A discourse on built Hannover in the present and the future.

Jede Stadt ist ein Möglichkeitsraum. In ihr zeigt sich nur das, was es bis zur Baureife geschafft hat. Viele Ideen bleiben auf der Strecke. Wir zeigen einige Projekte, die Hannover intensiv beschäftigt haben, ihrer Umsetzung aber noch harren: von der Maschsee-Pyramide über den Leinebogen bis zur immer wieder diskutierten Markthallenrekonstruktion.
Every city is a space of possibility. It only shows what has made it to the construction stage. Many ideas fall by the wayside. We show some of the projects that have occupied Hannover intensively but are still waiting to be implemented: from the Maschsee pyramid to the Leinebogen and the market hall reconstruction that has been discussed again and again.

Bauwerke 2016–2021

Buildings 2016–2021

Continental-Zentrale am Pferdeturm

1

2

Auf 71 Metern Länge schwebt die Glasbrücke freitragend über der vierspurigen Straße. Continental errichtet sich eine neue Unternehmenszentrale am Pferdeturm in Hannover – und diese symbolisiert nicht nur wegen der Brücke, die die beiden Grundstücke verbindet, ein Tor zur Stadt.

Hannover ist reich an großen Firmennamen. Von Bahlsen über Pelikan bis zur Hanomag, heute prägen Volkswagen Nutzfahrzeuge und die Tui sowie etliche namhafte Versicherungskonzerne die regionale Wirtschaftskraft. Continental aber sticht allein schon deswegen heraus, weil es derzeit das einzige hannoversche Unternehmen im DAX ist. Was zwar wenig klingt – aber Hannovers norddeutsche Nachbarstadt Hamburg hat gar kein Unternehmen im Dax.

150 Jahre alt wird der Autozulieferer, der einst mit Fahrradreifen anfing, dann Welterfolge mit dem ersten luftgefüllten Profilreifen feierte und inzwischen ein Hightechkonzern ist, der bei Motorkomponenten genauso zur Weltmarktspitze gehört wie bei Strategien zum autonomen Fahren.

Diesen Geist soll die neue Unternehmenszentrale atmen, für deren Umsetzung sich das Büro Henn Architektur aus München im Wettbewerb durchgesetzt hat: Auch wenn Reifen wohl für immer zur

71 meters long, the glass bridge floats cantilevered above the four-lane road. Continental is building itself a new corporate headquarters at the Pferdeturm in Hannover – and this symbolizes a gateway to the city not only because of the bridge that connects the two properties.

Hannover is rich in big company names. From Bahlsen to Pelikan to Hanomag, today Volkswagen Commercial Vehicles and Tui, as well as several well-known insurance groups, shape the regional economic power. Continental, however, stands out simply because it is currently the only Hannoverian company listed on the DAX. This may not sound like much, but Hannover's neighboring city in northern Germany, Hamburg, does not have any companies listed in the DAX.

The automotive supplier, which once started out with bicycle tires, then celebrated global success with the first air-filled treaded tire and is now a high-tech group that is among the world market leaders in engine components as well as in strategies for autonomous driving, is 150 years old.

This spirit is to be breathed into the new corporate headquarters, for which the Munich-based firm Henn Architektur won the

Objekt:	**Continental-Zentrale**
Adresse:	**Hans-Böckler-Allee 35-47**
Architekten:	**Henn Architektur**
Bauherr:	**Continental AG**
Baujahr:	**2021**
Fläche:	**47 400 qm Büro und Kita 23 300 qm Parkhäuser**

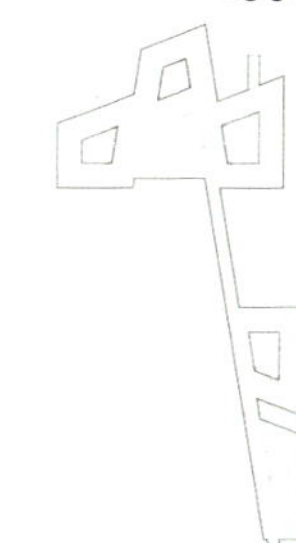

1 | Ein gelbes Band – im Farbton der Continental – zieht sich als optische Verdeutlichung durch alle Gebäude des Neubaus.

2 | Spektakulär: 71 Meter misst die freitragende Brücke am Pferdeturm, die die Gebäude der neuen Conti-Zentrale verbindet.

1 | A yellow ribbon – in the color of Continental – runs through all the buildings of the new building as a visual clarification.

2 | Spectacular: The cantilever bridge at the Pferdeturm, which connects the buildings of the new Conti headquarters, measures 71 meters.

3

DNA der Conti gehören, so ist Continental doch eben kein Kautschuk-Betrieb mehr, sondern vor allem ein Technikunternehmen. Von der alten Backstein-Fabrikarchitektur in Vahrenwald geht es daher jetzt in einen modernen Glasbau.

Fast hätte Continental Hannover verlassen. Jedenfalls wurde unverhohlen signalisiert, dass solch ein Schritt eine Option sein könne, nachdem die Entscheidung gefallen war, dem Unternehmen eine neue Zentrale zu spendieren. Frankfurt soll im Gespräch gewesen sein, kurzzeitig wohl auch mal der Raum Berlin und dann sogar Hannovers kleine Nachbarstadt Garbsen: Dort hat sich der Maschinenbaucampus der Leibniz-Universität angesiedelt und gerne hätte man auch das Weltunternehmen zu sich über die Stadtgrenze gezogen.

In Hannover aber überzeugte am Ende dann doch das Grundstück am Pferdeturm. Das hat den Nachteil, dass es zweigeteilt ist: Eine der wichtigsten Zubringerstraßen des Messeschnellwegs führt hindurch, weshalb die Glasbrücke beide Flächenteile verbindet. Es hat aber den Vorteil, dass man sowohl dicht bei den hannoverschen Standorten in Stöcken und Vahrenwald ist, die Infrastruktur der Großstadt genießen kann, dass der Weg zu Autobahnen und Flughafen kurz ist und: dass die künftige Teststrecke für autonomes Fahren in Niedersachsen genau an der Haustür entlangführt. Sie wird auf 280 Kilometern das Dreieck Wolfsburg, Braunschweig, Salzgitter und Hannover verbinden und dabei den Pferdeturm tangieren.

Der Entwurf des Büros Henn sieht für die neue Unternehmenszentrale von Continental keine Hochhausarchitektur vor, wie sie der Konzern schon einmal nach dem Krieg am Königsworther Platz zelebriert hat. Stattdessen gruppieren sich vierstöckige Gebäude in Campusarchitektur auf dem Grundstück und symbolisieren flache Hierarchien. 1500 Beschäftigte sollen in der ersten Ausbaustufe im Desksharemodus in den Gebäuden (Arbeits-)Platz finden.

Vier Gebäudeteile ergänzen sich zum Campus. Die entscheidende Entwurfsidee ist ein „Loop" auf Höhe des zweiten Obergeschosses, der sich als Weg durch das gesamte Gebäudeensemble zieht und sich am deutlichsten in der Brückenkonstruktion manifestiert. Der „Loop" soll „Begegnungen auf Augenhöhe" zwischen Mitarbeitern und Management ermöglichen, hieß es bei der Grundsteinlegung.

Um das „Loop"-Konzept auch nach außen zu unterstreichen, ist die vollverglaste Fassade in Höhe des zweiten Obergeschosses mit gelblichen Folien markiert – eine Gestaltungsidee, die nicht überall gut ankommt. Manche halten die Gelbtönung weiterhin für Baufolien. Auch die beiden Parkhäuser, die den Neubaukomplex flankieren, stoßen nicht überall auf Gegenliebe. Sie sind für Autofahrer auf dem Schnellweg die ersten optischen Blickfänge und kontrastieren als pure Zweckbauten die Leichtigkeit der eigentlichen Bürohaus-Zentrale stark. Bei der Verkleidung der Haus- und Klimatechnik auf den Dächern immerhin hat das Unternehmen nachgebessert. Erst war sie durchscheinend geplant, was billig aussah. Jetzt wird sie nahezu blickdicht. Sehr gelungen ist dagegen das

competition: Even though tires will probably always be part of Conti's DNA, Continental is no longer a rubber company, but first and foremost a technology company. The old brick factory architecture in Vahrenwald has now been replaced by a modern glass building.

Continental almost left Hannover. In any case, it was openly signaled that such a move could be an option after the decision was made to give the company a new headquarters. Frankfurt is said to have been under discussion, for a short time also the Berlin area, and then even Hannover's small neighboring town of Garbsen: the mechanical engineering campus of Leibniz University is located there, and the global company would have been happy to move across the city's border.

In Hannover, however, the site at the Pferdeturm was ultimately chosen. This has the disadvantage that it is divided into two parts: One of the most important feeder roads of the trade fair expressway runs through it, which is why the glass bridge connects both parts of the site. But it has the advantage of being close to the Hannover sites in Stöcken and Vahrenwald, of being able to enjoy the infrastructure of the big city, of being close to highways and the airport, and of having the future test track for autonomous driving in Lower Saxony right on its doorstep. The 280-kilometer route will connect the triangle formed by Wolfsburg, Braunschweig, Salzgitter and Hannover, and will pass by the Pferdeturm.

The design by the Henn office does not envisage high-rise architecture for Continental's new corporate headquarters, as the corporation once celebrated at Königsworther Platz after the war. Instead, four-story buildings in campus architecture are grouped on the site and symbolize flat hierarchies. In the first stage of expansion, 1500 employees will be able to work in the buildings in deskshare mode.

Four building sections complement each other to form the campus. The decisive design idea is a "loop" at the level of the second floor, which runs as a path through the entire building ensemble and manifests itself most clearly in the bridge construction. The "loop" is intended to facilitate "eye-level encounters" between employees and management, it was said at the groundbreaking ceremony.

To emphasize the "Loop" concept to the outside world as well, the fully glazed facade at the level of the second floor is marked with yellowish foils – a design idea that is not well received everywhere. Some still consider the yellow tint to be construction foil. The two parking garages that flank the new building complex are also not universally well received. They are the first visual eye-catchers for drivers on the expressway and, as purely functional buildings, contrast strongly with the lightness of the actual office building headquarters. At least the company has made improvements to the cladding of the building and air-conditioning systems on the roofs. At first, it was planned to be translucent, which looked cheap. Now it is almost opaque.
The large atrium on the northern side of the campus, on the other

3 | Neuer Unternehmenssitz: Campusartig erstreckt sich die Unternehmenszentrale am Pferdeturm, flankiert von Parkhäusern (Simulation).

4 | Statisch ausgetüftelt: Der Anschluss der Loop-Brücke an das südliche Campusgebäude der Conti.

3 | New corporate headquarters: The Corporate Headquarters at Pferdeturm extends like a campus, flanked by parking garages (simulation).

4 | Structurally engineered: The connection of the Loop Bridge to the southern campus building of Conti.

4

5

große Atrium auf der nördlichen Campusseite. Mit einer fast mondänen, geschwungenen Freitreppe empfängt Continental seine Besucher, überdacht von einer trapezförmig aufgespannten Glasdachkonstruktion. Zum neuen Areal von Continental gehören auch eine Kita und ein Gesundheitszentrum.

Es ist bereits die vierte Conti-Zentrale in Hannover seit der Unternehmensgründung vor 150 Jahren. Das erste Direktions- und Verwaltungsgebäude stammt von Peter Behrens und wurde als Prachtbau von 1912 bis 1914 an der Vahrenwalder Straße errichtet. Heute ist dort die kommunale Wirtschaftsförderung ansässig.

Für die zweite Zentrale wurde das sogenannte Conti-Hochhaus am Königsworther Platz erbaut: In den Jahren 1951 bis 1953 mit 15 Stockwerken nach Plänen von Ernst Zinsser und Werner Dierschke geschaffen, galt es als das höchste Hochhaus in Westdeutschland nach dem Zweiten Weltkrieg. In den Neunzigerjahren richtete sich die Continental ihre Zentrale dann wieder auf dem Ursprungsareal direkt neben dem alten Verwaltungssitz Vahrenwalder Straße ein: Sie ließ dazu das konkav geschwungene ehemalige Produktionsgebäude an der Philipsbornstraße stilvoll umbauen. 1995 übernahm das Land Niedersachsen das Conti-Hochhaus am Königs-

hand, is very successful. Continental welcomes its visitors with an almost sophisticated, curved flight of steps, covered by a trapezoidal glass roof construction. The new Conti areal also includes a daycare center and a health center.

This is already the fourth Conti headquarters in Hannover since the company was founded 150 years ago. The first management and administration building was designed by Peter Behrens and built as a magnificent building on Vahrenwalder Straße from 1912 to 1914. Today, it is home to the municipal business development department.

For the second headquarters, the so-called Conti high-rise building was built on Königsworther Platz: Created between 1951 and 1953 with 15 stories according to plans by Ernst Zinsser and Werner Dierschke, it was considered the tallest high-rise in West Germany after World War II. In the 1990s, Continental moved its headquarters back to the original site directly adjacent to the old administrative headquarters on Vahrenwalder Strasse: To this end, it had the concavely curved former production building on Philipsbornstrasse stylishly converted. In 1995, the state of Lower Saxony took over the Conti high-rise building on Königsworther Platz from

6

worther Platz von der Conti und richtete es für die Leibniz-Universität her – es heißt seitdem Conti-Campus.

Mit dem Umzug an den Pferdeturm will Continental erstmals nicht den alten Firmensitz aufgeben. Trotz aller Schwierigkeiten am Automobilmarkt wächst das Unternehmen und plant daher, auch den alten Verwaltungsstandort weiterzunutzen.

Conti and adapted it for Leibniz University – it has since been called the Conti Campus.

With the move to the Pferdeturm, Continental for the first time does not want to give up its old headquarters. Despite all the difficulties in the automotive market, the company is growing and therefore plans to continue using the old administrative site as well.

5 | Glasdach über dem 1000 Quadratmeter großen Atrium: Trotz ihres tonnenschweren Gewichts sieht die Konstruktion leicht aus.

6 | Der rote Abendhimmel über Hannover spiegelt die Innenstadtsilhouette mit Nord/LB und altem Fernsehturm in der gläsernen Continental-Zentrale. Der Dachaufbau, der die Technik kaum verdeckte, wurde nach Kritik nachgebessert.

5 | Glass roof over the 1000-square-meter atrium: Despite its weight of several tons, the construction looks light.

6 | The red evening sky over Hanover reflects the silhouette of the city center with Nord/LB and the old TV tower in the glass Continental headquarters. The roof structure, which barely concealed the technology, was touched up after criticism.

Intercity-Hotelhochhaus

17 Jahre lang wurden in Hannovers Innenstadt keine Hochhäuser mehr gebaut – dabei ist der Hochbau genau das, was einer Stadt Urbanität verleiht. Am Andreas-Hermes-Platz, zwischen Hauptbahnhof und Oststadt, ist nun ein neuer Hochpunkt gewachsen. 54 Meter ragt der Neubau der bauwo (Architekten: Böge Lindner K2 aus Hamburg) für die Intercity-Hotelkette in den Himmel auf, verkleidet mit einer Fassade aus farblich gemischten, gebrannten Tonstäben.

Das 18-geschossige Gebäude komplettiert rund um den Raschplatz ein Ensemble aus zwei Siebzigerjahre-Hochhäusern zum neuen Dreieck. Das aus sechs Einzeltürmen bestehende Gebäude der Sparkasse am Raschplatz (70 Meter) wurde 2015 vollständig saniert (Schulze Partner Architekten) und hat statt einer schokoladenbraunen nun eine silberne Fassade. Der benachbarte Hochhauskomplex Lister Turm, landläufig Bredero-Hochhaus genannt (91 Meter), harrt noch seiner Revitalisierung. Gemeinsam mit der dichten Bebauung des Raschplatzes aus Kinos, Clubs und Spielbank, mit dem alten Fernsehturm und der Zentrale der DZ-Bank, die ebenfalls von Architekt Jürgen Böge stammt, stellen die Bauten das Quartier „hinterm Bahnhof“ dar.

Der Intercity-Hotelneubau war keine leichte Aufgabe. Das Grundstück war zwar eine Leerstelle auf dem eher unräumlich wirkenden Andreas-Hermes-Platz. Es ist aber gefangen zwischen der DZ-Bank und dem Kulturzentrum Pavillon, einem eigentlich als Provisorium errichteten Flachbau, der wegen seiner Angebote weit über den Stadtteil hinaus Strahlkraft entwickelt hat. Architekt Böge entwarf daher einen fünfeckigen Grundriss, um das Areal optimal auszunutzen. 18 Stockwerke hoch streckt sich der Hotelbau nun. 220 Zimmer, designt von dem Italiener Matteo Thun, finden auf den Etagen Platz, dazu sechs Tagungs- und Veranstaltungsräume. Die Hotelzimmer tragen Hannover-Motive. Und aus den schmalen Fensterbändern haben die Gäste einen weiten Blick über die Stadt: wahlweise auf den Stadtwald Eilenriede, der sich in dieser Stelle fast bis ins Zentrum erstreckt, oder auf den quirligen Stadtkern.

Architektonischer Blickfang ist das Glasportal, das sich transparent über drei Etagen erstreckt. Über dem Empfangsbereich befinden sich in den beiden oberen Etagen Tagungsräume. Wenn sie abends erleuchtet sind, können Autofahrer auf der benachbarten Raschplatz-Hochstraße auf Augenhöhe in die Räume schauen, wo noch gearbeitet wird, während sie auf dem Weg in den Feierabend rollen. So sieht eine Großstadt aus, die (fast) nie schläft.

For 17 years, no more high-rises were built in Hannover's city center – yet high-rise construction is precisely what gives a city urbanity. At Andreas-Hermes-Platz, between the main train station and Oststadt, a new high point has now grown. The new building of bauwo (architects: Böge Lindner K2 from Hamburg) for the Intercity hotel chain rises 54 meters into the sky, clad with a facade of color-mixed burnt clay bars.

The 18-story building completes an ensemble of two seventies high-rises around Raschplatz to form the new triangle. The Sparkasse building on Raschplatz (70 meters), which consists of six individual towers, was completely renovated in 2015 (Schulze Partner Architekten) and now has a silver facade instead of a chocolate brown one. The neighboring high-rise complex Lister Turm, commonly called Bredero-Hochhaus (91 meters), is still awaiting revitalization. Together with the dense development of Raschplatz comprising cinemas, clubs and a casino, with the old TV tower and the headquarters of the DZ Bank, which was also designed by architect Jürgen Böge, the buildings form the neighborhood "behind the train station.

The new Intercity Hotel building was no easy task. It is true that the site was an empty space on the rather un-spacious Andreas-Hermes-Platz. However, it is caught between the DZ Bank and the Pavillon cultural center, a low-rise building that was actually erected as a provisional structure and has developed appeal far beyond the district because of its offerings. Architect Böge therefore designed a pentagonal floor plan to make optimum use of the site. The hotel building now stretches 18 stories high. 220 rooms, designed by the Italian Matteo Thun, can be found on the floors, as well as six conference and event rooms. The hotel rooms bear Hannover motifs. And from the narrow ribbons of windows, guests have a wide view over the city: either of the Eilenriede city forest, which extends almost into the center at this point, or of the lively city center.

The architectural eye-catcher is the glass portal, which extends transparently over three floors. Above the reception area, there are conference rooms on the two upper floors. When they are lit up in the evening, motorists on the neighboring Raschplatz elevated highway can look down at eye level into the rooms where work is still being done as they roll along on their way to the end of the day. This is what a big city that (almost) never sleeps looks like.

Objekt:	Intercity-Hotelhochaus
Adresse:	Andreas-Hermes-Platz 1
Architekten:	Böge Lindner, K2 Architekten Interior: Matteo Thun, Italien
Bauherr:	bauwo Grundstücks AG
Baujahr:	2020
Fläche:	11 120 qm

1 | 54 Meter und 18 Stockwerke misst das Intercity-Hotel, das Architekt Jürgen Böge für die bauwo am Andreas-Hermes-Platz entworfen hat. Eine Besonderheit ist der fünfeckige Grundriss, mit dem sich das Hochhaus in die urbane Bebauung hinterm Bahnhof einfügt. Auch das Gebäude der DZ-Bank (vorne rechts) mit ihrer Glas-Sandstein-Fassade stammt von Architekt Böge.

1 | 54 meters and 18 stories is the height of the Intercity Hotel, which architect Jürgen Böge designed for bauwo at Andreas-Hermes-Platz. A special feature is the pentagonal floor plan, with which the high-rise fits into the urban development behind the train station. The DZ Bank building (front right) with its glass and sandstone facade was also designed by architect Böge.

1

2

3

2 | Wie im Wohnzimmer: Die Hotellobby bietet Ausblicke auf den Andreas-Hermes-Platz.

3 | Warmer Empfang: Die von Holz dominierte Einrichtung auch der Rezeption stammt von Matteo Thun.

4 | Blickfang: In der Abenddämmerung setzt das Hochhaushotel zusätzliche Glanzpunkte in der Innenstadt.

2 | Like a living room: The hotel lobby offers views of Andreas Hermes Square.

3 | Warm welcome: The wood-dominated furnishings, including those at the reception desk, were designed by Matteo Thun.

4 | Eye-catcher: At dusk, the high-rise hotel adds an additional highlight to the city center.

4

IntercityHotel
IntercityHotel

5

IntercityHotel
IntercityHotel

6

7

5 | **Hochpunkt:** Nach Jahren ist wieder ein Hochhaus in Hannover entstanden.

6 | **Transparent:** Das Glasportal erstreckt sich über drei Etagen.

7 | **Ungewöhnlich:** Die Fassade besteht aus farblich gemischten, gebrannten Tonstäben.

5 | High Point: After years, a high-rise has been built in Hannover again.

6 | Transparent: The glass portal extends over three floors.

7 | Unusual: The facade consists of burnt clay bars in mixed colors.

Büro- und Geschäftshaus List

Architektur ist, die Besonderheiten eines Ortes aufzunehmen und daraus eine passende Antwort auf die Anforderungen der Zeit zu finden. Ein Bauwerk, bei dem das sichtbar gut gelungen ist, stellt der prägnante Neubau der List-Gruppe aus Nordhorn an der Ecke von Vahrenwalder Straße und Philipsbornstraße dar.

Die städtebauliche Situation dort ist seit 1871/74 geprägt vom konkav geschwungenen Werksbau der Continental AG, der sich etwa 300 Meter lang entlang der Philipsbornstraße windet. Auf dem gegenüberliegenden Eckgrundstück waren über Jahrzehnte hinweg niedrige, eher provisorisch anmutende Nachkriegsbauten angesiedelt, unter anderem ein Diner-Restaurant.

Die Berliner Architektin Hilde Léon entwickelte für die List-Gruppe einen Neubau, der mit konvexen Rundungen ein Pendant zur Conti-Rundung darstellt. Bei der Grundsteinlegung sprach sie von einem „Konzept des abgerundeten Dreiecks statt aggressiver Ecken".

Fünfgeschossig erhebt sich der Bau mit aufwendig fragmentierter Backsteinfassade, darunter befinden sich zwei Tiefgaragengeschosse. Der ursprüngliche Plan, mit einem Deckenversprung über dem Haupteingang auch die davorliegende Treppe der U-Bahnstation Werderstraße zu überdachen, wurde später fallen gelassen. Der Versprung fällt jetzt kleiner aus, zieht den Betrachter aber trotzdem ins Gebäudeinnere.

Gewöhnungsbedürftig sind die unterschiedlichen Fensterformate in den drei obersten Geschossen. Sie tragen dazu bei, dass das Gebäude nicht monoton wirkt – wobei dieser Effekt eigentlich schon durch die Rundungen und die reichen Backsteinverzierungen erreicht wird. Im ersten Obergeschoss zeigt sich allerdings im breiten Fensterband eine Besonderheit: Es sind gebogene Scheiben eingesetzt. Ein Zeichen, dass der Bauherr zusätzliche Kosten nicht scheut, wovon die Architekturqualität profitiert. Gebogene Scheiben sind erheblich teurer als gerades Flachglas.

Im Erdgeschoss wurden ein Rewe-Markt mit Backfiliale sowie ein dm-Drogeriemarkt als Nutzer gewonnen. Für die Wohnquartiere am innerstädtischen Ende der Vahrenwalder Straße fehlten zuvor Einkaufsgelegenheiten, sodass die Planung auch eine Lücke im Einzelhandelskonzept der Stadt schloss. Es sieht vor, dass in Hannover möglichst niemand weiter als 500 Meter zum nächsten Geschäft mit Waren des täglichen Bedarfs laufen muss.

Weitere Nutzer sind die Hotelkette B&B mit 150 Betten in den beiden Obergeschossen, darunter bietet das Unternehmen Design-Offices auf 6700 Quadratmetern Coworking-Büroflächen.

Das für den Stadtteil Vahrenwald prägende Continental-Ensemble (zu dem benachbart auch der alte Continental-Verwaltungsbau gehört, der 1912 bis 1914 nach Entwürfen von Peter Behrens errichtet wurde) hat in dem Büro- und Geschäftshaus ein würdiges Gegenüber gefunden.

Architecture is about taking the special features of a place and finding a suitable response to the demands of the time. One building where this has been visibly successful is the striking new building of the List Group from Nordhorn at the corner of Vahrenwalder Straße and Philipsbornstraße.

The urban situation there has been characterized since 1871/74 by the concavely curved factory building of Continental AG, which winds along Philipsbornstrasse for about 300 meters. For decades, the opposite corner lot was occupied by low, rather provisional-looking post-war buildings, including a diner-restaurant.

Berlin architect Hilde Léon developed a new building for the List Group with convex curves as a counterpart to the Conti rounding. At the groundbreaking ceremony, she spoke of a "concept of rounded triangles instead of aggressive corners."

The building rises five stories with an elaborately fragmented brick facade, below which are two levels of underground parking. The original plan to roof the staircase in front of the Werderstraße subway station with a ceiling projection above the main entrance was later dropped. The projection is now smaller, but still draws the viewer into the building.

The different window formats on the three uppermost floors require some getting used to. They help to prevent the building from appearing monotonous – although this effect is actually already achieved by the curves and the rich brick ornamentation. On the second floor, however, the wide band of windows reveals a special feature: curved panes have been inserted. A sign that the builder is not afraid of additional costs, from which the architectural quality benefits. Curved panes are considerably more expensive than straight flat glass.

On the first floor, a Rewe market with a bakery branch and a dm drugstore were attracted as users. The residential quarters at the inner-city end of Vahrenwalder Strasse previously lacked shopping opportunities, so the planning also closed a gap in the city's retail concept. It stipulates that, as far as possible, no one in Hannover should have to walk more than 500 meters to the nearest store selling everyday goods.

Other users include the B&B hotel chain with 150 beds on the two upper floors, and below that the company Design-Offices offers 6700 square meters of coworking office space.

The Continental ensemble that characterizes the Vahrenwald district (which also includes the old Continental administration building next door, built between 1912 and 1914 to designs by Peter Behrens) has found a worthy counterpart in the office and commercial building.

Objekt:	Büro- und Geschäftshaus List
Adresse:	Vahrenwalder Straße 11
Architekten:	léonwohlhage, Hilde Léon
Bauherr:	List Development
Baujahr:	2020
Fläche:	25 000 qm (inkl. 2 Tiefgaragenebenen)

1

1 | Elegant schmiegt sich die strukturierte Backsteinfassade mit ihrer konvexen Rundung an die konkave Form des alten Continental-Bauwerks entlang der Philipsbornstraße.

1 | The structured brick facade with its convex curvature nestles against the concave shape of the old Continental building along Philipsbornstrasse.

Campus Maschinenbau der Leibniz-Universität

Hannovers westliche Nachbarstadt Garbsen ist zur Universitätsstadt gereift: Angrenzend an das 2004 fertiggestellte Produktionstechnische Zentrum (PZH) mit seinen sieben Instituten ist in den Jahren 2014 bis 2020 der neue Maschinenbau-Campus der Leibniz-Universität gewachsen. Elf Institute der Bereiche Energie- und Prozesstechnik sowie Konstruktion und Entwicklung haben in sieben neuen Gebäuden auf der etwa neun Hektar großen Grundstücksfläche Platz gefunden.

Für den Universitätsstadt-Charakter der Landeshauptstadt Hannover ist der Neubau abseits der urbanen Mitte ein weiterer Rückschlag. Während in anderen Universitätsstädten dank hoher Institutsdichte ein Campusgefühl quasi selbst entsteht, sind in Hannover die Hochschuleinrichtungen weit über das Stadtgebiet verteilt. Sie reichen vom klassischen Universitätszentrum, dem Welfenschloss in der Nordstadt, über die Medizinische Hochschule im Osten und die Tierärztliche Hochschule im Süden, vom Hauptsitz der (Fach-)Hochschule in Ricklingen über die neuen Studienorte an der Expo-Plaza – und nun residiert auch noch der drittmittelstärkste Hochschulbereich, die Maschinenbau-Fakultät, komplett außerhalb der Stadtgrenzen.

Fakt ist aber: Im engen urbanen Raum der Nordstadt hatten die Maschinenbauer kaum noch Expansionsmöglichkeiten und Garbsen bot sich dank der geringen Entfernung und eines (relativ) guten Stadtbahnanschlusses für die Aufnahme der Universitätseinrichtungen an.

Entstanden ist ein hochmoderner Campus auf fast 21.000 Quadratmetern Hauptnutzfläche mit drei Institutsbauten, einem Forschungsgebäude für die Dynamik der Energieumwandlung (DEW), einem Hörsaalgebäude, einer Mensa, einem Seminar- und Kommunikationsgebäude mit Arbeitssälen (Sekom) für die Studierenden sowie ein den Campus versorgendes Technikhaus. Die Neubauten organisieren sich um eine Platzmitte und bieten dadurch kurze Wege im verdichteten Raum. Insgesamt hat die Erweiterung rund 150 Millionen Euro gekostet.

Hannover's neighboring city to the west, Garbsen, has matured into a university town: Adjacent to the Production Technology Center (PZH), completed in 2004, with its seven institutes, the new mechanical engineering campus of Leibniz University has grown in the years 2014 to 2020. Eleven institutes in the fields of energy and process technology as well as design and development have found space in seven new buildings on the approximately nine-hectare site.

For the university town character of the state capital Hannover, the new construction away from the urban center is a further setback. Whereas in other university cities, thanks to a high density of institutes, a campus feeling is virtually self-evident, in Hannover the university facilities are spread far and wide across the city. They range from the classic university center, the Welfenschloss in the Nordstadt, to the Medical School in the east and the Veterinary School in the south, from the headquarters of the (technical) university in Ricklingen to the new study locations at the Expo Plaza – and now even the third-strongest university department, the Faculty of Mechanical Engineering, resides completely outside the city limits.

The fact is, however, that the mechanical engineers had hardly any room for expansion in the confined urban space of the northern city, and Garbsen lent itself to hosting the university facilities thanks to the short distance and a (relatively) good light rail connection.

The result is an ultramodern campus with almost 21,000 square meters of main floor space, including three institute buildings, a research building for the dynamics of energy conversion (DEW), a lecture hall building, a cafeteria, a seminar and communication building with workrooms (Sekom) for the students, and a technical building supplying the campus. The new buildings are organized around a square center and thus offer short distances in the condensed space. In total, the expansion cost around 150 million euros.

Objekt:	Campus Maschinenbau d. Leibniz Univ.
Adresse:	An der Universität 1
Architekten:	Auer Weber
Bauherr:	Gottfried-Wilhelm-Leibniz-Universität
Baujahr:	2020
Fläche:	20 750 qm

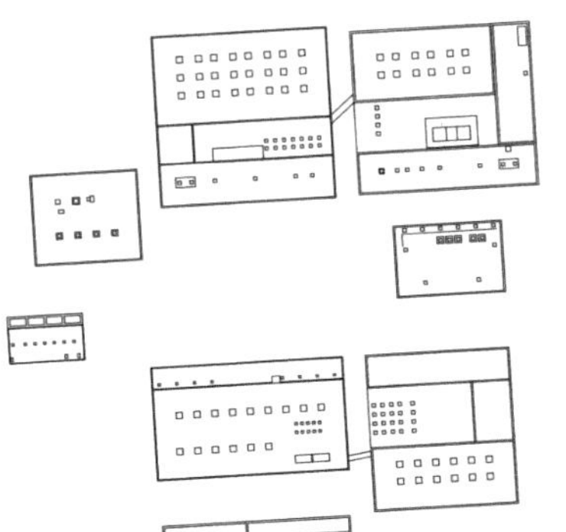

1 | Klare Formen, zweckmäßige Architektur: In Hannovers Nachbarstadt Garbsen hat die Leibniz-Uni Platz zur Expansion gefunden.

1 | Klare Formen, zweckmäßige Architektur: In Hannovers Nachbarstadt Garbsen hat die Leibniz-Uni Platz zur Expansion gefunden.

1

2 | Durchblick: Die Arkadenarchitektur des Maschinenbaucampus' ermöglicht den Studierenden trockenes Draußensitzen – und verleiht den Gebäuden Eleganz.

2 | View through: The arcade architecture of the mechanical engineering campus allows students to sit outside in the dry – and lends elegance to the buildings.

8132

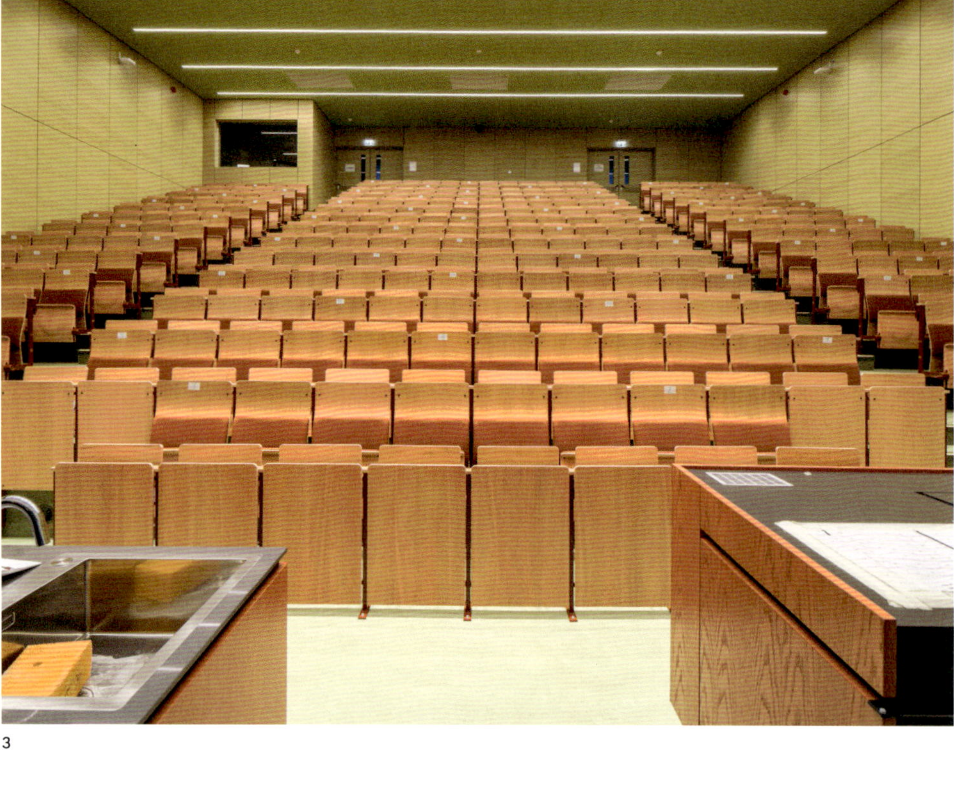

3

4

3 | Moderne Hörsäle im Maschinenbaucampus und ...

4 | ... breite Flure zwischen den Workshop- und Experimentierräumen prägen die Neubauten.

5 | Zwar sind sie barrierefrei gebaut – aber meistens gelangen die Studierenden über die Treppenfluchten schneller zum Ziel.

3 | Modern lecture halls in the mechanical engineering campus and ...

4 | ... wide corridors between the workshop and experimentation rooms characterize the new buildings.

5 | Although they are built barrier-free – students usually reach their destinations more quickly via the stair corridors.

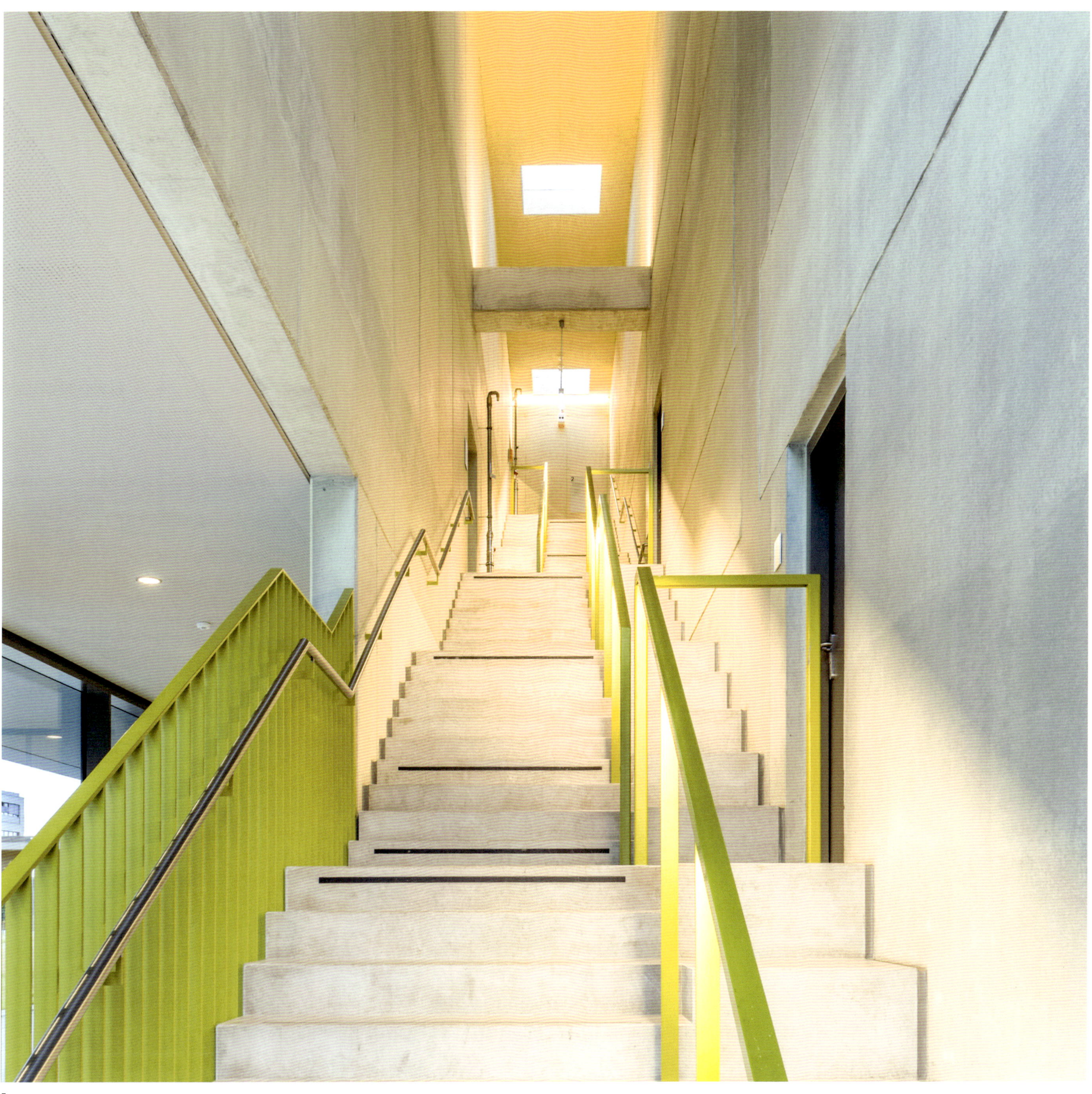

5

6

7

6 | Ausblick über die Campusfläche und ...

7 | ... Einblick durch große Glasfronten: Die Architekten haben Offenheit bewiesen.

8 | Gute Nachbarschaft: Direkt angrenzend an den Maschinenbaucampus befindet sich das bereits 2004 errichtete Produktionstechnische Zentrum (PZH) der Leibniz-Uni. Es gilt als eines der größten produktionstechnischen Forschungszentren Deutschlands. Hier sind außer Instituten wie der Materialprüfanstalt für Werkstoffe auch zahlreiche Startups ansässig.

6 | View over the campus area and ...

7 | ... view through large glass fronts: The architects have demonstrated openness.

8 | Good neighborhood: Directly adjacent to the mechanical engineering campus is the Leibniz University's Production Technology Center (PZH), built back in 2004. It is considered one of the largest production technology research centers in Germany. In addition to institutes such as the Materials Testing Institute, numerous startups are also located here.

Leibniz
Universität
Hannover
Produktionstechnisches
Zentrum Hannover

8

Hannover-Service-Center am Schützenplatz

Objekt:	Hannover-Service-Center am Schützenpl.
Adresse:	Am Schützenplatz 1
Architekten:	KSW Kellner Schleich Wunderling
Bauherr:	Hanova
Baujahr:	2019
Fläche:	31 109 qm (inklusive Tiefgarage)

200 Meter lang ist der Verwaltungsneubau, in den die Stadt Hannover 600 Mitarbeiter vor allem aus dem Fachbereich der öffentlichen Ordnung zusammengezogen hat. Kfz-Zulassung, Fahrerlaubnisbehörde, der Bereich Einwohnerangelegenheiten, das Veterinärwesen, die Lebensmittelüberwachung, der Bereich Ausländerangelegenheiten, der Verkehrsaußendienst und vieles mehr sind an dem Standort seit 2019 zusammengefasst, die zuvor weit über das Stadtgebiet verteilt waren.

Dem hannoverschen Architekturbüro KSW, das sich über einen Architektenwettbewerb qualifiziert hat, ist es gelungen, dem Gebäude trotz seiner Ausdehnung ein schlankes Äußeres zu verleihen. Das liegt nicht nur an der sensiblen Musterstruktur der rötlichen Klinker. Die drei Sockelgeschosse sind mit durchgehenden, feinen Bändern in der Fassade abgesetzt, was die Horizontale betont. Über den Sockelgeschossen erheben sich drei sechsgeschossige „Türme“ als vertikale Elemente. Diese Höhenverteilung ist nicht nur Architektur, sondern spiegelt unterschiedliche Nutzungen. In den unteren Geschossen finden sich die Bereiche mit viel Publikumsverkehr, aber mit Zunahme der Geschosszahl nimmt die Besucherzahl ab. Die Türme sind daher reine Verwaltungseinheiten.

An dem Standort befand sich seit der Nachkriegszeit die Kfz-Zulassungsstelle der Stadt. Das 10.000 Quadratmeter große Grundstück an der Nordseite des Schützenplatzes war damit nicht ausgenutzt.

In einer mühsamen Ausschreibung für den Mietbau hatte sich 2014 die kommunale Immobilientochter Hanova durchgesetzt. 2016 wurde der Bestandsbau abgerissen. 2017 ließ Hanova 500 Betonpfähle in den Boden rammen, weil der Untergrund nicht tragfähig genug für den Neubau war. Dann ging alles relativ schnell: In nur acht Monaten errichten die hannoverschen Baufirmen Wallbrecht und Muntebau den Rohbau aus 25.000 Kubikmetern Beton und 3500 Tonnen Stahl, anschließend wurde ein Jahr lang eingerichtet.

Im Inneren verfügt der mit rötlichem Klinker verblendete Neubau über ein großes Foyer mit Kundencenter. Farbmarkierungen weisen den Besuchenden den Weg. Die Tiefe des Baukörpers von 40 Metern an der breitesten Stelle hat die Anlage eines Innenhofs nötig gemacht, der jetzt wie ein Patio nutzbar ist.

Kritik an dem Projekt gab es, als die Stadt 2020 ankündigte, dass sie private Bauherrn künftig wegen Kies-Vorgärten verwarnen wolle. Diese gern als „Gärten des Grauens“ apostrophierten Anlagen sind in Niedersachsen aus ökologischen Gründen verboten. In Hannover wallte aber sofort Spott hoch, weil ausgerechnet der neue Verwaltungsbau der Stadt in triste Betonsteinwüsten eingefasst war.

Hanova rechtfertigte sich, die vielen Versorgungsleitungen im Untergrund hätten eine Bepflanzung der Freiflächen unmöglich gemacht. Immerhin: Die Dächer sind als Gründächer ausgeführt.

The new administrative building is 200 meters long, into which the city of Hannover has moved 600 employees, primarily from the public order department. Vehicle registration, the driver's license office, the residents' affairs department, the veterinary department, food monitoring, the foreigners' affairs department, the traffic field service and much more have been brought together at the site since 2019, which was previously spread out over a wide area of the city.

The Hannover-based architectural firm KSW, which qualified through an architectural competition, succeeded in giving the building a sleek exterior despite its expansive size. This is not only due to the sensitive pattern structure of the reddish clinker bricks. The three base stories are set off by continuous, fine bands in the facade, which emphasizes the horizontal. Above the base stories, three six-story "towers" rise as vertical elements. This distribution of heights is not only architecture, but reflects different uses. The lower floors contain the areas with a lot of public traffic, but as the number of floors increases, the number of visitors decreases. The towers are therefore purely administrative units.

The site has been home to the city's vehicle registration office since the post-war period. The 10,000 square meter site on the north side of Schützenplatz was thus underutilized.

In 2014, the municipal real estate subsidiary Hanova prevailed in a laborious bidding process for the rental building. In 2016, the existing building was demolished. In 2017, Hanova had 500 concrete piles driven into the ground because the subsoil was not stable enough for the new building. Then everything went relatively quickly: In just eight months, the Hannover-based construction companies Wallbrecht and Muntebau erected the shell of 25,000 cubic meters of concrete and 3,500 tons of steel, followed by a year of furnishing.

Inside, the new building, faced with reddish clinker, has a large foyer with a customer center. Color markings show visitors the way. The depth of the structure, 40 meters at its widest point, made it necessary to create an inner courtyard that can now be used like a patio.

The project was criticized when the city announced in 2020 that it would warn private developers in the future for gravel front gardens. These plants, which are readily apostrophized as "gardens of horror," are banned in Lower Saxony for ecological reasons. In Hannover, however, ridicule immediately flared up because the city's new administrative building, of all things, was enclosed in dreary concrete-stone deserts.

Hanova justified itself, saying that the many supply lines underground had made it impossible to plant the open spaces. At least the roofs were designed as green roofs.

1

1 | **Hier wurde geklotzt: 200 Meter lang zieht sich der Verwaltungsbau der Stadt Hannover zwischen dem Schützenplatz und der Straße Am Schützenplatz. Der stufige Aufbau mit drei Hochpunkten gliedert das Gebäude, hat aber auch inhaltliche Funktion.**

1 | The city of Hannover's administrative building stretches 200 meters between Schützenplatz and Am Schützenplatz. The stepped structure with three high points divides the building, but also has a function in terms of content.

2

2 | Je höher hinauf es geht im Neubau, desto weniger Besucherverkehr ist vorgesehen.

3 | Im Erdgeschoss setzt die Einrichtung farbenfrohe Akzente.

2 | The higher up it goes in the new building, the less visitor traffic is planned.

3 | On the first floor, the furnishings set colorful accents.

3

Hannover-Service-Center am Schützenplatz

4

5

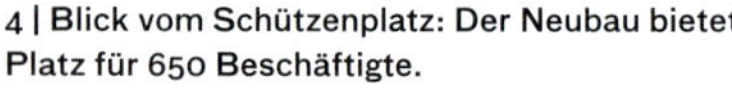

4 | Blick vom Schützenplatz: Der Neubau bietet Platz für 650 Beschäftigte.

5 | Der Mangel an Grün rund ums Gebäude hat öffentliche Kritik ausgelöst – aber zumindest in den Innenhöfen wächst es ein wenig.

6 | Gesimse bieten eine feine Betonung des Vertikalen, die Asymmetrie der Fensteranordnung und das Spiel mit Vorsprüngen in der Backsteinfassade verleihen dem großen Gebäude wohltuende Unruhe.

4 | View from Schützenplatz: The new building offers space for 650 employees.

5 | The lack of greenery around the building has triggered public criticism – but at least in the courtyards it is growing a little.

6 | Cornices provide a subtle emphasis on the vertical, the asymmetry of the window arrangement and the play of projections in the brick facade lend the large building a pleasant sense of unease.

6

Gustav-Brandt'sche Stiftung

Wie baut man ein historisches Alten- und Pflegeheim so um, dass die langjährigen Bewohnerinnen und Bewohner nicht durch Hin- und Rück-Umzüge entwurzelt werden und das weitläufige Gelände trotzdem besser ausgenutzt wird? Im Stadtteil Bult haben die Projektentwickler Felsmann/Meinhof dafür eine ungewöhnliche, aber sehr pragmatische Lösung gefunden, die auch besondere architektonische Akzente gesetzt hat.

Beim Richtfest 1937 galten die Gebäude der Gustav-Brandt'schen Stiftung an der heutigen Straßenecke von Bischofsholer Damm und Freundallee als besonders fortschrittlich. Alle Zimmer hatten Wasseranschluss, die Ausstattung war vorbildlich. 80 Jahre später aber reichte der Standard nicht mehr, allein schon wegen der mangelnden Barrierefreiheit im Gebäude.

Felsmann/Meinhof entwickelten ein Konzept für eine komplette Neuordnung des fast 10.000 Quadratmeter großen Grundstücks. Es sah einen Stufenplan von Neubau, Umzug und Gebäudeertüchtigung vor und ersparte es den Pflegenutzenden so, während der Sanierung des Altbaus ausziehen und später wieder zurückziehen zu müssen. Stattdessen blieb es bei einem Umzug – in Neubauten auf dem Grundstück, bevor dem Altbau andere Nutzungen zugeführt wurden.

Zunächst errichtete das Projektteam auf einer Freifläche an der Haeckelstraße zwei Neubauten für das Alten- und Pflegeheim mit der gleichen Nutzfläche, wie sie der Altbau vorhielt. Dorthin zogen die stationäre Pflege und die Tagespflege um – die Seniorinnen und Senioren konnten dadurch weiter auf dem Grundstück bleiben, das sie gewohnt waren.

Im zweiten Schritt wurde der Altbau modernisiert. Darin entstand ein Wohnheim für Auszubildende und andere junge Menschen, denen die mangelnde Barrierefreiheit nichts ausmacht.

Im dritten Schritt ließen Felsmann/Meinhof an der Grundstücksgrenze entlang des Bischofsholer Damms Stadthäuser für Familien in dem begehrten Stadtbezirk entstehen, die mit ihren ungewöhnlichen, am Rand asymmetrisch angeordneten Spitzgiebeln ein Blickfang geworden sind und großzügige Grundrisse, Terrassen mit Südausrichtung und zudem Dachterrassen bieten.

Außer stationärer Pflege und Tagespflege umfasst die Revitalisierung des alten Stiftungsgeländes zehn Wohngemeinschaften für Auszubildende, fünf Wohngemeinschaften für Menschen mit Einschränkungen, 25 Familienwohnungen, fünf medizinische Praxen und Platz für zehn Singlehaushalte. 17,5 Millionen Euro kostete das Gesamtprojekt. Die Besonderheit: Umgerechnet auf den Quadratmeter Wohn- und Nutzfläche wurden durchschnittlich nur 1800 Euro ausgegeben, sodass das Vorhaben trotz des hohen sozialen Anspruchs rentabel wurde. Insgesamt vier Jahre Bauzeit von 2016 bis 2020 waren dafür nötig. Jetzt wird das Grundstück von allen Generationen gleichermaßen genutzt.

How do you convert a historic retirement and nursing home in such a way that the long-time residents are not uprooted by back-and-forth moves and the extensive grounds are nevertheless better utilized? In the Bult district, project developers Felsmann/Meinhof have found an unusual but very pragmatic solution for this, which has also set special architectural accents.

At the topping-out ceremony in 1937, the buildings of the Gustav Brandt Foundation on what is now the corner of Bischofsholer Damm and Freundallee were considered particularly progressive. All rooms had water connections, and the furnishings were exemplary. 80 years later, however, the standard was no longer sufficient, if only because of the lack of accessibility in the building.

Felsmann/Meinhof developed a concept for a complete reorganization of the nearly 10,000-square-meter property. It provided for a phased plan of new construction, relocation and building upgrades, thus sparing the care users from having to move out while the old building was being renovated and then having to move back later. Instead, the plan remained one move – to new buildings on the site before other uses were added to the old building.

First, the project team built two new buildings for the old people's and nursing home on an open area on Haeckelstrasse with the same floor space as the old building had. The inpatient and day care facilities were relocated to these buildings, which meant that the seniors could continue to live on the property to which they were accustomed.

In a second step, the old building was modernized. In it, a residential home was created for trainees and other young people who do not mind the lack of accessibility.

In the third step, Felsmann/Meinhof had townhouses for families built in the sought-after urban district along the Bischofsholer Damm property line. With their unusual pointed gables asymmetrically arranged at the edge, they have become an eye-catcher and offer spacious floor plans, terraces facing south and, in addition, roof terraces.

In addition to inpatient care and day care, the revitalization of the old foundation grounds includes ten shared apartments for trainees, five shared apartments for people with disabilities, 25 family apartments, five medical practices and space for ten single households. The total project cost 17.5 million euros. The special feature: converted to the square meter of living and usable space, an average of only 1,800 euros was spent, making the project profitable despite the high social standards. It took a total of four years to build, from 2016 to 2020. Now the property is used equally by all generations.

Objekt:	Umnutzung und Neubau Gustav-Brandt'sche Stiftung
Adresse:	Bischofsholer Damm 79
Projektentwickler:	Dirk Felsmann/Dr. Gert Meinhof
Architekten:	Pfitzner Moorkens Architekten, Stefan Neumann, Sven Meinhof
Baujahr:	2016–2020
Fläche:	9600 qm

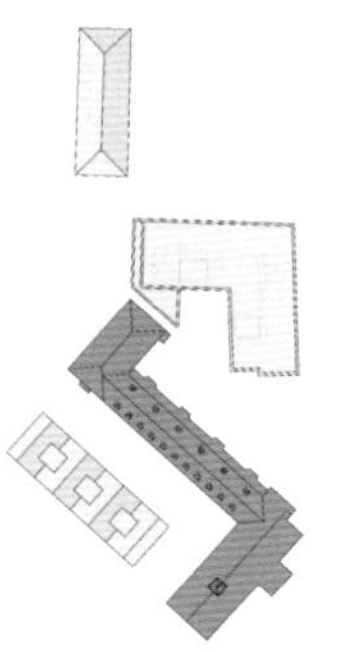

1

2

1 | Gefühlvoll ergänzt: In den l-förmigen Altbau der Gustav-Brandt´schen Stiftung haben die Projektentwickler ein Ensemble von neuen Stadthäusern platziert.

2 | Die Neubauten fügen sich in die Umgebung ein und wurden auf dem Gelände so terminiert, dass die Bewohner nur einmal umziehen mussten.

1 | Completed with feeling: The project developers placed an ensemble of new townhouses in the l-shaped old building of the Gustav Brandt Foundation.

2 | The new buildings blend into their surroundings and were timed on the site so that residents only had to move once.

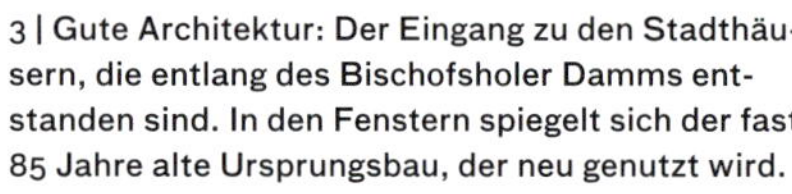

3 | Gute Architektur: Der Eingang zu den Stadthäusern, die entlang des Bischofsholer Damms entstanden sind. In den Fenstern spiegelt sich der fast 85 Jahre alte Ursprungsbau, der neu genutzt wird.

3 | Good architecture: The entrance to the townhouses that have been built along Bischofsholer Dam. The windows reflect the almost 85-year-old original building, which is being repurposed.

3

4

5

4 | **Moderner Neubau: Rückwärtig vom Bestandsbau ist ein komplett neues Gebäude entstanden, das für die Pflege und Betreuung bessere Bedingungen bietet.**

5 | **Besonders die Asymmetrie der verkürzten Giebelwände auf beiden Seiten der Hauskette ist ein Blickfang der Neubebauung am Bischofsholer Damm – und eine kreative Lösung für ein aus Abstandsvorgaben entstandenes Problem.**

6 | **Geradezu grafisch wirkt die traufseitige Verbindung der Stadthäuser.**

4 | Modern new building: A completely new building has been created to the rear of the existing building, offering better conditions for nursing and care.

5 | Especially the asymmetry of the shortened gable walls on both sides of the chain of houses is an eye-catcher of the new development on Bischofsholer Damm – and a creative solution to a problem arising from spacing requirements.

6 | The eaves-side connection of the townhouses has an almost graphic effect.

6

Marstall-Bebauung

Auszeichnung:
Das Gesamtprojekt Marstall war Preisträger beim BDA-Preis Niedersachsen 2019

Objekt:	Marstall-Bebauung
Adresse:	Am Marstall
Architekten:	Pape+Pape (östlicher Neubau); BKSP (westlicher Neubau); Atelier Loidl, Berlin (Platz)
Bauherr:	Strabag Real Estate (östl. Neubau); Hochtief Building (westl. Neubau); Landeshauptstadt Hannover (Platz)
Baujahr:	2017–2019
Fläche:	6000 qm (Platz)

Stadtreparatur an der Grenze zwischen Altstadt und Vergnügungsviertel: Zehn Jahre nach dem Stadtentwicklungsdialog Hannover-City-2020 wurde die Umgestaltung des Marstalls abgeschlossen. Zwei Neubauten an den beiden Kopfenden sowie eine neue Gestaltung der Freiflächen dazwischen prägen den Stadtraum.

Ähnlich wie der Klagesmarkt war auch der Marstall einer der im hannoverschen Stadtdialog identifizierten „Interventionsräume". Genutzt als Parkfläche unter Bäumen, stellte er eine Leerfläche in der inneren Stadt dar und bot sich daher als Verdichtungsraum mit Gastronomie, Gewerbe und Wohnen an. Durch den Verkauf der beiden zu bebauenden Grundstücke wurde zudem Geld frei, um die Aufwertung der verbleibenden, öffentlichen Platzfläche zu finanzieren.

Als erstes wurde der Neubau am östlichen Platzrand fertiggestellt, angrenzend zur Schmiedestraße. Der Kunstname des Objekts lautet MarQ, abgeleitet von Marstall-Quartier. Auf der Grundlage des Wettbewerb-Siegerentwurfs von Pape+Pape aus Kassel errichtete Strabag Real Estate ein fünfgeschossiges Stadthaus. Staffelgiebel sorgen für den notwendigen Abstand zur Nachbarbebauung, verleihen dem Neubau in der Altstadt aber zugleich eine Reminiszenz an gotische Stufengiebel. Im Erdgeschoss wirtschaftet Gastronomie, inzwischen sogar mit einem grellbunten Fontänen-Wasserspiel vor der Tür. Weiterer Großmieter ist die Toningenieurschule SAE Institute, darüber befinden sich Büros sowie wenige Penthouse-Wohnungen.

Der zweite Neubau, auf der Westseite zur Promenade am Leineufer gelegen, basiert auf einem Entwurf des Büros BKSP für Hochtief Building. Die Fassade ist geprägt durch hellen Naturstein und metallische, goldene Fensterornamentik – ein Detail als Blickfang und Alleinstellungsmerkmal.

Im Gebäude wird ein Eisspeicher zur Energieregulierung betrieben. Es umfasst drei Gewerbeeinheiten, darunter eine große Gastronomie am Flussufer, sowie 25 Luxuswohnungen. Hochtief hat das Gebäude nach Projektabschluss an die kommunale Hanova verkauft. Wegen der teils sehr hohen Mieten in dem Gebäude gab es heftige öffentliche Auseinandersetzungen.

Für das Gesamtareal inklusive der Platzfläche zwischen den Kopfbauten hatte die Stadt bereits 2013 einen Wettbewerb ausgerichtet. Hier setzte sich das Atelier Loidl aus Berlin gegen zahlreiche Konkurrenten durch. Dem Büro ist es gelungen, die teilweise sehr alten Bäume in die Planung einzubeziehen. Runde Beete zieren die Fläche, ringsherum wurde neues Pflaster verlegt, das sich optisch an typische Altstadtpflasterung anlehnt. Der Marstall soll so wieder eine Verknüpfungsfunktion zwischen Altstadt und innerer Stadt erhalten.

Urban repair on the border between the old town and the entertainment district: Ten years after the urban development dialog Hannover-City-2020, the transformation of the Marstall has been completed. Two new buildings at the two head ends as well as a new design of the open spaces in between characterize the urban space.

Similar to Klagesmarkt, Marstall was one of the "intervention spaces" identified in the Hannover City Dialogue. Used as a parking area under trees, it represented an empty space in the inner city and therefore offered itself as a densification space with gastronomy, commerce and housing. The sale of the two lots to be built on also freed up money to finance the upgrading of the remaining, public plaza area.

The first to be completed was the new building on the eastern edge of the square, adjacent to Schmiedestraße. The property's artificial name is MarQ, derived from Marstall-Quartier. Based on the competition-winning design by Pape+Pape from Kassel, Strabag Real Estate built a five-story townhouse. Stepped gables provide the necessary distance to the neighboring buildings, but at the same time give the new building in the old town a reminiscence of Gothic stepped gables. The first floor is used for catering, and now even has a brightly colored fountain in front of the door. Another major tenant is the SAE Institute School of Audio Engineering, with offices and a few penthouse apartments above.

The second new building, on the west side facing the promenade on the banks of the Leine, is based on a design by BKSP for Hochtief Building. The facade is characterized by light-colored natural stone and metallic, golden window ornamentation – a detail that serves as an eye-catcher and unique selling point.

The building operates an ice storage system for energy regulation. It includes three commercial units, including a large restaurant on the riverbank, and 25 luxury apartments. Hochtief sold the building to the municipal company Hanova after project completion. There were fierce public disputes because of the sometimes very high rents in the building.

The city had already organized a competition for the entire site, including the square between the head buildings, in 2013. Here, Atelier Loidl from Berlin prevailed against numerous competitors. The office succeeded in incorporating the trees, some of which are very old, into the planning. Round flowerbeds adorn the area, and new paving was laid all around, which is visually based on typical old town paving. The Marstall is thus to regain a linking function between the old town and the inner city.

1

1 | Hier standen ursprünglich Autos auf einer heruntergekommenen innerstädtischen Parkfläche: Der Neubau auf dem Marstallplatz an der Kopfseite zur Schmiedestraße, ergänzt um ein Wasserspiel aus Kleinfontänen, die nachts angeleuchtet sind.

1 | This is where cars originally stood on a run-down inner-city parking lot: the new building on Marstallplatz at the head of Schmiedestraße, supplemented by a water feature consisting of small fountains that are illuminated at night.

2

4

2 | Der östliche Kopfbau am Marstall, entworfen vom Büro Pape + Pape.

3 | Fast Art-Deco: Details wie die Außenleuchten ergänzen den hellen Backsteinbau im Altstadtquartier.

4 | Auf der westlichen Kopfseite des Marstalls zieht der von BKSP entworfene Neubau vor allem durch seine Goldornamentik in den Fensteröffnungen die Blicke auf sich.

5 | Im Erdgeschoss nutzt ein Restaurant die Lagegunst an der Flusspromenade.

2 | The eastern head building at the Marstall, designed by Pape + Pape.

3 | Almost Art Deco: Details such as the exterior lights complement the light brick building in the old town quarter.

4 | On the western head side of the Marstall, the new building designed by BKSP attracts attention primarily through its gold ornamentation in the window openings.

5 | On the first floor, a restaurant takes advantage of its location on the river promenade.

3

5

Deutsche-Bahn-Zentrale

Die Flächen „hinterm Hauptbahnhof" waren jahrzehntelang ein Gebiet, das man euphemistisch umschreiben konnte als Areal „mit großem städtebaulichen Entwicklungspotenzial". Der alte Busbahnhof (ZOB) rottete mit seinen Siebzigerjahren-Tonnendächern vor sich hin und wurde eigentlich nur noch von Stadttauben geschätzt, der alte Fernsehturm war funktionslos geworden, das ehemalige Paketpostamt ebenso. Eingerahmt von der bunkerartigen Bebauung des Raschplatzes und vom Bredero-Hochhaus am Lister Tor, strahlte das Gelände eher Tristesse aus.

Es hat zwei große Schübe gebraucht, das Gelände zu entwickeln – und der Neubau der Hannover-Zentrale der Deutschen Bahn markiert den vorläufigen Endpunkt.

Zur Expo war es Stadtbaurätin Uta Boockhoff-Gries im ersten Schritt gelungen, die „Flächen vorm Bahnhof" zu entwickeln und bald darauf einen ersten Impuls auch dahinter zu setzen. Die Ernst-August-Galerie entstand als großes, an die Innenstadt angebundenes Shoppingcenter mit 150 Geschäften westlich vom Bahnhof, der Ernst-August-Platz als gute Stube Hannovers wurde modernisiert. Zusätzlich entstand auf einer Teilfläche des damaligen ZOB ein Neubau für einen großen Kaufland-Markt – und es ist das Verdienst der Stadt, dass er um zwei Büroetagen aufgestockt wurde und dadurch nicht wie ein Fachmarktzentrum an einer Ausfallstraße daherkommt.

Baudezernent Uwe Bodemann gelang es später, den ZOB zu verlegen und neu zu sortieren. Architekt Werner Sobeck aus Stuttgart entwarf ein geschwungenes, 1400 Quadratmeter großes Stahl-Glasdach, das die Abfahrtterminals des neuen ZOB überspannt. 2014 fertiggestellt, ist er deutlich kleiner als sein Vorgänger, was Platz schaffte.

Auf der freien Fläche siedelte 2019 die Deutsche Bahn ihre neue Hannover-Zentrale mit großem Konferenzzentrum für ganz Norddeutschland an. Das Essener Unternehmen Kölbl Kruse entwickelte nach einem Architektenwettbewerb mit dem Büro Hascher Jehle aus Berlin das Konzept eines dreieckigen Backsteinbaus mit gerundeten Kanten. Beeindruckend ist das große, glasüberdachte Atrium in Inneren, das von mehreren weißen Fußgängerbrücken durchzogen ist. Von außen prägt der Backsteinbau mit seinen schlanken Lisenen über dem Sockelgeschoss den Stadtraum. Geschickt sind die oberen Staffelgeschosse zurückgesetzt, unten wölbt sich zum Bahnhof hin im ersten Obergeschoss ein Vorbau aus der Gesamtkubatur.

Das Gebäude ist für moderne Bürokonzepte optimiert: Nicht mehr jeder Bahnbeschäftigte hat einen eigenen Schreibtisch, dafür sind Ruhezonen, Besprechungsräume und moderne Konferenztechnik installiert.

Weil parallel zum Bau die einzige innerstädtische, oberirdische Straßenbahntrasse verlegt wurde, hat das Gebäude eine Endhaltestelle vor der Tür. Es ist also im öffentlichen Nah- und Fernverkehr bestens an alle Busse und Bahnen angeschlossen.

For decades, the area "behind the main train station" was an area that could be euphemistically described as having "great urban development potential". The old bus station (ZOB) was rotting away with its seventies barrel roofs and was actually only appreciated by city pigeons, the old television tower had become functionless, the former parcel post office as well. Framed by the bunker-like development of Raschplatz and the Bredero high-rise at Lister Tor, the area radiated rather dreariness.

It took two major pushes to develop the site – and the new construction of the Hannover headquarters of Deutsche Bahn marks the end point for the time being.

For the Expo, City Planning Director Uta Boockhoff-Gries succeeded in developing the "areas in front of the train station" in the first step and soon after, she set a first impulse behind it as well. The Ernst-August-Galerie was created as a large shopping center connected to the city center with 150 stores to the west of the train station, and Ernst-August-Platz was modernized as Hannover's "good room". In addition, a new building for a large Kaufland store was erected on part of the site of the former ZOB – and it is to the city's credit that two office floors were added, so that it does not look like a retail center on an arterial road.

Building department head Uwe Bodemann later succeeded in relocating and reorganizing the ZOB. Architect Werner Sobeck from Stuttgart designed a curved, 1400-square-meter steel and glass roof that spans the departure terminals of the new ZOB. Completed in 2014, it is significantly smaller than its predecessor, which freed up space.

In 2019, Deutsche Bahn settled its new Hannover headquarters with a large conference center for all of northern Germany on the vacant space. Essen-based Kölbl Kruse developed the concept of a triangular brick building with rounded edges after an architectural competition with the Hascher Jehle office from Berlin. The large, glass-roofed atrium inside is impressive, with several white pedestrian bridges running through it. From the outside, the brick building dominates the urban space with its slender pilasters above the base floor. The upper staggered floors are cleverly set back, while a porch arches out of the overall cubature towards the train station on the second floor.

The building is optimized for modern office concepts: No longer does every railroad employee have his or her own desk; instead, quiet zones, meeting rooms and modern conference technology have been installed.

Because the only above-ground streetcar line in the city was laid parallel to the construction, the building has a terminal stop on its doorstep. It is therefore ideally connected to all buses and trains for local and long-distance public transport.

Objekt:	**Zentrale der Deutschen Bahn**
Adresse:	**Rundestraße 11**
Architekten:	**Hascher Jehle**
Bauherr:	**Kölbl Kruse**
Baujahr:	**2019**
Fläche:	**28 000 qm**

1

2

1 | Feine Backsteinlisenen, ein Grundriss als gerundetes Dreieck, dazu ein sich aus dem Gebäude in Richtung Hauptbahnhof herauswölbender Eingang: Das Büro Hascher Jehle aus Berlin hat Akzente gesetzt.

2 | Neu sortierte Innenstadtflächen: Das einst heruntergekommene ZOB-Areal zu Füßen des alten Fernsehturms hat sich innerhalb von 20 Jahren stark entwickelt.

1 | Fine brick pilasters, a floor plan as a rounded triangle, plus an entrance arching out of the building toward the main train station: The office Hascher Jehle from Berlin has set accents.

2 | Newly sorted inner city space: The once run-down ZOB area at the foot of the old TV tower has undergone major development in 20 years.

ZF/Wabco-Entwicklungszentrum

Die hannoverschen Wabco-Ingenieure haben 1981 das erste Antiblockiersystem ABS für Lkw und Busse auf den Markt gebracht. Jetzt hat sich das Unternehmen, das inzwischen zum Friedrichshafener ZF-Konzern gehört, am Lindener Hafen eine neue Entwicklungszentrale errichtet, die Platz für 750 Beschäftigte bietet. Und dazu eine ausdrucksstarke Architektur: Im Wettbewerb hat sich das hannoversche Büro BKSP mit einem Gestaltungskonzept durchgesetzt, das genau die Dynamik vermittelt, die ein Konzern aus der Mobilitätsbranche schätzt. Die vertikal geschichtete Fassade besteht aus voranodisierten Kupferplatten, die beim Auswalzen durch Ölbäder gezogen wurden und dadurch nicht altern sollen. Schwungvoll formen die Kupferplatten die gerundeten Kanten der Fassade. Im Inneren schraubt sich ein weißes Treppenhaus wie eine Skulptur durch das Foyer.

ZF/Wabco ist weltweit Marktführer als Zulieferer für Lkw-Hersteller. Bremstechnik wie die ABS-Entwicklung, aber auch Abbiegeassistenz-Systeme sind das Kerngeschäft. 1884 eröffnete der Konzern mit US-amerikanischen Wurzeln seine erste Niederlassung in Hannover, seit 1954 sitzen Forschung und Teile der Produktion am Lindener Hafen. Heute heißt der Konzernteil intern „ZF/Division W“ und beschäftigt weltweit mehr als 12.000 Menschen. Das Herz der Entwicklung jedoch liegt weiter in Hannover am Lindener Hafen. „Global Technology and Innovation Center“ heißt der Neubau deshalb auch folgerichtig.

Für den Konzern ging es mit dem rund 25 Millionen Euro teuren, fünfgeschossigen Neubau nicht nur darum, die auf mehrere Immobilien verstreuten Ingenieurinnen und Ingenieure an einem Standort zusammenzubringen. Sondern auch, eine Arbeitsatmosphäre zu schaffen, die mit der bei Google und anderen Hightech-Unternehmen konkurrieren kann. Architektur ist eben auch ein wichtiges Element im Ringen um hochspezialisierte und umworbene Fachkräfte.

Insgesamt arbeiten etwa 2000 Menschen auf dem hannoverschen ZF/Wabco-Gelände am Hafen. Gegenüber dem neuen Entwicklungszentrum hat das Unternehmen bereits 2012 eine – architektonisch schlichtere – Schulungsstätte errichtet, die „University“ für Lkw- und Busfahrer. Dort werden jährlich mehrere tausend Nutzerinnen und Nutzer im Handling der Brems- und Assistenztechnik geschult. 2016 wurde das Gebäude aufgestockt. Zusätzlich betreibt ZF/Wabco in Jeversen bei Celle ein großes Testgelände für Lkw und Busse. Am Lindener Hafen ist weitere Expansion geplant, unter anderem direkt neben der „University“ an der Kaimauer des Hafens.

Wabco engineers in Hannover launched the first ABS anti-lock braking system for trucks and buses in 1981. Now the company, which is now part of the Friedrichshafen-based ZF Group, has built a new development headquarters at Lindener Hafen, providing space for 750 employees. And it has an expressive architecture to go with it: In the competition, the Hannover-based office BKSP prevailed with a design concept that conveys precisely the dynamism that a corporation from the mobility sector appreciates. The vertically layered facade consists of pre-anodized copper plates that were drawn through oil baths during the rolling process and are thus designed not to age. The copper plates form the rounded edges of the facade in a sweeping manner. Inside, a white staircase spirals through the foyer like a sculpture.

ZF/Wabco is the global market leader as a supplier for truck manufacturers. Brake technology such as ABS development, but also turn assist systems are the core business. In 1884, the Group with U.S. roots opened its first branch in Hannover, and since 1954, research and parts of production have been located at Lindener Hafen. Today, this part of the Group is known internally as "ZF/Division W" and employs more than 12,000 people worldwide. However, the heart of development continues to be in Hannover at Lindener Hafen. The new building is therefore called the "Global Technology and Innovation Center".

For the Group, the five-story new building, which cost around 25 million euros, was not just about bringing together the engineers scattered across several properties at a single location. It was also about creating a working atmosphere that could compete with that at Google and other high-tech companies. Architecture is also an important element in the struggle for highly specialized and sought-after specialists.

A total of about 2,000 people work on the ZF/Wabco site in Hannover. Opposite the new development center, the company already built a – architecturally simpler – training facility in 2012, the "University" for truck and bus drivers. Every year, several thousand users are trained there in the handling of braking and assistance technology. In 2016, the building was extended. In addition, ZF/Wabco operates a large test site for trucks and buses in Jeversen near Celle. Further expansion is planned at the port of Linden, including right next to the "University" on the quay wall of the port.

Objekt:	ZF/Wabco Entwicklungszentrum
Adresse:	Am Lindener Hafen 21
Architekten:	BKSP Grabau Obermann Ronczka und Partner
Bauherr:	Wabco
Baujahr:	2018
Fläche:	11 500 qm

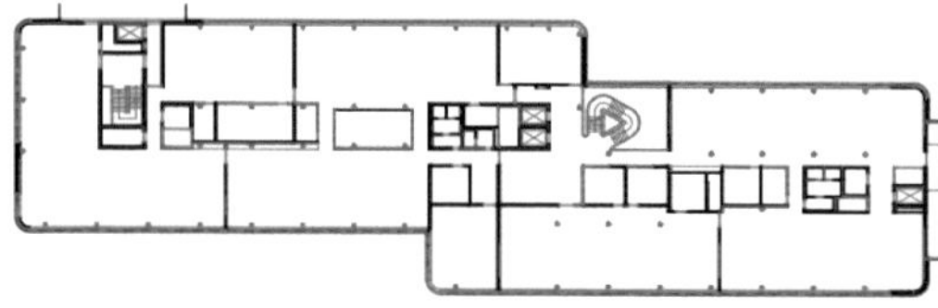

1

1 | Erweiterungsbau für die Forschungs- und Entwicklungsabteilung: In Hannover ist das Traditionsunternehmen noch als Wabco bekannt, aber an der Fassade prangt bereits das ZF-Logo.

1 | Extension building for the research and development department: In Hannover, the traditional company is still known as Wabco, but the ZF logo is already emblazoned on the facade.

2

2 | Treppenhaus mit Grandezza: Das Atrium.

3 | Schwungvoll formen die voranodisierten Kupferelemente die Fassade.

2 | Staircase with grandeur: The atrium.

3 | The pre-anodized copper elements give the facade a sweeping shape.

3

4

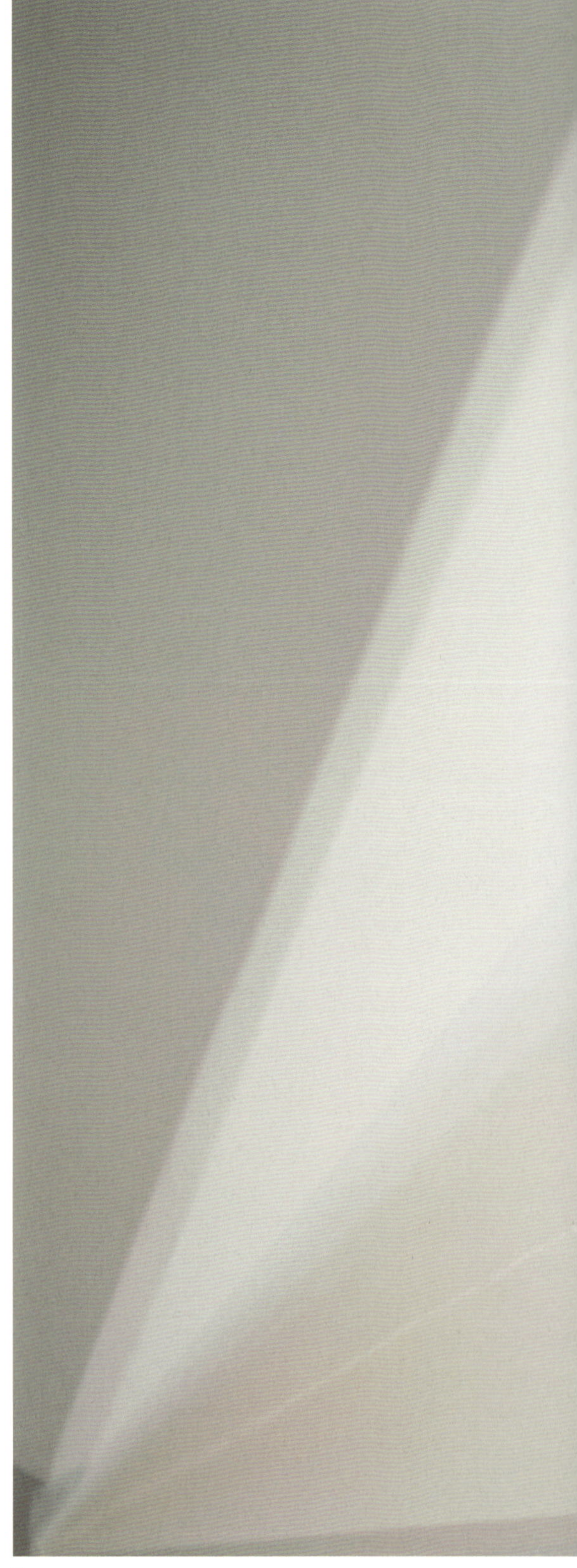
5

4 | Blick von außen und …
5 | … Blick durchs Treppenhaus im ZF-Neubau.

4 | View from outside and …
5 | … view through the stairwell in the new ZF

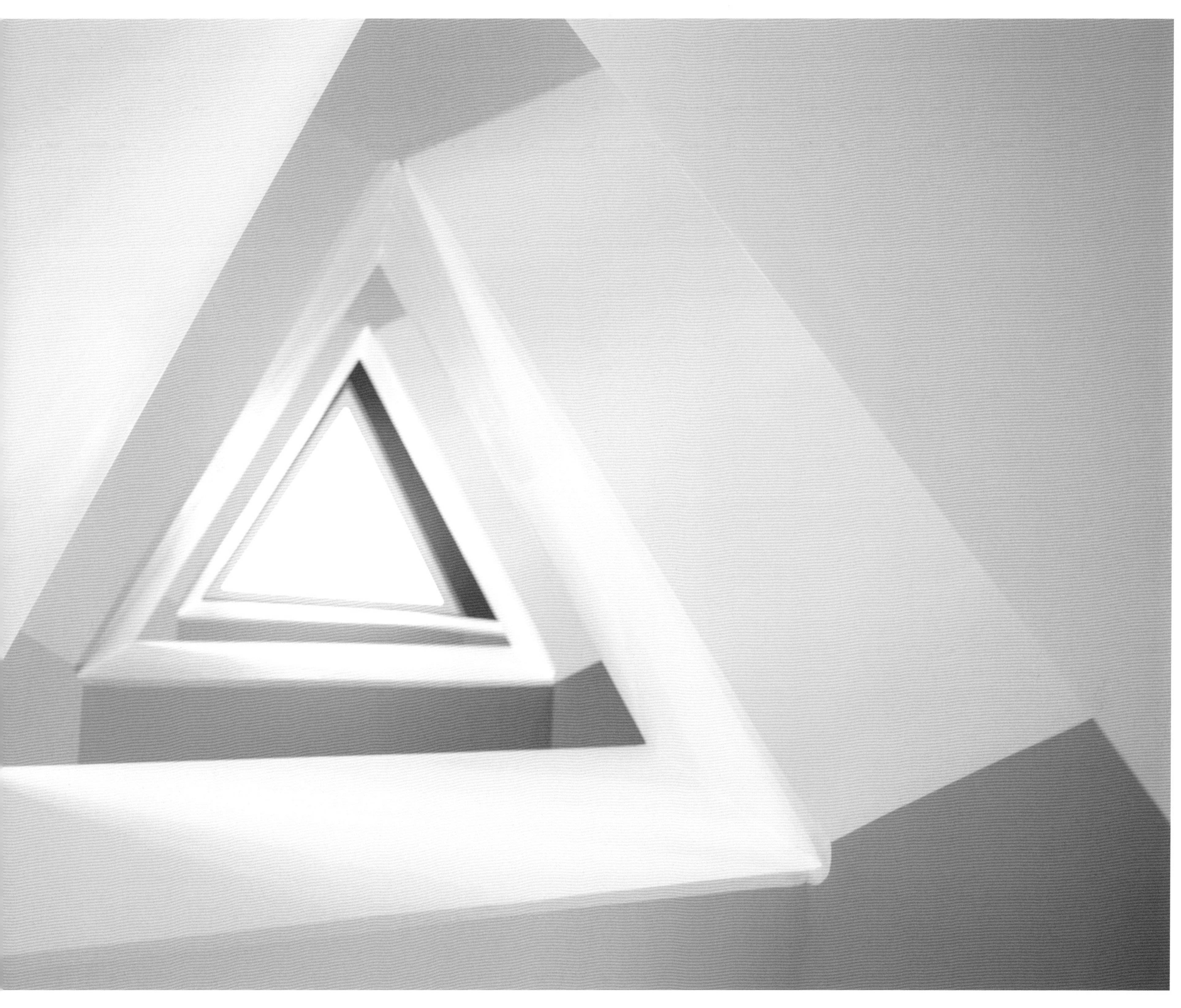

6 | Auch im Abendlicht kommt der ZF-Bau am Lindener Hafen besonders zur Geltung.

6 | The ZF building at Lindener Hafen also comes into its own in the evening light.

ZF

Klagesmarkt-Quartier

1

Die Reparatur der Innenstadt im Zuge des City-2020-Dialogs der Stadt begann am Klagesmarkt – mit einem ersten Neubauquartier auf der Fläche eines zuletzt als Parkplatz genutzten Areals. Heute leben dort Menschen, wirtschaften Geschäfte, betreut eine Kita Kinder und die kommunale Wohnungsgesellschaft Hanova hat ihre Zentralverwaltung an den Standort verlegt.

Das Ziel einer Erneuerung der Innenstadt: Es sollte wieder mehr Wohnen in der Innenstadt ermöglicht werden, auf Kosten der nach dem Krieg unräumlich groß angelegten Platz- und Verkehrsflächen. Den Auftakt bildete der groß angelegte City-2020-Dialog in den Jahren 2008/2009, angeschoben aus der Ratspolitik und umgesetzt von der Stadtspitze um den damaligen Oberbürgermeister Stephan Weil und zunächst Baudezernentin Uta Boockhoff-Gries – Organisation und Durchführung lagen dann bereits in den Händen von Nachfolger Uwe Bodemann.

Mit großer Beteiligung der Öffentlichkeit – vor allem Stadtplanenden, Architektinnen und Architekten sowie weiteren Interessierten – erlebte Hannover über Monate hinweg eine sehr grundsätzliche Diskussion mit eingeladenen Expertinnen und Experten.

Fünf Interventionsquartiere wurden ausgemacht, am Klagesmarkt wurden die Ideen erstmals umgesetzt.

Architektonisch ist das Projekt vor allem inspiriert durch die Idee, keinen monolithischen Gebäudeblock zu schaffen, sondern

The repair of the city center in the course of the city's City 2020 dialog began at Klagesmarkt – with an initial new development on the site of an area last used as a parking lot. Today, people live there, businesses operate, a daycare center cares for children and the municipal housing company Hanova has relocated its central administration to the site.

The goal of a renewal of the city center: More living in the city center should be made possible again, at the expense of the square and traffic areas, which had been laid out in an un-spacious manner after the war. The first step was the large-scale City 2020 Dialog in 2008/2009, initiated by the city council and implemented by the city leadership around the then mayor Stephan Weil and initially the head of the building department Uta Boockhoff-Gries-organization and implementation were then already in the hands of his successor Uwe Bodemann.

With great public participation – especially urban planners, architects and other interested parties – Hannover experienced a very fundamental discussion with invited experts over a period of months.

Five intervention neighborhoods were identified, and the ideas were implemented for the first time at Klagesmarkt.

Architecturally, the project was inspired above all by the idea of not creating a monolithic block of buildings, but rather planning in

Auszeichnung:
BDA Preis Niedersachsen 2019
Deutscher Städtebaupreis 2018
Polis-Award 2018, Kategorie:
Urbanes Flächenrecycling, 2. Preis

Objekt:	Klagesmarkt-Quartier
Adresse:	Otto-Brenner-Straße 4
Architekten:	Astoc, Urbane Gestalt Landschaftsarchitekten, BPR Künne & Partner Einzelentwürfe von: BKSP, Kiefer + Kiefer, KSW, PFP/Prof. Friedrich, pk nord, Grünplan
Bauherr:	Landeshauptstadt Hannover und Hanova
Baujahr:	2017
Fläche:	80 000 qm

1 | Einst war hier ein überdimensionierter Verkehrskreisel mit Großparkplatz: Die Zentrale der kommunalen Hanova bildet das Entree des neuen Quartiers.

2 | Siebengeschossig ragt der Kopfbau am Klagesmarkt auf. Die Blockbebauung der Wohnhäuser dahinter ist niedriger gehalten, wie es die Typologie der europäischen Stadt vorsieht.

1 | This was once an oversized traffic circle with a large parking lot: The headquarters of the municipal company Hanova forms the entrance to the new quarter.

2 | The head building on Klagesmarkt rises seven stories high. The block development of the residential buildings behind it is kept lower, as envisaged by the typology of the European city.

2

kleinteiliger zu planen. Das Vorbild sollten Gründerzeitquartiere sein, in denen zwar auch einzelne Häuser dicht beieinander stehen, aber in Stil und Ausführung unterscheidbar sind. Dafür wurden beim Architektenwettbewerb zum Klagesmarkt vier Siegerbüros gekürt, die jeweils eine eigene Architektur für Teilbereiche entwickelt hatten.

Man kann im Nachhinein sagen: Diese Idee ist nicht vollständig aufgegangen. Weil die Etagen- und Traufhöhen der benachbart errichteten Gebäude alle gleich sind, wirkt das Quartier trotz der verschiedenen Architekturdetails wie aus einem Guss – Unterschiede bestehen im Wesentlichen in der Art der verwendeten Ziegelsteine und in den Fensterformaten.

Und trotzdem ist das Gesamtensemble gelungen. Der überdimensionierte Verkehrskreisel (Otto-Brenner-Kreisel) wurde zurückgebaut. Als Kopfbau zur Innenstadt streckt sich sieben Etagen hoch das Verwaltungsgebäude der Hanova und bleibt damit respektvoll-dezent etwas unter der Höhe des gegenüberliegenden DGB-Hochhauses. Dahinter arrondieren sich als Blockrandbebauung mit Durchwegung die Wohnungen, Geschäfte und Kitas. Zum Innenhof prägen überwiegend weiße Putzfassaden und Balkone das Bild.

Inzwischen hat ein zweiter Bauabschnitt begonnen. Er erstreckt sich bis zur Mitte des ehemaligen Klagesmarkt-Platzes. Die Restfläche soll für Wochen- und andere Märkte freibleiben.

3

a more small-scale manner. The model was to be Wilhelminian quarters, in which individual houses also stand close together, but are distinguishable in style and design. To this end, four winning firms were selected in the architectural competition for Klagesmarkt, each of which had developed its own architecture for subareas.

In retrospect, it can be said that this idea did not fully work out. Because the floor and eaves heights of the neighboring buildings are all the same, the quarter appears to be a single entity despite the different architectural details – the main differences are in the type of bricks used and the window formats.

And yet the overall ensemble is successful. The oversized traffic circle (Otto Brenner traffic circle) was dismantled. The Hanova administration building stretches seven stories high as the head building facing the city center and thus remains respectfully discreet, somewhat below the height of the DGB high-rise opposite. Behind it, the apartments, stores and day-care centers are arranged as perimeter buildings with passageways. The inner courtyard is dominated by white plaster facades and balconies.

In the meantime, a second construction phase has begun. It extends to the center of the former Klagesmarkt square. The remaining area is to remain free for weekly and other markets.

3 | Rückgriff auf hannoversche Backsteintradition: Die lisenenartigen Säulen verleihen dem Bauwerk ein schlankes Äußeres.

4 | Das Zusammenspiel mehrerer Architekturbüros, die im Wettbewerb ihre eigenen Akzente gesetzt haben, …

5 | … soll dem Neubauquartier Vielfalt verleihen.

3 | Recourse to Hannoverian brick tradition: The pilaster strip-like columns give the building a slender exterior.

4 | The interplay of several architectural firms that set their own accents in the competition …

5 | … is intended to lend diversity to the new development quarter.

4

5

6 | Abends entfaltet sich im Treppenhaus des Hanova-Baus eine Lichtschau über sieben Etagen: Der Düsseldorfer Künstler Paul Schwer hat eine 500-teilige LED-Installation für das Gebäude entworfen.

7 | „Ziegelstein und Baum – ein Lichtgehäuse“ heißt die Schwer-Lichtkunst. Er setzte sich damit in einem Kunst-am-Bau-Wettbewerb durch, für den Bauherr Hanova den hannoverschen Galeristen Robert Drees beauftragt hatte.

6 | In the evening, a light show unfolds over seven floors in the stairwell of the Hanova building: Düsseldorf artist Paul Schwer has designed a 500-piece LED installation for the building.

7 | "Brick and tree – a light enclosure" is the name of Schwer's light art. With it, he prevailed in an art-in-building competition for which the client Hanova had commissioned the Hannover gallery owner Robert Drees.

6

7

Otto-Brenner-Str.

Stichweh-Leinepark

Diese Geschichte handelt davon, wie ab 2010 aus einem alten Gewerbeareal innerhalb weniger Jahre ein modernes Stadtquartier am Ortseingang von Limmer entstanden ist. Auf dem Gelände der 1853 gegründeten Textilreinigung Stichweh, malerisch eingerahmt zwischen Leine und Fösse, gruppieren sich heute um einen neuen Stadtteilplatz Dutzende Firmen, Dienstleister, Geschäfte, Gastronomie sowie auch die Polizeistation des Stadtteils und ein Gymnasium.

Planerisch handelt es sich bei dem vom Architekturbüro Hübotter+Stürken+Dimitrova umgesetzten Konzept sowohl um behutsame Revitalisierung der Altsubstanz wie auch um Neubau – und weil der Neubau städtebaulich den Kern des Stichweh-Quartiers ausmacht, findet sich dieses Projekt im Kapitel der Neubauten und nicht bei den Revitalisierungen.

Stichweh gilt als eines der ganz alten Familienunternehmen Hannovers. Zwar begann die Unternehmensgeschichte 1853 in Anderten, 1891 aber verlegte Stichweh seinen Sitz auf die Westseite nach Limmer. Am Flusslauf der Leine übernahm das Unternehmen Textilreinigungen für Bevölkerung und Gewerbe aus Linden und Hannover. 120 Jahre lang erweiterte das Unternehmen seine Aktivitäten und Hallen, indem es parzellenweise fast alle Grundstücke in der Nachbarschaft aufkaufte. Das Abwasser der chemischen Reinigung vergiftete die Flüsse: Insbesondere die Fösse galt im Unterlauf über Jahrzehnte als biologisch tot.

Seit aber praktisch jeder Haushalt eine eigene Waschmaschine hat und normale Reinigungen vielfach in Filialen vor Ort abgewickelt werden, sinkt der Flächenbedarf. Zudem gelang es Hanno Ziehm, dem Ururenkel des Firmengründers Friedrich Stichweh, weitere Nachbargrundstücke hinzuzukaufen, die gemeinsam mit dem Architekturbüro Hübotter+Stürken+Dimitrova bis 2014 entwickelt wurden – das Gymnasium kam 2017 hinzu.

Stichweh legte über Generationen Wert auf gute Architektur. So entwarf der Kölner Architekt Walter Wickop zwischen 1926 und 1930 mehrere Fabrikgebäude für das Stammwerk in Limmer im Bauhaus-Stil. Sie wurden nach Kriegszerstörung teilweise wieder aufgebaut, damals allerdings überformt und im Zuge der jüngeren Restaurierung wieder weitgehend in den Originalzustand zurückversetzt. Nach dem Krieg ließ Wilhelm Stichweh sein Privathaus 1952/53 in Herrenhausen von Bauhaus-Ikone Walter Gropius planen. Der hannoversche Gropius-Bau ist weiterhin im Familienbesitz, das Erdgeschoss ist an den Bund Deutscher Architekten (BDA) vermietet, der es unter anderem für Tagungen und Empfänge nutzt. In der Innenstadt entwarf Ernst Zinsser 1954 das große Büro- und Geschäftshaus für Stichweh an der Georgstraße in Steintornähe; Zinsser schuf nach dem Krieg auch den neuen Eingangsbereich für das Wickop-Gebäude in Limmer.

Auch mit der Architektenfamilie Hübotter arbeiten die Stichweh-Inhaber über Generationen hinweg zusammen – zunächst mit Peter Hübotter (1928–2002), inzwischen mit seinem Sohn Tobias Hübotter und dessen Bürogemeinschaft. Hübotter+Stürken+Dimitrova

This story is about how, starting in 2010, a modern city district at the entrance to Limmer was created from an old industrial site within just a few years. On the site of the Stichweh dry-cleaning business, founded in 1853 and picturesquely framed between the Leine and Fösse rivers, dozens of companies, service providers, stores, restaurants, the district's police station and a high school are now grouped around a new district square.

In planning terms, the concept implemented by the architectural firm Hübotter+Stürken+Dimitrova is both a careful revitalization of the old substance and a new building – and because the new building forms the core of the Stichweh district in urban planning terms, this project is included in the chapter on new buildings and not in the revitalizations.

Stichweh is considered one of Hannover's very old family businesses. Although the company's history began in Anderten in 1853, in 1891 Stichweh moved its headquarters to the west side in Limmer. Along the course of the Leine River, the company took over textile cleaning for the population and businesses from Linden and Hannover. For 120 years, the company expanded its activities and halls by buying up almost all the land in the neighborhood parcel by parcel. The wastewater from the dry cleaning business poisoned the rivers: The lower reaches of the Fösse River in particular were considered biologically dead for decades.

However, since practically every household has its own washing machine and normal cleaning operations are often carried out in on-site branches, the amount of land required is decreasing. In addition, Hanno Ziehm, the great-great-grandson of the company's founder Friedrich Stichweh, succeeded in buying additional neighboring properties, which were developed together with the architectural firm Hübotter+Stürken+Dimitrova until 2014. The high school was added in 2017.

Stichweh attached importance to good architecture for generations. Between 1926 and 1930, for example, the Cologne architect Walter Wickop designed several Bauhaus-style factory buildings for the main plant in Limmer. They were partially rebuilt after being destroyed during the war, although at the time they were overhauled and largely restored to their original condition in the course of more recent restoration work. After the war, Wilhelm Stichweh had his private house in Herrenhausen designed by Bauhaus icon Walter Gropius in 1952/53. The Gropius Building in Hannover is still owned by the family, and the first floor is rented to the Association of German Architects (BDA), which uses it for conferences and receptions, among other things. In the city center, Ernst Zinsser designed the large office and commercial building for Stichweh on Georgstrasse near Steintorn in 1954; Zinsser also created the new entrance area for the Wickop building in Limmer after the war.

The Stichweh owners have also worked with the Hübotter family of architects for generations – first with Peter Hübotter (1928–2002), and now with his son Tobias Hübotter and his office partnership. Hübotter+Stürken+Dimitrova have succeeded in

Auszeichnung:
Deutscher Städtebaupreis 2018

Objekt:	Stichweh-Leinepark
Adresse:	Färberstraße 10
Architekten:	Hübotter+Stürken+Dimitrova
Bauherr:	Stichweh/Ziehm
Baujahr:	2014/17
Fläche:	51 011 qm

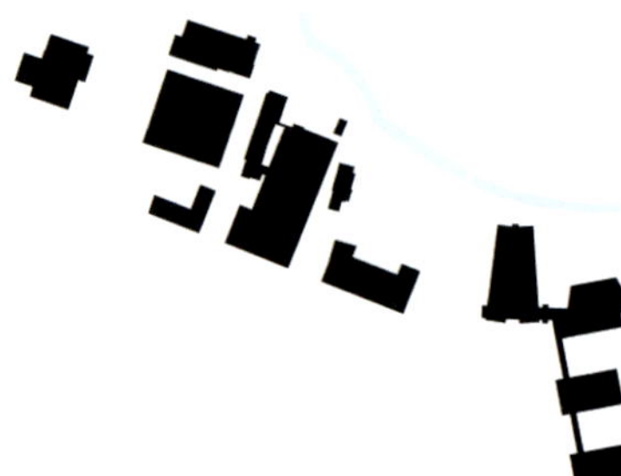

1

1 | Herzstück des neuen Stichweh-Leineparks ist die Restauration Schwanenburg im alten Kesselhaus. Links davon befindet sich, elegant hinter einer Lochstein-Ziegelfassade versteckt, das Parkdeck im Landschaftspark.

1 | The heart of the new Stichweh-Leinepark is the Schwanenburg restoration in the old boiler house. To the left of it, elegantly hidden behind a perforated brick facade, is the parking deck in the landscaped park.

ist es gelungen, die bestehenden Gebäude mit moderner, heller Blockbebauung so zu ergänzen, dass sich das Ensemble zu einem zeitgemäßen Stadtquartier verdichtet. Das betont zwar seine Industriegeschichte und lässt sie allerorten hervorscheinen, verleugnet aber trotzdem eine Eigenständigkeit der Epochen nicht.

Herzstück des Leineparks ist die Gastronomie Schwanenburg. Der Name ist eine Reminiszenz an ein altes Ausflugslokal, das einst in unmittelbarer Nähe stand, nach dem Krieg aber dem Schnellwegbau zum Opfer fiel. Das Restaurant ist heute im ehemaligen Kesselhaus einer abgerissenen Bettfedernfabrik untergebracht: Im Erdgeschoss der Restaurationsbetrieb selbst, darüber in der Loft-Etage ein Workshopraum etwa für Kochkurse, darüber schließlich ein Veranstaltungssaal.

Für die Schwanenburg haben Projektentwickler Ziehm und Architekt Hübotter gemeinsam mit dem Essenszeit-Betreiber Dietmar Hagen eine eigene GmbH gegründet, die nicht auf Rendite ausgerichtet ist, sondern überhaupt ermöglichen soll, dass qualitativ hochwertige Gastronomie und Veranstaltungsräume in historischen Räumen wirtschaften können. So wird auch ein Architekt zum Mit-Projektentwickler, damit das Areal einen kulinarischen Treffpunkt für Mieter und Besucher vorweisen kann.

Zum Leineufer hin öffnet sich der Stichweh-Leinepark als Grünfläche. Geschickt ist eine zweigeschossige Parkgarage mit Lochmauerwerk kaschiert, ein Turmbau als ältestes Bauwerk des Geländes sticht hervor.

Drei Epochen Baukultur sind auf dem Gelände vereint: die Vorkriegsgebäude, teils als reine Industriearchitektur, teils im Bauhaus-Stil wieder herausgearbeitet; die Nachkriegsepoche mit ihren eher einfachen Bauwerken und dann die neuen Ergänzungen der 2010erjahre, die das Areal verdichten und zugleich für Stadtteilnutzungen öffnen.

Komplettiert wurde das Quartier durch einen Ankauf ehemaliger Universitätsgebäude am Stadtteilübergang zu Linden. Die in typischer Formensprache der Sechzigerjahre errichteten Bauten waren kurz vor der Jahrtausendwende vom Land aufgegeben worden und verfielen zusehends. 2012 erwarb Stichweh die Immobilien und ließ sie ab 2015 durch Hübotter+Stürken+Dimitrova zum neuen kommunalen Gymnasium Limmer umbauen. Dabei wurde die Typografie der Gebäude erhalten und geschickt betont, zugleich wurden die Fassaden optisch an das Stichweh-Quartier angeschlossen. 2017 wurde der Umbau fertiggestellt, zusätzlich entstand eine Dreifeld-Sporthalle mitten im Stichweh-Leinepark.

Die Jury des Deutschen Städtebaupreises urteilte 2018, dass mit dem Leinepark ein „identitätsstiftender Kristallisationspunkt für Limmer“ entstanden sei.

2

2 | Bauhaus-Tradition: Teile der alten Bebauung stammen vom Kölner Architekten Walter Wickop. Architekt Tobias Hübotter versetzte sie im Zuge der Revitalisierungen wieder weitgehend in den Originalzustand zurück.

3 | Seit 1891 ist Stichweh in Limmer ansässig – die Gebäude wurden ständig erweitert.

4 | Blick in das Treppenhaus des Stichweh-Verwaltungsbaus.

2 | Bauhaus tradition: Parts of the old buildings were designed by Cologne architect Walter Wickop. Architect Tobias Hübotter restored them largely to their original condition in the course of the revitalizations.

3 | Stichweh has been located in Limmer since 1891 – the buildings have been continuously expanded.

4 | View of the stairwell of the Stichweh administration building.

3

4

complementing the existing buildings with modern, light-colored block development in such a way that the ensemble is condensed into a contemporary urban quarter. Although this emphasizes its industrial history and allows it to shine through everywhere, it still does not deny an independence of the eras.

The heart of the Leinepark is the Schwanenburg restaurant. The name is a reminiscence of an old excursion restaurant that once stood in the immediate vicinity, but fell victim to the construction of the fast track after the war. The restaurant is now housed in the former boiler house of a demolished bed feather factory: On the first floor the restaurant business itself, above it on the loft floor a workshop room for cooking courses, for example, and finally above it an event hall.

For the Schwanenburg, project developer Ziehm and architect Hübotter, together with Essenszeit operator Dietmar Hagen, have founded their own limited liability company, which is not geared toward returns, but is intended to make it possible for high-quality gastronomy and event spaces to operate in historic rooms in the first place. Thus, an architect also becomes a co-developer of the project, so that the area can present a culinary meeting point for tenants and visitors.

The Stichweh-Leinepark opens up to the banks of the Leine River as a green space. A two-story parking garage is cleverly concealed with perforated masonry, and a tower building stands out as the oldest structure on the site.

Three eras of building culture are united on the site: the pre-war buildings, partly as pure industrial architecture, partly reworked in the Bauhaus style; the post-war era with its rather simple buildings and then the new additions of the 2010s, which densify the area and at the same time open it up for district uses.

The neighborhood was completed by the purchase of former university buildings at the transition to Linden. The buildings, constructed in the typical style of the 1960s, had been abandoned by the state shortly before the turn of the millennium and were visibly falling into disrepair. In 2012, Stichweh acquired the properties and, starting in 2015, had them converted by Hübotter+Stürken+Dimitrova into the new municipal high school in Limmer. In the process, the typography of the buildings was preserved and cleverly emphasized, while at the same time the facades were visually connected to the Stichweh neighborhood. The conversion was completed in 2017, and a three-field sports hall was also built in the middle of the Stichweh-Leinepark.

In 2018, the jury of the German Urban Development Award judged that the Leinepark had created an "identity-creating focal point for Limmer".

5 | Flächenerweiterung: Seit 2017 gehört auch das neue Gymnasium Limmer zum Stichweh-Leinepark – das Land hat das aufgegebene und heruntergekommene ehemalige Universitätsareal verkauft. Beim Umbau wurde der Charakter der Sechzigerjahreimmobilie bewahrt, trotzdem setzten die Architekten moderne Akzente.

5 | Expansion of space: Since 2017, the new Limmer High School has also been part of the Stichweh-Leinepark – the state has sold the abandoned and run-down former university site. During the conversion, the character of the sixties property was preserved, yet the architects added modern touches.

Fläche für die
Feuerwehr

6

7

8

6 | Zwischen Wunstorfer Straße und dem Eventlokal Schwanenburg (im Bildhintergrund) ist ein Stadtteilmittelpunkt mit Geschäften und Dienstleistern entstanden, der Limmer bisher fehlte.

7 | Eine Brücke überspannt den Unterlauf der Fösse auf dem parkartigen Areal.

8 | Direkt angrenzend an das Industriegelände der ehemaligen chemischen Reinigung entspannt sich das Stadtgrün.

9 | Ergänzungsanbau an das Lokal Schwanenburg aus Cortenstahl.

10 | Im Erdgeschoss bietet das alte Kesselhaus Gastronomieflächen, darüber Raum für (Koch -)Workshops und Veranstaltungen.

6 | Between Wunstorfer Strasse and the Schwanenburg event venue (in the background of the photo), a district center with stores and service providers has been created that Limmer previously lacked.

7 | A bridge spans the lower reaches of the Fösse on the park-like site.

8 | Directly adjacent to the industrial site of the former dry cleaning plant, the urban green is relaxing.

9 | Corten steel extension to the Schwanenburg restaurant.

10 | On the first floor, the old boiler house offers catering space, above it space for (cooking) workshops and events.

9

10

City-Gate Nord

1

Die Vorgeschichte dieses Baugrundstücks ist ein Krimi – die Umsetzung des Büroneubaus hingegen lief so reibungslos, dass die Projektentwickler Delta-Bau und HRG kurz nach Fertigstellung 2018 gleich einen zweiten Bauabschnitt hinterhergeschoben haben. An der Vahrenwalder Straße, wichtige Ausfallstraße zum Zentrum zu Autobahnen und Flughafen, ist so eine jahrzehntealte Baulücke geschlossen worden.

Das 14.000 Quadratmeter große Grundstück war lange Zeit Firmensitz eines schillernden Unternehmers aus Hannover. Günter A. betrieb dort das Autohaus Nordstadt Hannover, machte sich aber vor allem als Autotuner und Restaurator wertvoller Fahrzeuge international einen Namen. Später firmierte er die Firma um in Opel-Blitz, musste aber 1993 Pleite anmelden.

1998 hatte A. für das brachliegende Grundstück endlich eine lukrative Nutzung gefunden: Es war die Zeit der Multiplex-Kinos und Autoexperte A. hatte angeblich Pläne für die Ansiedlung des damaligen Cinemaxx-Konkurrenten Imax vertragsreif. Die Stadt aber verhinderte das Projekt, weil sie Kinos lieber in Zentrumsnähe sieht als am Stadtrand. Eine lange Prozessarie begann. A. aber hatte das Glück längst verlassen. 2007 soll er nach Überzeugung von Ermittlern seine Mutter in Verden getötet und sich selbst mit einem Kopfschuss umzubringen versucht haben, sodass er zum Pflegefall wurde.

The history of this building site is a thriller – the implementation of the new office building, on the other hand, went so smoothly that the project developers Delta-Bau and HRG immediately followed up with a second construction phase shortly after completion in 2018. On Vahrenwalder Strasse, an important arterial road to the city center and the freeways and airport, a decades-old gap has been closed.

For a long time, the 14,000-square-meter site was the headquarters of a colorful entrepreneur from Hannover. Günter A. operated the Nordstadt Hannover car dealership there, but made a name for himself internationally above all as a car tuner and restorer of valuable vehicles. He later renamed the company Opel-Blitz, but had to declare bankruptcy in 1993.

In 1998, A. had finally found a lucrative use for the fallow property: It was the time of multiplex cinemas, and car expert A. allegedly had plans ready to sign a contract for the settlement of the then Cinemaxx competitor Imax. But the city prevented the project because it prefers cinemas near the center rather than on the outskirts. A long legal battle began. A., however, had long since run out of luck. In 2007, investigators are convinced that he killed his mother in Verden and tried to kill himself with a shot to the head, so that he became a nursing case.

The property, however, continued to lie fallow.

Objekt:	**City-Gate Nord**
Adresse:	**Vahrenwalder Straße 236**
Architekten:	**Kiefer Sander**
Bauherr:	**Delta-Bau AG, Hannover-Region Grundstücksgesellschaft (HRG)**
Baujahr:	**2018 (1. BA)**
Fläche:	**9000 qm (1. BA)**

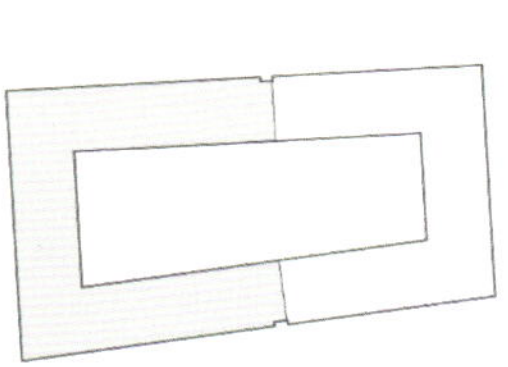

2

1 | Landmark auf der nördlichen Einfallstraße nach Hannover: Das City-Gate (hier noch als Computersimulation) besteht aus dem ersten Bauabschnitt für Hauptmieter Vodafone und davor dem Neubau für Hauptmieter Exxon, der 2022 fertig werden soll.

2 | Beide Neubauten stammen von Systembauanbieter Goldbeck. Für die Fassade wurde aber das Architekturbüro Kiefer Sander engagiert.

1 | Landmark on the northern access road to Hannover: The City-Gate (here still as a computer simulation) consists of the first construction phase for main tenant Vodafone and in front of it the new building for main tenant Exxon, which is scheduled for completion in 2022.

2 | Both new buildings are from system construction provider Goldbeck. However, the architectural firm Kiefer Sander was engaged for the facade.

Das Grundstück aber lag weiter brach.
2012, also fast 20 Jahre nach der spektakulären Opel-Blitz-Pleite, kauften die beiden kommunalen HRG-Grundstücksgesellschaften und das private Unternehmen Delta Bau AG gemeinschaftlich das Grundstück – auf Vorrat, also noch ohne Verwendung. 2016 dann tat sich mit Vodafone ein potenzieller Mieter auf: Der Telekommunikationsanbieter mit Regionalsitz in Langenhagen hatte gerade den Mitbewerber Kabel Deutschland übernommen und wollte das Personal an einem Standort zusammenführen.

Nach Plänen des Architekturbüros von Harald Kiefer und Jörg Sander aus Sarstedt entstand zunächst der erste Bauabschnitt für Vodafone als Hauptmieter.

Der Neubau ist ein klar gegliederter Baukörper mit über Eck geführten Fensterbändern. Im Erdgeschoss ist außer einem Vodafone-Shop ein Betriebsrestaurant untergebracht. Auf der straßenabgewandten Seite sind Goldbeck-Parkdecks aufgeständert.

2018 war das Gebäude bezugsfertig. 2019 begann das Firmentrio aus HRG und Delta-Bau mit der Umsetzung des zweiten Bauabschnitts für Hauptmieter Exxon. Architektonisch unterscheidet er sich wegen der stehenden, schlanken Fensterformate stark. Das Bauvolumen ist mit 11.000 Quadratmetern Fläche etwas größer. Baustart war 2020. Im Jahr 2022 soll das inzwischen weitgehend vermietete Gebäude bezugsfertig sein.

In 2012, almost 20 years after the spectacular Opel-Blitz bankruptcy, the two municipal HRG property companies and the private company Delta Bau AG jointly purchased the property – for stock, i.e. still without use. Then, in 2016, a potential tenant emerged in the form of Vodafone: The telecommunications provider with regional headquarters in Langenhagen had just taken over its competitor Kabel Deutschland and wanted to consolidate its staff at one location.

According to the plans of the architectural office of Harald Kiefer and Jörg Sander from Sarstedt, the first construction phase was initially built for Vodafone as the main tenant.

The new building is a clearly structured structure with window strips extending across corners. In addition to a Vodafone store, the first floor also houses a company restaurant. Goldbeck parking decks are elevated on the side facing away from the street.

In 2018, the building was ready for occupancy. In 2019, the trio of companies comprising HRG and Delta-Bau began implementing the second phase of construction for main tenant Exxon. Architecturally, it is very different because of the standing, slender window formats. The construction volume is slightly larger at 11,000 square meters. Construction started in 2020 and the building, which is now largely leased, is scheduled to be ready for occupancy in 2022.

Landtag mit Plenarsaal

1

Darf sich ein Parlament über die von ihm selbst erlassenen Gesetze hinwegsetzen? Darf es zwar Denkmalschutz von den Bürgern fordern, aber sein eigenes Denkmalgebäude abreißen, wenn es ihm nicht mehr zeitgemäß erscheint?

Die Geschichte der Erneuerung des Niedersächsischen Landtagsgebäudes hat viele Facetten der (Bau-)Kultur in Hannover in neues Licht getaucht. Sie ist vor allem ein Lehrstück in Demokratie. Aber sie ist zugleich ein auch guter Beleg dafür, wie gute Architektur ein schützenswertes Gebäude so überformen kann, dass am Ende ein Mehrwert für alle herauskommt: für die Parlamentarier, für die Bürger und für den Denkmalschutz.

Als das junge Bundesland Niedersachsen 1946 Hannover zur Landeshauptstadt erklärte, musste in der stark vom Krieg gezeichneten Stadt ein Plenargebäude für den Landtag erst noch geschaffen werden. Der Nachkriegsarchitekt Dieter Oesterlen setzte sich in einem Wettbewerb mit seinem Konzept durch, das völlig ausgebrannte Leineschloss der Welfen mit dem klassizistischen Laves-Portikus zu erhalten, im Inneren zur Landtagsverwaltung umzubauen und daneben einen modernen Plenarsaal zu errichten.

Die Arbeiten dauerten von 1957 bis 1962. Das Plenargebäude setzte Oesterlen an die Ostseite des Schlossbaus. Dort war von 1689 bis 1854 Hannovers weltberühmte Schlossoper angesiedelt, ein venezianischer-barocker Prunkbau, dessen Abriss eine Fehlstelle in der Schlosssymmetrie hinterlassen hatte. Oesterlen schuf für den Plenartrakt ein gewaltiges Monument: einem mit Granitplatten verkleideten, trutzig wirkenden Außenkörper mit vertikalen Fensterschlitzen. Das eigentliche Plenarrund wiederum befand sich in einer

Is a parliament allowed to disregard the laws it itself has enacted? Is it allowed to demand monument protection from the citizens, but to demolish its own monument building if it no longer seems contemporary to it?

The story of the renovation of the Lower Saxony Parliament building has shed new light on many facets of (building) culture in Hannover. Above all, it is a lesson in democracy. But at the same time, it is also a good example of how good architecture can transform a building worthy of protection in such a way that the end result is added value for everyone: for the parliamentarians, for the citizens and for the preservation of historical monuments.

When the young state of Lower Saxony declared Hannover the state capital in 1946, a plenary building for the state parliament had yet to be created in the city, which had been badly scarred by the war. Post-war architect Dieter Oesterlen won a competition with his concept of preserving the former Royal Hannover families' (House of the Guelphs) Leineschloss, which had been completely burned out, with its classicist Laves portico, converting the interior into a state parliament administration building and constructing a modern plenary hall next to it.

The work lasted from 1957 to 1962, and Oesterlen placed the plenary building on the east side of the palace building. This was the site of Hannover's world-famous palace opera house from 1689 to 1854, a Venetian-Baroque magnificent building whose demolition had left a gap in the palace symmetry. Oesterlen created a massive monument for the plenary wing: a defiant-looking outer body clad in granite slabs with vertical window slits. The actual plenary round, in

Auszeichnung:
Die Umgestaltung des Landtags war Preisträger beim BDA-Preis Niedersachsen 2019

Objekt:	Landtag mit Plenarsaal
Adresse:	Hannah-Arendt-Platz 1
Architekten:	Blocher Partners
Bauherr:	Niedersächsischer Landtag
Baujahr:	2017
Fläche:	12 487 qm (mit Portikushalle und Landespressekonferenz)

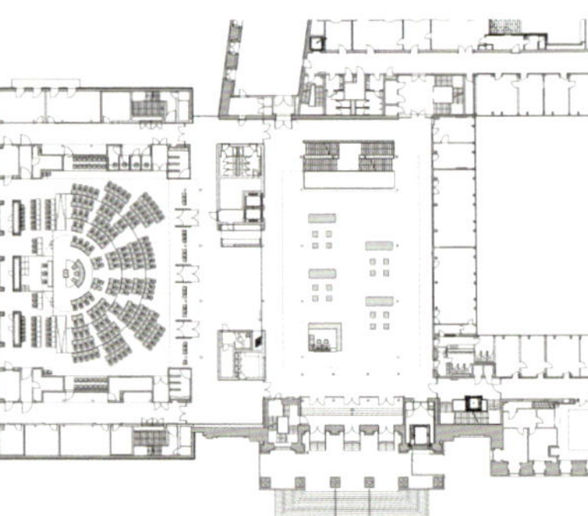

2

3

hermetisch abgeschlossenen, fensterlosen Innenschale. Nur durch eine Dachlaterne fiel gedämpftes Tageslicht in den Raum.

Oesterlen begründete diese verschlossene Architektur einmal damit, nach dem Naziterror müsse man das Parlament vor Beeinflussungen von außen schützen. Die Abgeordneten sollten nur sich und ihrem Gewissen verpflichtet sein. Etwa 1400 Sitzungen lang hielten es die Parlamentarier weitgehend klaglos in dem freudlosen Raum aus. Als es wegen der typischen Mangelunterhaltung der öffentlichen Hand schließlich aus Rohren zu stinken begann und immer mehr Parlamente in anderen Bundesländern sich verglaste Tageslichtbauten schufen, war die Zeit für einen Wandel auch in Hannover gekommen.

In einem ersten Architektenwettbewerb gelang es 2002 dem hannoverschen Büro Koch Panse, den Geist Oesterlens zu bewahren, den bisher geschlossenen Saalkörper im Inneren aber sowohl zum Atrium (Portikushalle) wie auch zu den umgebenden Wandelgängen aufzubrechen. Das Büro errang den ersten Platz, die Pläne sollten umgesetzt werden. Dann kam die Finanzkrise 2003, alle Umbaupläne wurden beerdigt.

Ab 2008 schwoll der Unmut der Abgeordneten über die baulichen Zustände erneut an. Das Parlament beschloss einen ergebnisoffenen Wettbewerb – angeblich war bei der Abstimmung vielen nicht klar, dass ergebnisoffen eben auch bedeuten kann, das Denkmal abzureißen.

Es kam, wie es wohl kommen musste. Auf den ersten Platz wurde der tempelartige Entwurf des koreanischen Architekten Eun Young Yi gewählt. Vollverglast mit vorgestellten, schlanken Säulen

turn, was located in a hermetically sealed, windowless inner shell. Only through a roof lantern did subdued daylight enter the room.

Oesterlen once justified this closed architecture by saying that after the Nazi terror, the parliament had to be protected from outside influence. The deputies were to be bound only to themselves and their consciences. For about 1400 sessions, the parliamentarians endured largely without complaint in the cheerless room. When, due to the typical lack of public maintenance, it finally began to stink from the pipes and more and more parliaments in other federal states created glazed daylight buildings, the time had come for a change in Hannover as well.

In a first architectural competition in 2002, the Hannoverian office Koch Panse succeeded in preserving the spirit of Oesterlen, but in breaking up the hitherto closed body of the hall into an atrium (Portikushalle) as well as into the surrounding ambulatories. The office won first prize, and the plans were to be implemented. Then came the financial crisis in 2003, and all plans for reconstruction were buried.

Starting in 2008, the displeasure of the parliamentarians about the structural conditions swelled again. The parliament decided to hold an open competition – allegedly many people did not realize that an open competition could also mean tearing down the monument.

It came as it probably had to come. The first place was taken by the temple-like design of the Korean architect Eun Young Yi. Fully glazed with slender columns, the new building was to stand alone next to the historic Leineschloss – and the Oesterlen building was

1 | Äußerlich fast wieder das Original: Der trutzig wirkende Körper mit vertikalen Fensterschlitzen sollte das Parlament in der Nachkriegszeit symbolisch vor Einflussnahme schützen.

2 | Ganz neues Raumgefühl: Die Portikushalle wurde beim Umbau entkernt, sodass die gekreuzte Treppe zur Geltung kommt.

3 | Plenarbereich gedreht: Die Parlamentarier haben jetzt einen Blick ins Freie.

1 | Externally almost the original again: The defiant-looking body with vertical window slits was intended to symbolically protect the parliament from influence in the post-war period.

2 | Completely new sense of space: The Portikushalle was gutted during the reconstruction so that the crossed staircase is shown to its best advantage.

3 | Plenary area rotated: Parliamentarians now have a view of the outdoors.

sollte der Neubau solitär neben dem historischen Leineschloss stehen – und der Oesterlen-Bau dafür abgerissen werden. 91 von 151 Abgeordneten stimmten im März 2010 für den erstplatzierten Neubau-Entwurf.

In Hannover erhob sich ein Sturm der Entrüstung. Eine Bürgerinitiative um den Bauhistoriker Sid Auffarth sammelte innerhalb weniger Monate mehr als 40.000 Unterschriften gegen den Abriss. Der ehemalige Vizepräsident des Oberverwaltungsgerichts Lüneburg, Hans Karsten Schmaltz, attestierte den Gutachtern des Landtags „eine beachtliche Portion Chuzpe“. Sie hatten die Tatsache, dass der Landesdenkmalschutz angesichts der Probleme des Bauwerks Zugeständnisse für einen Umbau gemacht hatten, als Beleg dafür gewertet, diese hätten den Denkmalschutz aufgegeben – und damit den Abriss für legal erklärt.

Es war eine öffentliche Blamage für das Parlament. Der Landtag bekam die Kuh nur vom Eis, weil sich bei Nachkalkulationen herausstellte, dass der Yi-Entwurf den gesetzten Kostenrahmen von damals 45 Millionen Euro nicht einhalten werde: Auf einmal sollte der Neubau 65 Millionen Euro kosten. Er wurde abgeblasen.

Nach zwei letztlich gescheiterten Architektenwettbewerben entschied schließlich 2013 die Baukommission des Landtags einen Umbau nach Plänen des Stuttgarter Büros Blocher Partners. Der Plenarbereich sowie die angrenzende Portikushalle seien in der alten Kubatur umzubauen. Blocher hatte, damit der Entwurf dem 2002er-Konzept von Koch Panse nicht zu ähnlich wurde, das Parlamentsgefüge um 180 Grad gedreht. Die Blickrichtung der Abgeordneten zeigt jetzt nicht mehr in Richtung Atrium, sondern zu den vertikalen Fensterschnitten Richtung Außenlicht.

Der zweijährige Umbau setzte dem Denkmal dann doch stark zu. Die Betonaußenwände erwiesen sich als nicht mehr stabil genug und mussten mühsam verstärkt werden – dabei waren sie doch materiell das Einzige, was überhaupt vom Oesterlen-Bau übrig blieb. Spötter unkten damals, man hätte nun ja auch komplett abreißen und neu bauen können.

Sie sollten unrecht behalten. Denn auch wenn molekular vom Nachkriegsbau fast nichts mehr übrig ist, so ist die Wirkung im Stadtraum dennoch geblieben. Der trutzige Parlamentsbau hat sich innen stark gewandelt, ist aber außen wieder ein Dokument der Wiederaufbaugeschichte Hannovers. Nicht jeder mag ihn – aber das hat starke Architektur ja nunmal regelhaft so an sich.

Im Inneren zeigt der Plenarbereich jetzt eine zeitgemäße Kombination aus Weiß und Holztönen, moderne Ausstattungen an den Plätzen der Abgeordneten und großzügige Emporen fürs Publikum. Gewonnen hat auch die Portikushalle. Sie ist zum großen Saal für Empfänge und Veranstaltungen geworden, an deren Stirnseite sich die von Oesterlen konzipierten Treppenaufgänge kreuzen – ein optischer Gruß an die typisch niederdeutschen Bauernhäuser mit ihren gekreuzten Pferdeköpfen am Giebel.

to be demolished in its place. In March 2010, 91 of 151 members of parliament voted in favor of the first-place design.

A storm of indignation arose in Hannover. Within a few months, a citizens' initiative led by architectural historian Sid Auffarth collected more than 40,000 signatures against the demolition. The former vice president of the Lüneburg Higher Administrative Court, Hans Karsten Schmaltz, attested that the state parliament's experts had "a considerable amount of chutzpah." They had taken the fact that the state's historic preservation authorities had made concessions for a reconstruction in view of the structure's problems as evidence that they had given up on historic preservation – and thus declared the demolition legal.

It was a public embarrassment for Parliament. The state parliament only got the managed to save the situation because post-calculations showed that the Yi design would not keep to the set cost framework of 45 million euros at the time: All of a sudden, the new building was supposed to cost 65 million euros. It was called off.

After two ultimately failed architectural competitions, the building commission of the state parliament finally decided in 2013 to rebuild the building according to the plans of the Stuttgart-based firm Blocher Partners. The plenary area and the adjacent Portikushalle were to be rebuilt in the old cubature. Blocher had turned the parliamentary structure by 180 degrees so that the design would not be too similar to the 2002 concept by Koch Panse. The direction of view of the deputies now no longer points toward the atrium, but toward the vertical window cuts toward the outside light.

The two-year reconstruction then took its toll on the monument. The concrete exterior walls proved to be no longer stable enough and had to be painstakingly reinforced – although they were the only thing left of the Oesterlen building. At the time, scoffers said that the entire building could have been torn down and rebuilt.

They were proved wrong. For even if almost nothing remains of the post-war building in molecular terms, the effect in the urban space has nevertheless remained. The defiant parliament building has undergone a major transformation on the inside, but on the outside it is once again a document of Hannover's reconstruction history. Not everyone likes it, but that is usually the case with strong architecture.

Inside, the plenary area now features a contemporary combination of white and wood tones, modern furnishings at the seats of the members of parliament and spacious galleries for the public. The Portikushalle has also won. It has become a large hall for receptions and events, at the front of which the staircases designed by Oesterlen intersect – a visual salute to the typical Low German farmhouses with their crossed horse heads on the gables.

4 | Das von Nachkriegsarchitekt Dieter Oesterlen entworfene, gegenläufige Treppengefüge ist ein optischer Gruß an die typisch niederdeutschen Bauernhäuser mit ihren gekreuzten Pferdeköpfen am Giebel

5 | Ausblick: Aus dem Plenarbereich ist jetzt der Blick auf Hannovers Neues Rathaus frei. Über dem Platz des Präsidiums prangt das Niedersachsenross.

4 | The counter-rotating staircase structure designed by post-war architect Dieter Oesterlen is a visual salute to the typical Low German farmhouses with their crossed horse heads on the gables

5 | View: From the plenary area, the view of Hannover's New City Hall is now unobstructed. The Lower Saxony horse is emblazoned above the Presidium square.

5

6

7

8

9

6 | Der von Hofarchitekt Georg Ludwig Friedrich Laves (1788–1864) konzipierte Portikus mit seinen sechs korinthischen Säulen und dem Dreiecksgiebel gibt dem Leineschloss der Welfen seinen klassizistischen Ausdruck.

7 | Blick vom Platz der Göttinger Sieben: Äußerlich ist kaum zu erkennen, dass der denkmalgeschützte Plenaranbau bis auf die Kernsubstanz zurückgebaut und dann erneuert wurde.

8 | Für den Umbau mussten die Kaiserlinden auf dem Vorplatz gefällt werden. Die Nachpflanzungen treiben inzwischen aber wieder aus.

9 | Wo alt und neu aneinanderstoßen: Die Fuge zwischen dem historischen Leineschloss und dem erneuerten Nachkriegs-Plenaranbau.

6 | The portico, designed by court architect Georg Ludwig Friedrich Laves (1788-1864), with its six Corinthian columns and triangular pediment gives the Leineschloss of theformer Royal Hannover family (House of the Guelphs) its classicist expression.

7 | View from the Platz der Göttinger Sieben: Externally, it is hardly noticeable that the listed plenary annex was dismantled down to its core substance and then renovated.

8 | The Kaiser linden trees on the forecourt had to be felled for the reconstruction. However, the replantings are now sprouting again.

9 | Where old and new meet: The joint between the historic Leineschloss and the renovated post-war plenary annex.

KPMG und KSA

Objekt: KPMG und KSA
Adresse: Prinzenstraße 19/21a/23
Architekten: Martienssen Architekten +Ingenieure, Gruppeomp Architektengesellschaft, O.M.-Architekten
Bauherr: VGH Versicherungen
Baujahr: 2016
Fläche: 6864 qm

Mitten in Hannovers Bankenviertel haben die VGH-Versicherungen 2016 ein neues Büroquartier für Fremdmieter geschaffen, das städtebaulich Akzente setzt. Möglich wurde das durch geschickten Flächenzukauf – aber es waren harte Interventionen von Seiten der Stadt nötig, damit kein erdrückender Baublock entsteht.
U-förmig zieht sich das Neubauensemble um das ehemalige Wohnhaus Prinzenstraße 21, ein niedriger, klassizistischer Denkmalbau aus der ersten Hälfte des 19. Jahrhunderts, der als ältestes erhaltenes Wohngebäude der von Laves geschaffenen Stadterweiterung zum Schiffgraben gilt.

Rechts davon (heute: KSA) konnte die VGH das wenig ansehnliche Gebäude einer Hochgarage erwerben. Links davon (heute: KPMG) stand das Bankhaus Caspar, 1912 erbaut und trotz ungewöhnlicher Fassade nicht unter Denkmalschutz.

Die ersten Entwürfe der VGH sahen vor, beide Gebäude links und rechts des klassizistischen Baus abzureißen und unter Einbeziehung einer Teilfläche hinter dem Denkmalhaus einen großen, u-förmigen Neubauriegel zu schaffen. Dem Vernehmen nach bedurfte es rigoroser Interventionen des damaligen Stadtbaurats Uwe Bodemann, um dieses Vorhaben zu verhindern: Es hätte das klassizistische Gebäude erdrückt und die Bebauung unmaßstäblich gemacht.

Das Ergebnis tut der Stadtansicht zweifelsfrei gut. Die beiden Neubauten, die den Denkmalbau umschließen, zeigen eine völlig unterschiedliche Architektur. So entsteht statt Eintönigkeit ein Unruherhythmus, wie er in den Stadtkernen europäischer Großstädte üblich ist. Statt eines großen Baublocks sind Einzelbauten entstanden.

Das Gebäude Prinzenstraße 23, in dem die Wirtschaftsprüfungsgesellschaft KMPG residiert, zeigt eine intelligente Stufenarchitektur mit Staffelgeschossen und zwei turmartigen Aufbauten. Dem Architekturbüro Martienssen ist es gelungen, es trotz der Baudichte sowohl in der Ansicht zur Prinzenstraße als auch in der Seitensicht vom Schiffgraben/Ecke Georgsplatz elegant wirken zu lassen. Der hellen Klinker (Fassade: Gruppeomp) und vor allem das Vorhandensein von Fenstereinfassungen verleihen dem Gebäude Leichtigkeit.

Der Neubau Prinzenstraße 19 wurde von den O.M.-Architekten aus Braunschweig konzipiert. Er setzt sich mit einer dunklen Steinplattenfassade deutlich vom KPMG-Bau ab – und zudem einen Akzent mit den goldgelben Fenstereinfassungen sowie dem schlanken Eingangsportal.

Um das Bankhaus Caspar ist es schade – zumal in einer Innenstadt, die in den letzten beiden Kriegsjahren 85 Prozent ihrer historischen Substanz verlor und danach durch den rigorosen Wiederaufbau weitere schützenswerte Architektur einbüßte. Für die Gebäudeflucht an der Prinzenstraße hat sich die Aufwertung unterm Strich aber gelohnt.

In the middle of Hannover's banking district, VGH Versicherungen created a new office quarter for external tenants in 2016 that sets the tone for urban development. This was made possible by the skilful acquisition of land - but tough intervention by the city was necessary to prevent the creation of an oppressive building block.
The ensemble of new buildings extends in a U-shape around the former residential building at Prinzenstrasse 21, a low, classicist listed building from the first half of the 19th century, which is considered to be the oldest surviving residential building in the city extension to the Schiffgraben created by Laves.

To the right of it (today: KSA), the VGH was able to acquire the not very respectable building of an elevated garage. To the left of it (today: KPMG) stood Bankhaus Caspar, built in 1912 and, despite its unusual facade, not listed as a historic monument.

VGH's initial plans called for demolishing both buildings to the left and right of the classicist structure and creating a large, U-shaped new building block, including a partial area behind the listed building. According to reports, it took rigorous intervention by the then city building councilor Uwe Bodemann to prevent this project: It would have crushed the classicist building and made the development out of scale.

The result is undoubtedly good for the cityscape. The two new buildings that surround the listed building show a completely different architecture. Instead of monotony, the result is a restless rhythm that is common in the city centers of major European cities. Instead of a large building block, individual buildings have been created.

The Prinzenstrasse 23 building, in which the auditing company KMPG resides, features an intelligent stepped architecture with staggered stories and two tower-like superstructures. Despite the building's density, the Martienssen architectural firm has succeeded in making it look elegant both in the view from Prinzenstrasse and in the side view from Schiffgraben/corner Georgsplatz. The light-colored clinker bricks (facade: Gruppeomp) and above all the presence of window surrounds lend lightness to the building.

The new building at Prinzenstraße 19 was designed by O.M. architects from Braunschweig. It clearly contrasts with the KPMG building with its dark stone slab facade – and also provides an accent with the golden yellow window surrounds and the slender entrance portal.

It is a pity about Bankhaus Caspar – especially in a city center that lost 85 percent of its historic substance in the last two years of the war and subsequently lost further architecture worthy of protection through rigorous reconstruction. But for the row of buildings on Prinzenstrasse, the upgrading was worth it.

1

1 | Zeitgemäße Architektur: Am Schiffgraben streckt sich der Neubau mit heller Klinkerfassade und Staffelgeschossen, aus denen der Treppenhausturm herausragt.

1 | Contemporary architecture: The new building stretches along the Schiffgraben with a light clinker facade and staggered stories, from which the staircase tower protrudes.

2

2 | Moderne Arbeitswelten: Die Zeit der steifen Schlips- und Aktenkofferträger ist auch bei KPMG vorbei. Die Gemeinschaftsräume sind bunt und fröhlich und sollen zu kreativem Arbeiten anregen.

3 | Intelligente Diversität: Auch wenn der Neubau der KSA (im Vordergrund) zeitgleich mit dem Bau für KPMG (im Hintergrund) entstanden ist, so erscheinen sie nach Intervention durch die Stadt in unterschiedlicher Materialität und Formensprache. Dadurch erdrückt der Baublock die Straßenansicht nicht – und gibt respektvoll auch dem klassizistischen Denkmal zwischen den Neubauten Raum, der das älteste erhaltene Wohngebäude der Laves-Stadterweiterung zum Schiffgraben darstellt.

2 | Modern working environments: The days of stiff ties and briefcases are also over at KPMG. The common rooms are colorful and cheerful and are designed to encourage creative work.

3 | Intelligent diversity: Even though the new KSA building (in the foreground) was built at the same time as the building for KPMG (in the background), they appear in different materiality and design language after intervention by the city. As a result, the building block does not stifle the street view – and also respectfully gives space to the classicist monument between the new buildings, which represents the oldest preserved residential building of the Laves city extension to the Schiffgraben.

3

Auszeichnung:
Nominiert zum Niedersächsischen Staatspreis Architektur 2014

Mehr als zehn Jahre Bauzeit für einen neuen Stadtteilmittelpunkt in Herrenhausen: Das Herrenhäuser Forum ist ein Beispiel für gute Entwicklung eines sublokalen Zentrums durch eine Wohnungsgenossenschaft.

Seit dem Zweiten Weltkrieg war die Ortsmitte von Herrenhausen geprägt durch einen Hochbunker und eine typische, niedrige Fünfzigerjahre-Ladenzeile. Statt des Betongraus prägt jetzt leuchtendes Weiß den Herrenhäuser Markt. 46 Wohnungen und 27 Gewerbeeinheiten hat die Wohnungsgenossenschaft Herrenhausen (WGH) gemeinsam mit den KSW-Architekten geschaffen.

Den ersten Bauabschnitt, ein Geschäftshaus, stellte die WGH Ende bereits 2008 fertig, den zweiten 2013. Da stand zwar der Bunker noch, aber rückwärtig spreizten sich drei fingerartige Gebäuderiegel von ihm weg, in denen Wohnungen, Geschäfte, Praxen und Kanzleien untergebracht sind. 2014 startete dann der Abbruch des Bunkers durch die Firma A&S Betondemontage. Ein Sprengen war wegen der eng mit Wohnungen umbauten Lage genauso wenig möglich wie ein Zerhämmern – also wurde der Betonkoloss zersägt – von innen heraus, um auch die Staubbelastung so gering wie möglich zu halten. Jedes Einzelteil wog 30 Tonnen und musste mit Schwerlasttransportern weggeschafft werden. Sieben Monate dauerte die Abbruchzeit für den Weltkriegsbunker, im April 2015 war er getilgt. Anschließend startete der dritte große Bauabschnitt.

Eine Besonderheit der Anlage sind die begrünten Innenhöfe über dem Gewerbegeschoss. Durchzogen von Wegen, bieten sie den Bewohnerinnen und Bewohnern eine kleine Oase mitten im Baukörper. Zu der Ausstattung gehört auch ein Conciergedienst, der sich um alltägliche Dinge kümmert und ein Auge auf das Zusammenleben im Areal hat.

Das Areal hat die Lagegunst einer Stadtbahnhaltestelle direkt vor der Tür – verfügt also über eine sehr gute öffentliche Anbindung sowohl zum Umfeld als auch zum Zentrum Hannovers. Städtebaulich war es wichtig, einen deutlichen, modernen Akzent am Herrenhäuser Markt zu setzen – was den KSW-Architekten gelungen ist. Zusätzlich hat die WGH es mit der Projektentwicklung geschafft, großflächigen Einzelhandel in den urbanen Kern Herrenhausens zurückzuholen, sodass die Menschen keine weiten Wege zum Einkauf zurücklegen müssen. Zudem hat das Stadtteilzentrum mit dem typisch-großstädtischen Funktionsmix aus Wohnen, Arbeiten, Einkauf und Gastronomie wieder eine Mitte, die dem Sinnbild der europäischen Stadt(teil)entwicklung entspricht.

More than ten years of construction time for a new district center in Herrenhausen: The Herrenhäuser Forum is an example of good development of a sublocal center by a housing cooperative.

Since the Second World War, the center of Herrenhausen had been characterized by a high-rise bunker and a typical, low-rise row of fifties stores. Instead of the concrete gray, bright white now characterizes Herrenhäuser Markt. 46 apartments and 27 commercial units were created by the Herrenhausen housing cooperative (WGH) together with KSW architects.

The first phase of construction, a commercial building, was completed by WGH in 2008, the second in 2013, when the bunker was still standing, but three finger-like building blocks spread out from it at the rear, housing apartments, stores, practices and offices. Then in 2014, demolition of the bunker began by the company A&S Betondemontage. Blasting was just as impossible as hammering because of the tightly built-up location with apartments – so the concrete colossus was sawn apart – from the inside out, in order to also keep the dust pollution as low as possible. Each individual part weighed 30 tons and had to be removed by heavy-duty transporters. Demolition of the World War II bunker took seven months, and it was eradicated in April 2015. The third major construction phase then started.

A special feature of the complex are the landscaped courtyards above the commercial floor. Crisscrossed by paths, they offer residents a small oasis in the middle of the building structure. The facilities also include a concierge service that takes care of everyday matters and keeps an eye on coexistence in the area.

The site has the advantage of a light-rail stop right on its doorstep, which means that it has excellent public transport links both to the surrounding area and to the center of Hannover. In terms of urban planning, it was important to set a clear, modern accent at Herrenhäuser Markt, which the KSW architects succeeded in doing. In addition, with the project development, WGH has succeeded in bringing large-scale retail back to the urban core of Herrenhausen, so that people do not have to travel long distances to go shopping. In addition, the district center with its typical metropolitan functional mix of living, working, shopping and gastronomy once again has a center that corresponds to the symbol of European urban (sub)development.

Objekt:	Herrenhäuser Forum
Adresse:	Herrenhäuser Straße 76A, Herrenhäuser Markt 1, 3, 5, 7, 9
Architekten:	KSW Kellner Schleich Wunderling
Bauherr:	Wohnungsgenossenschaft Herrenhausen
Baujahr:	2008/2013/2016
Fläche:	23 495 qm

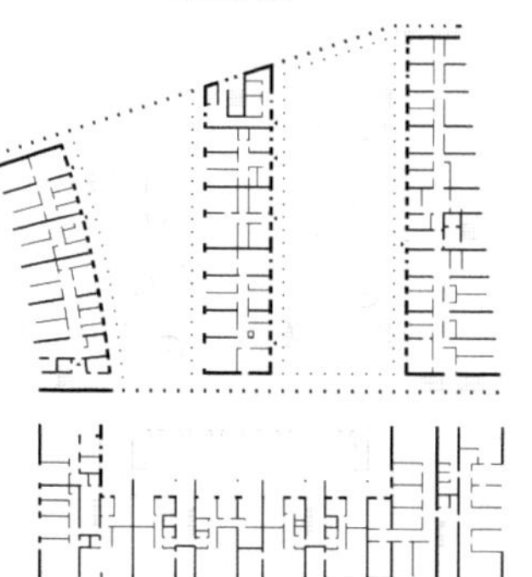

1

1 | Hier stand einst ein Weltkriegsbunker: Stadterneuerung durch die Wohnungsgenossenschaft Herrenhausen und das Büro KSW.

1 | A World War II bunker once stood here: urban renewal by the Herrenhausen housing cooperative and the KSW office.

2

3

2 | Weiße Putzfassaden werden durch die tiefgrauen Fenstereinfassungen kontrastiert: Der Neubau verleiht dem Stadtzentrum Herrenhausens Modernität.

3 | Winterblick auf das neu entstandene Stadtteilzentrum am Herrenhäuser Markt.

4 | Handel, Dienstleistung, Wohnen für alle Generationen bis hin zur Betreuung: Das Herrenhäuser Forum deckt die Funktionen eines Unterzentrums ab.

2 | White plaster facades are contrasted by the deep gray window surrounds: The new building lends modernity to Herrenhausen's city center.

3 | Winter view of the newly created district center at Herrenhäuser Markt.

4 | Commerce, services, living for all generations up to care: The Herrenhäuser Forum covers the functions of a subcenter.

köschk TABAK & PRESSE SHOP
DHL
TABAKWAREN
RAUCHERBEDARF
ZEITUNGEN
ZEITSCHRIFTEN
RÄTSEL + ROMANE
ÜSTRA FAHRKARTEN
DEUTSCHE POST
GRUßKARTEN
POSTKARTEN
SCHREIBWAREN
BÜROBEDARF
GESCHENKARTIKEL
SÜßWAREN
GETRÄNKE
DHL
4

Mecklenburgische Versicherungen Erweiterungsbau

1

Deutschlands älteste Privatversicherung hat ihren Hauptsitz in Hannover – auch wenn man angesichts des Namens eher einen ostdeutschen Firmensitz vermuten würde. Der Grund ist in der deutschen Geschichte begründet: Als sich nach dem Zweiten Weltkrieg die Teilung abzeichnete, bauten vorausschauende Versicherungsmanager das Unternehmen, das 1797 als Hagelversicherung für die Landwirtschaft entstanden war, im sicheren Hannover wieder auf. In Neubrandenburg befindet sich seit der Vereinigung wieder ein Zweitsitz der Versicherung.

In Hannover ließ sich die Mecklenburgische zunächst in Maschseenähe in der Straße Auf dem Emmerberge nieder. Das heutige Mecklenburgische-Hauptgebäude am Zentralort in Hannover-Kleefeld wurde 1984 vom Architekturbüro BKSP entworfen und 1994 behutsam erweitert. Der hellrote Backsteinbau zwischen Berckhusenstraße und Karl-Wiechert-Allee hat als markantes Entrée eine Glaspyramide, die sich über dem Eingang erhebt.

Inzwischen ist die Mecklenburgische gewachsen – mehr als 610 Mitarbeiterinnen und Mitarbeiter beschäftigt sie allein am Standort Hannover. Im zweiten Jahrzehnt des neuen Jahrtausends wurde der Platzbedarf immer größer, auch an Veranstaltungs- und Konferenzräumen. Deshalb ließ die Versicherung in den Jahren 2014 bis 2016 auf dem nördlichen Nachbargrundstück einen Erweiterungsbau errichten.

Das Kölner Architekturbüro Kaspar Kraemer lieferte einen Entwurf für einen viergeschossigen Bürobau, dessen oberste Etage

Germany's oldest private insurance company is headquartered in Hannover – even if one would rather expect an East German company headquarters given the name. The reason is rooted in German history: When partition loomed after World War II, forward-thinking insurance managers rebuilt the company, which had originated in 1797 as a hail insurance company for agriculture, in the safe city of Hannover. Since reunification, the insurance company has once again had a branch office in Neubrandenburg.

In Hannover, the Mecklenburgische initially settled near the Maschsee in the street Auf dem Emmerberge. Today's Mecklenburgische main building at the central location in Hannover-Kleefeld was designed by the architectural firm BKSP in 1984 and carefully expanded in 1994. The bright red brick building between Berckhusenstrasse and Karl-Wiechert-Allee has a glass pyramid rising above the entrance as a striking feature.

In the meantime, Mecklenburgische has grown – it employs more than 610 people at the Hannover site alone. In the second decade of the new millennium, the need for space grew, including event and conference rooms. For this reason, the insurance company had an extension built on the neighboring property to the north between 2014 and 2016.

The Cologne-based architecture firm Kaspar Kraemer provided a design for a four-story office building, whose top floor is also visually recessed as a stacked floor – but thanks to sophisticated statics can still be added to if space is needed.

Objekt:	Erweiterungsbau Mecklenburgische Versicherungen
Adresse:	Platz der Mecklenburgischen 1
Architekten:	Kaspar Kraemer
Bauherr:	Mecklenburgische Versicherung
Baujahr:	2016
Fläche:	7978 qm

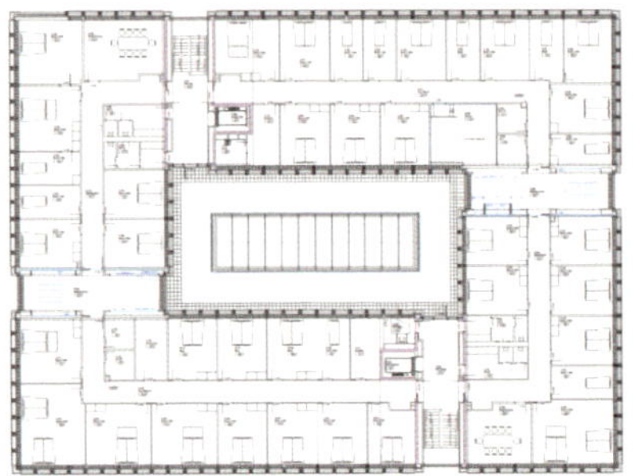

2

1 | Erweiterungsbau neben der Medizinischen Hochschule: Der Neubau der Mecklenburgischen Versicherung zeigt in den Hauptgeschossen schlanke Backsteinarchitektur. Darüber ist das Staffelgeschoss mit Metall verkleidet, was ihm Leichtigkeit verleiht.

2 | Stahl und Granit: Der Erweiterungsbau bei Nacht.

3 | Erleuchtung von oben: Durch das Glasdach fällt Tageslicht in das Atrium des Erweiterungsbaus.

1 | Extension next to the Medical School: The new building of the Mecklenburg Insurance Company features slender brick architecture on the main floors. Above, the staggered floor is clad in metal, giving it a sense of lightness.

2 | Steel and granite: The extension building at night.

3 | Illumination from above: Daylight falls through the glass roof into the atrium of the extension building.

als Staffelgeschoss auch optisch zurückgenommen ist – aber dank ausgeklügelter Statik bei Platzbedarf noch aufgestockt werden kann.

Für den Neubau musste das sogenannte Hängehaus der Architekten Schuwirth & Ermann weichen, ein spektakulärer Glas-Stahlbau, dessen Etagen erdbebensicher an Rohrgestängen hingen. Es war im Unterhalt zu teuer und galt als nicht mehr zweckmäßig.

Der nun entstandene Neubau von Kaspar Kraemer ist architektonisch zurückhaltender – passt so aber besser zur bodenständigen Versicherung. Seine Bauweise zeigt aber einige Raffinessen, vom Arkadengang bis zur vertikal eingeschobenen Fensterflucht über dem Haupteingang.

Im Erdgeschoss bieten die teilbaren Konferenzräume 140 Menschen Raum, mit der Öffnung des Foyers finden sogar bis zu 260 Menschen bestuhlt Platz. 180 Beschäftigte arbeiten derzeit in den darüberliegenden Büros. Die oberste Etage ist aktuell vermietet, kann aber bei Raumbedarf ebenfalls genutzt werden.

The new building had to make way for the so-called Hängehaus (suspended building) by architects Schuwirth & Ermann, a spectacular glass-and-steel structure whose floors were suspended earthquake-proof from tubular rods. It was too expensive to maintain and was no longer considered fit for purpose.

The new building now being constructed by Kaspar Kraemer is architecturally more restrained – but fits better with the down-to-earth insurance company. Its design, however, shows some refinements, from the arcade to the vertically inserted row of windows above the main entrance.

On the first floor, the divisible conference rooms offer space for 140 people; with the opening of the foyer, there is even room for up to 260 people seated. 180 employees currently work in the offices above. The top floor is currently rented out, but can also be used if space is needed.

3

Mecklenburgische Versicherungen Erweiterungsbau

4

5

6

4 | Kunst am Bau: Die Mecklenburgische Versicherung betreibt Kulturförderung, indem sie regelmäßig Kunstpreise verleiht.

5 | Blick durch die Arkaden des Erweiterungsbaus.

6 | Das gläserne Atriumdach von oben.

7 | Für die Kaffeepause: Tresen im Atrium.

4 | Art on the building: Mecklenburgische Versicherung promotes culture by regularly awarding art prizes.

5 | View through the arcades of the extension.

6 | The glass atrium roof from above.

7 | For coffee breaks: counter in the atrium.

7

8

8 | An der Fassade ist die Raumaufteilung ablesbar – hinter den breiteren Fensterflächen befinden sich die Verbindungsbereiche.

8 | The room layout can be read on the facade – the connecting areas are located behind the wider window areas.

Hafven/Coworking

1

Auszeichnung:
Niedersächsischer Staatspreis
für Architektur 2018

Objekt:	Hafven
Adresse:	Kopernikusstraße 14
Architekten:	Mensing Timofticiuc Architekten
Bauherr:	Plimo Gmbh & CO. KG
Baujahr:	2016
Fläche:	2200 qm

Ein monolithischer Betonklotz – aber nicht aus edel geschliffenem Material wie der Anbau des Sprengel-Museums am Maschsee, sondern aus rauem Industriebeton gefertigt: So steht der Hafven an der Ecke von Weidendamm und Kopernikusstraße in Hannovers Nordstadt.

Der Name ist ein verfremdetes Kunstprodukt, der Inhalt hingegen soll gerade nicht entfremdet sein. Neue, selbstorganisierte und trotzdem kollektive Arbeitsplätze bietet der Hafven – aber nicht nur für die Computerarbeitende, für die allerorten Coworkingspaces aus dem Boden sprießen, sondern auch fürs Handwerk (Makerspace).

In den Werkstätten bieten große Profimaschinen von der Großsäge über eine CNC-Fräse bis hin zum 3D-Drucker alles, damit Handwerkerinnen und Handwerker Produkte vom Prototyp bis zur Kleinserie fertigen können. Und wer eher mit Kopf und Computer arbeitet, findet mehr als 70 Arbeitsplätze, die nur mit „Tisch, Stuhl und Lampe" ausgestattet sind – und auch Andockmöglichkeit für den Laptop, natürlich. Einzelbüros sucht man vergeblich, alles ist auf Gemeinschaftsarbeit ausgerichtet. Zentrale Orte sind das Café, in dem häufig (Kultur-) Veranstaltungen und Workshops laufen, sowie der vieleckige Innenhof, der ringsherum vom dreigeschossigen Bau umhüllt ist. Galerien, Seminar- und Konferenzräume, Ruhezonen und eine weitläufige Dachterrasse bieten viel Raum für Konzentration und Kontemplation.

A monolithic concrete block – but not made of nobly polished material like the extension to the Sprengel Museum on Lake Masch, but of rough industrial concrete: That's how the Hafven stands on the corner of Weidendamm and Kopernikusstraße in Hannover's Nordstadt district.

The name is an alienated art product, but the content is not meant to be alienated. The Hafven offers new, self-organized and yet collective workplaces – but not only for computer workers, for whom coworking spaces are sprouting up everywhere, but also for craftspeople (Makerspace).

In the workshops, large professional machines ranging from large saws and CNC milling machines to 3D printers offer everything craftspeople need to manufacture products ranging from prototypes to small series. And those who prefer to work with their heads and computers will find more than 70 workstations equipped only with "table, chair and lamp" – and docking facilities for their laptops, of course. You will look in vain for individual offices; everything is geared toward collaborative work. Central places are the café, where (cultural) events and workshops are often held, and the polygonal inner courtyard, which is wrapped all around by the three-story building. Galleries, seminar and conference rooms, quiet zones and an expansive roof terrace provide ample space for concentration and contemplation.

1 | Das Äußere schroff und abweisend: Fast wirkt es, als hätte das Kreativzentrum Hafven sich mit einem Bollwerk gegen die Umgebung abschirmen wollen. In seiner Radikalität aber wirkt das Bauwerk beeindruckend.

2 | Das Innere strotzt vor Lebensfreude: Gemeinschaftsbereiche auf der Freiterrasse.

1 | The exterior is rugged and forbidding: It almost looks as if the Hafven creative center had wanted to shield itself from its surroundings with a bulwark. In its radicalism, however, the building is impressive.

2 | The interior is bursting with joie de vivre: communal areas on the open-air terrace.

2

Mensing Timofticiuc Architekten aus Berlin haben für die äußerlich autistisch wirkende Betonskulptur 2018 den Niedersächsischen Staatspreis für Architektur erhalten. Tatsächlich wirkt der Baukörper mit den riesigen, hermetischen Betonscheiben und den schlanken Fensteröffnungen wie eine geschlossene Festung, die sich gegen die Außenwelt abschottet. Das wäre eigentlich nicht nötig, denn ganz konkret ist die Außenwelt hier der Übergang eines mittelständisch geprägten Gewerbegebiets (dem ehemalige Hauptgüterbahnhof) zum quirligen Universitätsviertel (der Nordstadt) mit hohem Anteil an zugewanderter Bevölkerung in beiden Bereichen. Aber es geht eben darum, experimentell andere Arbeitsformen zu leben – da schien dem Bauherrn ein Abschotten richtig. Und die Nachfrage gibt dem Projektteam recht: Nicht nur, dass das Gebäude dauerhaft gut genutzt ist von Coworkern und Makerinnen – auch Großunternehmen wie Bosch, KPMG, Continental und andere mieten die hippen Räume gerne, um ihr Personal in Kreativität zu trainieren.

Entstanden ist der Hafven aus den beiden Projekten Edelstall (Coworking) und Die Werke (Makerspace), finanziert ganz überwiegend vom Unternehmer Jürgen Pleteit, der mit einem Startup viel Geld verdient hat und es nun innovativ reinvestiert hat. Entstanden ist nicht nur ein neuer Arbeitsort, sondern auch eine verdichtete Architektur, die für Hannover beeindruckend ist.

Mensing Timofticiuc Architekten from Berlin received the 2018 Lower Saxony State Prize for Architecture for the outwardly autistic-looking concrete sculpture. In fact, the structure with its huge, hermetic concrete panes and slender window openings looks like a closed fortress that seals itself off from the outside world. That wouldn't really be necessary, because in concrete terms the outside world here is the transition from a middle-class commercial area (the former main freight station) to the lively university district (the Nordstadt) with a high proportion of immigrant population in both areas. But it's all about experimenting with different ways of working – so for the client, compartmentalization seemed the right thing to do. And the demand proves the project team right: Not only is the building permanently well used by coworkers and makers, but large companies such as Bosch, KPMG, Continental and others also like to rent the hip rooms to train their staff in creativity.

Hafven emerged from the two projects Edelstall (coworking) and Die Werke (makerspace), financed mainly by entrepreneur Jürgen Pleteit, who earned a lot of money with a startup and has now reinvested it in an innovative way. The result is not only a new place to work, but also a condensed architecture that is impressive for Hannover.

3 | Gemeinsames Arbeiten: Der Hafven ist Coworking- und Makerspace.

3 | Working together: The Hafven is a coworking and makerspace.

3

4

5

6

4 | Mit Café: Hier lockt die Pause zwischendurch.

5 | Die Ansicht zur Kopernikusstraße (re.) und zum Weidendamm.

6 | Anders arbeiten: Auf dem Holzpodest bietet sich sogar die Möglichkeit zum kreativen Mittagsschlaf. Aber vor allem soll die Atmosphäre zu Kreativität anregen.

7 | Alles Beton: Treppenflucht zu den Arbeits- und Konferenzbereichen in den Obergeschossen des Hafven.

4 | With café: Here you can take a break.

5 | View of Kopernikusstraße (right) and Weidendamm.

6 | Working differently: The wooden platform even offers the opportunity for a creative nap. But above all, the atmosphere is meant to inspire creativity.

7 | All concrete: flight of stairs to the work and conference areas on the upper floors of the Hafven.

7

Die gebaute Stadt

The built city

Hannover ist eine Stadt auf den zweiten Blick – aber wer tatsächlich zum zweiten Mal hinschaut, der erlebt echte Überraschungen. Das gilt nicht nur für die Architektur. Für diese aber besonders.

In Hannover paart sich typisch norddeutsche Rationalität mit dem Mangel von „Sowieso-schon-da-Faktoren". Hannover hat keinen Hafen wie Hamburg, kein Rheinufer wie Köln, keine Alpenvorlandlage wie München und kein arm-aber-sexy-Flair wie die Bundeshauptstadt. Vielleicht ist es diese Abwesenheit von „Sowieso-schon-da-Faktoren", die in Hannover einen Ehrgeiz auslöst, es den anderen zu zeigen. Weshalb Hannover bundesweit immer wieder auf ganz besondere Art von sich reden macht.

Wo fand die bislang einzige Weltausstellung auf deutschem Boden statt?[1] Wo liegt das größte Messegelände der Welt?[2] Wo wurde der Keks erfunden und der Profilreifen für Autos und Fahrräder?[3] Wo findet das größte Schützenfest der Welt statt?[4] In welcher Stadt leben sowohl ein Altkanzler als auch ein (Kurzzeit-)Alt-Bundespräsident vor und nach ihren Politikerkarrieren?[5] Apropos Prominenz: Wo verlor die bundesweit populäre Bischöfin Margot Käßmann bei einer Trunkenheitsfahrt ihren Führerschein?[6] Wo gingen (nach Nicole einzige deutsche) ESC-Gewinnerin Lena Meyer-Landrut und Grünen-Spitzenpolitikerin Annalena Baerbock zur Schule?[7]

Oder, um architektonische Superlative zu bemühen: Wo ist der einzige Bogenaufzug Europas außer am Eiffelturm?[8] Wo baute Walter Gropius sein einziges deutsches Nachkriegsgebäude?[9] Wo befindet sich der größte Klassik-Konzertsaal Deutschlands (was auch nach dem Bau der Elbphilharmonie noch gilt)?[10] Und wo ist sogar der Fernsehturm eckig[11] – was ein etwas kurioser Superlativ ist, weil im Turmbau eigentlich nur das Rund wichtig ist für die Statik, während die Ecken statisch (fast) überflüssig sind. Aber Kenner wissen ja: Architektur beginnt dort, wo man das Notwendige verlässt und intelligente technische Lösungen mit guter Gestaltung paart.

Natürlich hat jede Stadt und jede Region ihre Besonderheiten. Hannover wird im Konzert der großen Metropolen Deutschlands gern belächelt, weil es stets den ehrgeizigen Anspruch hat, genau dort vorne mitzuspielen und dabei zuweilen bemüht wirkt. Aber wenn man Hannover nicht vergleicht mit Hamburg, Köln, Berlin oder München, sondern mit anderen deutschen Landeshauptstädten, dann wird schnell klar, wie stark die Stadt an der Leine ist.

Denn das ist die Liga, mit der Hannover sich eigentlich messen müsste: mit Erfurt und Wiesbaden, mit Schwerin und Saarbrücken. Da muss Hannover keinen Vergleich scheuen. Und misst sich daher stets selbstbewusst mit den Großen.

Scheuen müssen die Hannoveraner zuweilen nur sich selbst. Die Weltausstellung hätten sie mit einer sehr knappen Bürgerabstimmung um ein Haar verhindert. Auch als Botschafter nach außen sind sie nur mäßig geeignet: Langjährige Hannoveraner sagen über ihre Heimatstadt oft entschuldigend, es sei dort „gar nicht so schlecht". Aber was will man auch Gutes sagen über eine Stadt, die nach schwerer Kriegszerstörung sehr zweckrational wieder aufge-

---

1 Hannover
2 Hannover
3 Hannover. Die Firma Bahlsen erfand 1891 den Leibniz-Keks. Zunächst hieß er Leibniz-Cake. Der Duden übernahm später den Begriff Keks.
4 Hannover. Continental brachte 1904 den ersten luftgefüllten Autoreifen mit Profil auf den Markt, der ein seitliches Wegrutschen erschwerte.
5 Hannover-Süd: Gerhard Schröder (SPD); Burgwedel in Hannover-Nord: Christian Wulff (CDU)
6 Hannover-Mitte
7 Hannover-Roderbruch und Pattensen-Schulenburg bei Hannover
8 Hannover, Neues Rathaus
9 Hannover-Herrenhausen, für den Unternehmer Stichweh
10 Hannover Zoo, Kuppelsaal im Kongresszentrum HCC
11 Hannover-Groß-Buchholz

Hannover is a city at second glance – but if you actually take a second look, you'll experience some real surprises. This is true not only for the architecture. But especially for this one.

In Hannover, typical North German rationality is paired with "the lack of presence of outstanding natural features already in existence" factors. Hannover has no harbor like Hamburg, no Rhine banks like Cologne, no alpine foothills like Munich and no poor-but-sexy flair like the German capital. Perhaps it is this absence of "so-and-so factors" that triggers an ambition in Hannover to show the others. Which is why Hannover repeatedly makes a name for itself nationwide in a very special way.

Where was the only world exhibition held on German soil to date?[1] Where is the world's largest exhibition center located?[2] Where was the cookie invented and the treaded tire for cars and bicycles?[3] Where is the world's largest shooting festival held?[4] In which city do both a former chancellor and a (short-term) former German president live before and after their political careers?[5] Speaking of celebrities: Where did the nationally popular bishop Margot Käßmann lose her driver's license because of driving drunk?[6] Where did (after Nicole, the only German) European Song Contest winner Lena Meyer-Landrut and top Green Party politician Annalena Baerbock go to school?[7]

Or, to use architectural superlatives: Where is the only arched elevator in Europe except at the Eiffel Tower?[8] Where did Walter Gropius build his only German post-war building?[9] Where is Germany's largest classical concert hall (which still applies after the construction of the Elbphilharmonie)?[10] And where is even the TV tower angular[11] – which is a somewhat curious superlative, because in tower construction only the round is actually important for the statics, while the corners are statically (almost) superfluous. But connoisseurs know: architecture begins where you leave the necessary and pair intelligent technical solutions with good design.

Of course, every city and every region has its own special features. Hannover is often ridiculed in the concert of Germany's major metropolises because it always has the ambitious claim to be right up there at the front, and sometimes comes across as trying. But you don't compare Hannover with Hamburg, Cologne, Berlin or Munich, but with other German state capitals, it quickly becomes clear how strong the city on the Leine is.

After all, this is the league with which Hannover should actually be measuring itself: with Erfurt and Wiesbaden, with Schwerin and Saarbrücken. Hannover has no need to shy away from any comparison. And therefore always measures itself confidently against the big players.

At times, the Hannoverians only have themselves to fear. They almost prevented the world exhibition with a very close citizens' vote. They are also only moderately suitable as ambassadors to the outside world: Longtime Hannoverians often say apologetically about their hometown that it's "not so bad" there. But what good

---

1 Hannover
2 Hannover
3 Hannover. The Bahlsen company invented the Leibniz cookie in 1891. At first, it was called the Leibniz Cake. The German dictionary Duden later adopted the term Keks.
4 Hanover. In 1904, Continental launched the first airfilled car tire with a tread that made it difficult for the tire to slip sideways.
5 Hanover South: Gerhard Schröder (SPD); Burgwedel in Hanover North: Christian Wulff (CDU).
6 Hannover-Center
7 Hannover-Roderbruch and Pattensen-Schulenburg near Hannover
8 Hannover, New City Hall
9 Hannover-Herrenhausen, for the entrepreneur Stichweh
10 [illegible]
11 Hannover-Groß-Buchholz

1 | Festlich erleuchtet: Das Opernhaus von Georg Ludwig Friedrich Laves.

1 | Festively illuminated: The opera house by Georg Ludwig Friedrich Laves.

2

baut wurde, die in fast allen Rankings ziemlich präzise das Mittelfeld definiert und in der das einzige echte Lokalgericht Calenberger Pfannenschlag ist – ein matschiger Brei, der genau so schmeckt, wie er aussieht.

Dabei hat Hannover eine Geschichte, auf die die Stadt stolz sein kann. Nicht nur wirtschaftlich, mit Unternehmen von Weltruf, die in dieser Stadt groß geworden sind. Von Continental bis Pelikan, von Bahlsen bis zur Hannoverschen Maschinenbau-AG (Hanomag). Von der Deutschen Messe AG bis zu Volkswagen Nutzfahrzeuge, vom Reisekonzern Tui bis zu den großen Versicherungen Talanx, HDI, VHV, Concordia, VGH und nicht zuletzt der Hannover-Rück.

Aber auch politisch spielte Hannover über Jahrhunderte eine wichtige Rolle in Europa. Immerhin wurde von den hannoverschen Welfen, die seit dem 15. Jahrhundert das Umland und ab 1636 dann auch die Stadt beherrschten, 123 Jahre lang auch die stolze Seefahrernation England regiert. Die besonderen konfessionellen Erbfolgevorgaben auf der Insel sorgten dafür, dass ab 1714 die Herrscher des kleinen Kurfürstentums Hannover (ab dem Wiener Kongress 1814 dann Königreich) über die Geschicke eines Weltreichs bestimmten.

Für Hannover hatte das zwiespältige Auswirkungen. Kurfürstin Sophie (1630–1714) und ihr Mann Ernst August (1629–1698) brachten internationalen Glanz nach Hannover und werteten die eher unbedeutende Stadt zum Zentrum europäischer Kultur auf. Sophie legte in Herrenhausen einen der schönsten Barockgärten Kontinentaleuropas an, in dem die Fontänen dank der Techniken des Universalgenies Gottfried Wilhelm Leibniz zeitweilig höher sprühten als in Versailles. Doch ihre Söhne und Enkel mieden Hannover zunehmend: Teilweise ließen sie sich jahrzehntelang nicht in ihrer Heimat Hannover blicken, sondern genossen lieber das Leben im fernen London.

Eine Residenzstadt, in der niemand residiert, sondern nur ein Beamtenapparat schaltet und waltet – vielleicht ist das eine der Bedingungen, die Hannovers kollektives Bewusstsein stark geprägt hat. Dann, kaum dass die Welfen zurück in Hannover waren, wurde das kleine Königreich 1866 von den Preußen annektiert. Und wieder ein knappes Jahrhundert später wurde Hannover in den Bombennächten des Zweiten Weltkriegs so stark zerstört wie etwa Dresden: 85 Prozent der Innenstadt lag in Trümmern.

Warum die Vernichtung Hannover so stark traf, dazu gibt es unter Historikern zwei vorherrschende Theorien. Die eine lautet, dass die britischen Bomber auf dem Rückweg von Berlin häufig noch Munition loswerden mussten vor dem Rückflug zur Insel. Die andere besagt, dass die Briten besonders gerne Hannover bombardierten, als späte Rache für die Herrschaft der einstigen Festland-Könige, die in England nur als kuriose Fremdkörper wahrgenommen wurden.

Das jedenfalls sind die Bedingungen, unter denen Hannovers jüngere Geschichte nach 1945 startete. Eine völlig zerstörte Infrastruktur und das Bewusstsein, doch eigentlich jemand zu sein in der Geschichte – aber irgendwie dann doch nicht.

can one say about a city that was very purposefully rebuilt after severe wartime destruction, that pretty much defines the midfield in almost all rankings, and where the only real local dish is Calenberger Pfannenschlag – a mushy porridge that tastes exactly like it looks.

Yet Hannover has a history the city can be proud of. Not only economically, with world-renowned companies that grew up in this city. From Continental to Pelikan, from Bahlsen to Hannoversche Maschinenbau-AG (Hanomag). From Deutsche Messe AG to Volkswagen Nutzfahrzeuge, from the travel group Tui to the large insurance companies Talanx, HDI, VHV, Concordia, VGH and last but not least Hannover-Rück.

But Hannover also played an important political role in Europe for centuries. After all, the proud seafaring nation of England was ruled for 123 years by the former Royal Hannover family (House of the Guelphs), who had ruled the surrounding countryside since the 15th century and then the city from 1636. The special confessional succession rules on the island ensured that from 1714 the rulers of the small electorate of Hannover (then kingdom after the Congress of Vienna in 1814) determined the fate of a world empire.

For Hannover, this had ambivalent consequences. Electress Sophie (1630–1714) and her husband Ernst August (1629–1698) brought international splendor to Hannover and upgraded the rather insignificant city to a center of European culture. Sophie laid out one of the most beautiful baroque gardens in continental Europe at Herrenhausen, where the fountains at times sprayed higher than at Versailles thanks to the techniques of the universal genius Gottfried Wilhelm Leibniz. However, her sons and grandsons increasingly avoided Hannover: some of them did not show their faces in their native city Hannover for decades, preferring to enjoy life in faraway London.

A residential city in which no one resides, but only a bureaucratic apparatus rules and governs – perhaps this is one of the conditions that has strongly shaped Hannover's collective consciousness. Then, as soon as the former Royal Hannover family (House of the Guelphs) were back in Hannover, the small kingdom was annexed by the Prussians in 1866. And again, barely a century later, Hannover was as badly destroyed in the bombing nights of World War II as, say, Dresden: 85 percent of the city center lay in ruins.

There are two prevailing theories among historians as to why the destruction hit Hannover so hard. One is that the British bombers on their way back from Berlin often had to get rid of ammunition before flying back to the island. The other is that the British were particularly fond of bombing Hannover as a late revenge for the rule of the former mainland kings, who were perceived in England only as curious foreign bodies.

At any rate, these are the conditions under which Hannover's recent history began after 1945. A completely destroyed infrastructure and the awareness of actually being someone in history – but then somehow not.

3

2 | Ungewöhnlich: Fernsehturm mit eckigem Schaft.

3 | Sitz der Architektenkammer: Das Wohnhaus des hannoverschen Hofarchitekten und klassizistischen Baumeisters Georg Ludwig Friedrich Laves.

2 | Unusual: TV tower with angular shaft.

3 | Domicile of the Chamber of Architects: The residence of the Hannoverian court architect and classicist master builder Georg Ludwig Friedrich Laves.

Während andere Städte wie Nürnberg beim Wiederaufbau auf historische Kontinuität setzten und ihre Identität und Architektur als mittelalterliche Stadt betonten, ging Hannover einen radikal anderen Weg. Unter Stadtbaurat Rudolf Hillebrecht wurde Hannover als rational-moderne Stadt wieder aufgebaut.

Klar gegliederte Bereiche für Verwaltung, Büro, Gewerbe und Wohnen grenzte Hillebrecht voneinander ab, jeweils für sich zwar aufgelockert und von Grün durchzogen, aber eben doch einer strikten räumlichen Trennung unterworfen. Für seine großen Autoschneisen wurde reihenweise historische Bausubstanz abgerissen und teils der gewachsene Stadtgrundriss geschleift. Diese Rigorosität brachte Hannover zwar den vielzitierten „Spiegel"-Titel vom „Wunder von Hannover" ein, und die Fachwelt staunte über die enormen Fortschritte Hannovers beim Wiederaufbau. Dass die Stadt aber „schön" geworden wäre dadurch in dem Sinne, dass ihre Bürger Stolz auf und Gefühle für ihre Heimat entwickelt hätten, das kann man nicht sagen.

Da nützte es nichts, dass Hillebrecht in Teilen der Altstadt nach Dresdner Vorbild eine „Traditionsinsel" aufbauen ließ, in die alte Fachwerkhäuser überall aus der Stadt transloziert wurden. Da nützte es auch wenig, dass Hillebrecht die klassizistischen Bauten des Hofbaumeisters Georg Ludwig Friedrich Laves (1788–1864) verehrte (Opernhaus, Waterloosäule, Wangenheimpalais und mehr) und auch den großen Baumeister Conrad Wilhelm Hase (1818–1902) schätzte (Christuskirche, Künstlerhaus, Altes Rathaus und mehr), der die Hannoversche Architekturschule prägte und den Backstein als Stilmittel wieder salonfähig machte („Putz ist Lüge"). Hillebrecht ließ rigoros historische Bausubstanz abreißen, die diesen beiden Idealen nicht entsprach oder seiner Planung im Weg war, von der Wasserkunst am Leineschloss über das angeblich baufällige Friederikenschlösschen bis zur Villa Willmer („Tränenburg"). Er beraubte damit Hannover eines Teils seiner kulturellen und architektonischen Identität.

In den Fünfzigerjahren war die frisch gekürte Hauptstadt des jungen Bundeslands Niedersachsen mit dem Wiederaufbau beschäftigt. Vielfach herrschte Mangel an gutem Material, was die Qualität der Gebäude beeinflusste, die bis heute in Teilen Hannovers Stadtbild prägen. Architektonisch sind sie meist gar nicht schlecht. Vor allem aber die heutige Mangelunterhaltung der vielen Bauwerke aus dieser Bauepoche führt dazu, dass Hannover oft als grau wahrgenommen wird.

In den Sechziger- und Siebzigerjahren war es insbesondere der nahezu ungebremste Fortschrittsglaube, der sich in Hannovers Architektur (wie in der aller europäischen Städte) manifestierte. Es entstanden Großkomplexe wie das Ihme-Zentrum und das Bredero-Hochhaus Lister Tor hinterm Hauptbahnhof, und nicht zuletzt wuchs im Herzen der Stadt das Kröpcke-Center, eine brutalistisch-zerklüftetete Betonburg, die inzwischen abgerissen und durch einen zeitloseren Neubau ersetzt ist.

Erst in den Neunzigerjahren spielte Hannover wieder eine Sonder-

4

4 | Haupteingang zum Welfenschloss, dem Sitz der Leibniz-Universität.

4 | Main entrance to the Guelph Palace, the seat of Leibniz University.

While other cities such as Nuremberg relied on historical continuity during reconstruction and emphasized their identity and architecture as a medieval city, Hannover took a radically different path. Under city architect Rudolf Hillebrecht, Hannover was rebuilt as a rational-modern city.
Hillebrecht delineated clearly structured areas for administration, offices, commerce and housing, each of which was loosened up and interspersed with greenery, but still subjected to strict spatial separation. For his large car lanes, rows and rows of historic buildings were demolished, and in some cases, the city's evolved layout was torn down. This rigorousness earned Hannover the much-cited "Spiegel" title of the "Miracle of Hannover," and experts marveled at Hannover's enormous progress in reconstruction. But it could not be said that the city had become "beautiful" in the sense that its citizens had developed pride in and feelings for their homecity.

It was of no use that Hillebrecht had a "tradition island" built up in parts of the old town on the Dresden model, into which old half-timbered houses were relocated from all over the city. It was of little use that Hillebrecht revered the classicist buildings of the court architect Georg Ludwig Friedrich Laves (1788–1864) (Opera House, Waterloo Column, Wangenheim Palace and more) and also appreciated the great master builder Conrad Wilhelm Hase (1818–1902) (Christuskirche, Künstlerhaus, Altes Rathaus and more), who shaped the Hannoverian school of architecture and made brick as a stylistic device respectable again ("Putz ist Lüge"/ "Render is lie"). Hillebrecht rigorously demolished historic buildings that did not correspond to these two ideals or were in the way of his planning, from the waterworks at the Leineschloss to the allegedly dilapidated Friederikenschlösschen to the Villa Willmer ("Tränenburg"/"Castle of tears"). He thus robbed Hannover of part of its cultural and architectural identity.

In the 1950s, the newly crowned capital of the young state of Lower Saxony was busy with reconstruction. In many cases, there was a lack of good materials, which affected the quality of the buildings that still characterize parts of Hannover's cityscape today. Architecturally, they are usually not bad at all. However, today's lack of maintenance of the many buildings from this construction era means that Hannover is often perceived as gray.

In the sixties and seventies, it was especially the almost unbridled belief in progress that manifested itself in Hannover's architecture (as in that of all European cities). Large complexes such as the Ihme Center and the Bredero high-rise Lister Tor behind the main train station were built, and last but not least, the Kröpcke Center grew in the heart of the city, a brutalist, jagged concrete castle that has since been torn down and replaced by a more timeless new building.

It was not until the 1990s that Hannover again played a special role. Due to the decline of the GDR and the fall of the Wall, almost all urban development infrastructure and investment aid flowed into eastern Germany. Hannover was the only city in the West to receive

5

6

5 | Die Welfen prägten Hannover seit dem frühen 17. Jahrhundert: Die Marienburg südlich von Hannover, gerne als Neuschwanstein des Nordens apostrophiert, war ihr letzter Großbau vor der Annexion durch Preußen, die die Familie ins Exil nach Österreich zwang.

6 | Sarkophag des Welfenkönigs Ernst August im Herrenhäuser Mausoleum: Die Marmorskulptur stammt aus der Bildhauerwerkstatt von Christian Daniel Rauch – ebenso wie das Reiterstandbild vor dem Hauptbahnhof.

5 | The former Royal Hannover family (House of the Guelphs) shaped Hannover since the early 17th century: Marienburg Castle south of Hannover, often apostrophized as the Neuschwanstein of the north, was their last major building before the annexation by Prussia, which forced the family into exile in Austria.

6 | Sarcophagus of Guelph King Ernst August in the Herrenhäuser Mausoleum The marble sculpture comes from the sculptor's workshop of Christian Daniel Rauch - as does the equestrian statue in front of the main train station.

rolle. Durch den Niedergang der DDR und den Fall der Mauer flossen bundesweit zwar nahezu alle städtebaulichen Infrastruktur- und Investitionshilfen in den Osten Deutschlands. Nur Hannover wurde als einzige Stadt im Westen mit Milliardenbeträgen bedacht, weil man den Zuschlag zur Weltausstellung Expo2000 errungen hatte.

Wenn man das Kurfürstentum Hannover und Sophie und Ernst-August als erste Blüte Hannovers bezeichnen mag und die Zeit des Wiederaufbaus als zweite Blüte (deren Folgen wir zwar heute kritisch sehen, die aber für Hannover zweifelsohne eine wichtige Zeit war), dann kann die Phase der Expo als die dritte Blütezeit betrachtet werden – die Auswirkungen bis ins Jetzt hat.
Hannovers Infrastruktur erlebte in den Jahren von 1990 (Zuschlag) bis 2000 (Durchführung) einen enormen Aufschwung:

- Ein vollständig neues Stadtquartier am Kronsberg entstand und wurde mit schneller Stadtbahnanbindung zum Zentrum erschlossen;
- die Deutsche Bahn legte beim Regionalverkehr einen Turbo ein, indem sie ein eigenes S-Bahn-Netz installierte, das Hannover im 80-Kilometer-Umkreis mit den Nachbarregionen verbindet und damit die Zentralfunktion stärkt;
- der Bahnhof als wichtigster Knoten im norddeutschen Schienennetz wurde modernisiert;
- der Flughafen erhielt ein drittes Terminal;
- die Deutsche Messe konnte ihr ohnehin großes Gelände ertüchtigen und erweitern.

Zwar brachte die Expo2000 nicht die erhofften weltweiten Publikumsströme und erreichte mit ihrem verkopften Mensch-Natur-Technik-Thema auch nicht die Popularität anderer Weltausstellungen. Aus heutiger Rückschau war sie wahrscheinlich zehn Jahre zu früh mit ihrem Schwerpunkt auf Nachhaltigkeit. Aber für Hannover bewirkte sie einen enormen Schub. Nicht nur in materiellen Fragen der Infrastruktur, sondern auch emotional: Die Hannoveraner wurden weltoffener, freundlicher, fröhlicher. Vielen hat es Spaß gemacht, sich als Gastgeber der Welt zu fühlen, und diese neue Rolle prägt das Lebensgefühl bis heute.

Wirtschaftlich konnte Hannover den Erfolg der Expo2000 nicht für sich nutzen. Denn in exakt jenem Jahr platzte weltweit die sogenannte Dotcom-Blase, die sich mit dem Erstarken der Internetfirmen aufgebläht hatte. Es folgten die Finanzkrise 2006/07, die Wirtschaftskrise 2008/09 und schließlich die Eurokrise ab 2010. Alle gut gedachten Pläne für eine Nachnutzung – ökonomisch und ökologisch – der durch die Expo freigesetzten Potenziale zerschlugen sich, am deutlichsten sichtbar durch den Stillstand auf dem Expo-Ostgelände (heute: Expo-Park).

Dafür ging es in der Innenstadt voran. Die damalige Stadtbaurätin Uta Boockhoff-Gries siedelte das große Shopping-Center der Otto-Tochter ECE direkt neben dem Hauptbahnhof an, um die Handelsfunktion der Stadt zu stärken. ECE hatte ursprünglich mit

billions in funding because it had won the bid to host the Expo2000 world exhibition.

If the Electorate of Hannover and Sophie and Ernst-August can be described as Hannover's first heyday, and the period of reconstruction as its second heyday (the consequences of which we view critically today, but which was undoubtedly an important time for Hannover), then the Expo phase can be seen as the third heyday – which is having an impact right up to the present day.
Hannover's infrastructure experienced an enormous upswing in the years from 1990 (award) to 2000 (implementation):

- A completely new urban district was created at Kronsberg and developed with fast light rail connections to the city center;
- Deutsche Bahn turbo-charged regional transportation by installing its own suburban rail network linking Hannover with neighboring regions within an 80-kilometer radius, thus strengthening its central function;
- the train station, the most important node in the northern German rail network, was modernized;
- the airport received a third terminal;
- Deutsche Messe was able to upgrade and expand its already large grounds.

It is true that Expo2000 did not bring the hoped-for worldwide flow of visitors, nor did it achieve the popularity of other world exhibitions with its cerebral man-nature-technology theme. In retrospect, it was probably ten years too early with its focus on sustainability. But for Hannover it brought an enormous boost. Not only in material questions of infrastructure, but also emotionally: Hannoverians became more cosmopolitan, friendlier, more cheerful. Many enjoyed feeling that they were hosting the world, and this new role continues to shape their attitude to life to this day.

Economically, Hannover was unable to capitalize on the success of Expo2000. That was precisely the year in which the so-called dotcom bubble burst, which had inflated with the rise of Internet companies. This was followed by the financial crisis of 2006/07, the economic crisis of 2008/09 and finally the euro crisis from 2010 onwards. All well-intentioned plans for a subsequent use – economic and ecological – of the potential released by the Expo came to nothing, most clearly visible in the standstill on the Expo East site (today: Expo Park).

On the other hand, progress was made in the city center. Uta Boockhoff-Gries, then the city's planning director, sited the large shopping center of the Otto subsidiary ECE right next to the main train station in order to strengthen the city's retail function. ECE had originally flirted with a location on an arterial road, which would have severely damaged the city center. Numerous buildings around the main station were upgraded – proving the motto that every euro invested by the public sector generates a multiple of private follow-up investments. And finally, even the underground pedestrian zone

7

8

7 | Das erste Nachkriegsgebäude von Bauhaus-Ikone Walter Gropius in Deutschland steht in Hannover. Er entwarf es 1947 für den Unternehmer Wilhelm Stichweh, später entstand ein Anbau (rechts im Bild). Dessen Familie hat das Erdgeschoss heute an den Bund Deutscher Architekten (BDA) Niedersachsen vermietet.

8 | Die Einbaumöbel im Inneren aber sind noch Originale aus der Entstehungszeit.

7 | The first post-war building by Bauhaus icon Walter Gropius in Germany is in Hanover. He designed it in 1947 for the entrepreneur Wilhelm Stichweh, and later added an annex (on the right in the picture). Today, Stichweh's family has rented the first floor to the Association of German Architects (BDA) of Lower Saxony.

8 | The built-in furniture inside, however, is still original from the time it was built.

9

9 | **Viele halten es für Hannovers Schloss: Das Neue Rathaus, hier von der Maschpark-Seite und mit der Seebühne für das Festival Klassik-Openair.**

9 | Many consider it to be Hannover's castle: The New City Hall, here from the Maschpark side and with the lake stage for the classical music openair festival.

einem Standort an einer Ausfallstraße geliebäugelt, was der Innenstadt schwer geschadet hätte. Zahlreiche Gebäude rund um den Hauptbahnhof wurden aufgewertet – es bewies sich das Motto, dass jeder Euro, den die öffentliche Hand investiert, ein Mehrfaches an privaten Folgeinvestitionen nach sich zieht. Und schließlich wurden sogar die unterirdische Fußgängerzone Niki-Promenade (früher: Passerelle) und das Kröpcke-Center rundummodernisiert, zwei große Wunden des Nachkriegsumbaus in Hannover.

Beflügelt von diesen Erfolgen, brachte die damalige rot-grüne Ratsmehrheit den Innenstadtdialog Hannover-City2020 auf den Weg, der bundesweit Beachtung fand. Bis zu 800 Menschen trafen sich 2008/09 über Monate hinweg abends zu Foren im Sprengel-Museum und diskutierten mit überregionalen Experten der Stadtplanungsszene darüber, wie Hannover die Fehler der Nachkriegsbebauung korrigieren könnte. „Hannover ist unräumig", hatte Stadtbaurat Uwe Bodemann gesagt und damit die zu großen, schlecht gefassten Plätze der Innenstadt gemeint, die zuletzt zu Parkflächen für Autos verkommen waren.

Inzwischen sind einige der damals im Innenstadtdialog identifizierten Interventionsräume umgebaut, in der Regel zu gemischten Wohn- und Büroarealen, um die Durchmischung der Innenstadt zu verbessern. Einige finden sich im Kapitel 2 dieses Buches, andere harren noch der Umsetzung.

Aber in Hannover wird nicht nur zielorientiert diskutiert, sondern es kann auch heftig gestritten werden über Architektur und Stadtplanung. Sei es die geplante Bebauung des Steintorplatzes mit zwei großformatigen Neubauten, die in der Breite der Stadtgesellschaft auf Ablehnung stieß. In der Folge veranstaltete Hannover den größten (und teuersten) Bürgerdialog der Stadtgeschichte, jetzt soll der Platz als Freiraum neu gestaltet werden und eine große Stele erhalten (Simulation in Kapitel 9).

Hart gestritten wurde auch um den Umgang mit einem der hochrangigsten Nachkriegsdenkmale der Stadt, dem Plenargebäude am Niedersächsischen Landtag. Die Landespolitik wollte sich über ihr eigenes Denkmalrecht hinwegsetzen und den trutzigen, ungeliebten Bau zugunsten eines repräsentativen Neubaus abreißen. Mit dem heftigen Widerstand der Bürgergesellschaft hatte die Landespolitik nicht gerechnet. Am Ende wurde der Landtag erhalten und grundlegend umgebaut (Kapitel 2), wenn auch zur Wahrheit gehört, dass vom alten Denkmal materiell nicht viel geblieben ist.

Aber alles das zählt zur Architekturqualität einer Stadt. Dass sie Irrwege nimmt und sie korrigiert. Dass sie Sonderbares hervorbringt, das später als Ikone einer Epoche gelten kann. Dass sie aber auch Alltägliches produziert, weil eine Stadt voller Solitäre keine Stadt wäre. Dass sie aber vor allem zulässt, dass um die beste Lösung gerungen wird.

Von den vergangenen 20 Jahren dieses Ringens erzählt dieses Buch. Und angesichts der Vielfalt lässt sich wohl sagen: Es hat gut getan, so lange zu ringen.

Niki-Promenade (formerly: Passerelle) and the Kröpcke Center were completely modernized, two major wounds of the post-war reconstruction in Hannover.

Inspired by these successes, the then red-green council majority launched the Hannover-City2020 inner-city dialog, which attracted nationwide attention. Up to 800 people met for months in 2008–09 in the evenings for forums at the Sprengel Museum and discussed with national experts from the urban planning scene how Hannover could correct the mistakes of post-war development. "Hannover is unspatial," city planning commissioner Uwe Bodemann had said, referring to the city center's too-large, ill-conceived squares, which had recently degenerated into parking areas for cars.

In the meantime, some of the intervention spaces identified in the inner city dialogue at that time have been converted, usually into mixed residential and office areas, in order to improve the mix of the inner city. Some can be found in Chapter 2 of this book, others still await implementation.

But in Hannover, there is not only goal-oriented discussion; there can also be heated arguments about architecture and urban planning. Be it the planned development of the Steintorplatz with two large-scale new buildings, which met with rejection from the breadth of urban society. As a result, Hannover held the largest (and most expensive) citizens' dialog in the city's history, and now the square is to be redesigned as an open space and given a large stele (simulation in Chapter 9).

There was also a fierce dispute about how to deal with one of the city's highest-ranking postwar monuments, the plenary building at the Lower Saxony state parliament. The state politicians wanted to override their own monument law and demolish the defiant, unloved building in favor of a representative new building. The state politicians had not reckoned with the fierce resistance of civil society. In the end, the Landtag was preserved and fundamentally rebuilt (Chapter 2), although the truth is that not much of the old monument remains in material terms.

But all this is part of the architectural quality of a city. That it takes wrong turns and corrects them. That it produces the strange, which can later be considered an icon of an era. That it also produces the everyday, because a city full of solitaires would not be a city. But above all, it allows people to struggle for the best solution.

This book tells of the past 20 years of this struggle. And in view of the diversity, it can be said that it has been good to struggle for so long.

Bauwerke 2010–2015
Buildings 2010–2015

Sprengel-Museum, Erweiterungsbau

Am Maschsee liegt eines der bedeutendsten deutschen Museen für die Kunst des 20. und 21. Jahrhunderts. Das Sprengel-Museum, errichtet in den ersten beiden Bauabschnitten 1979 und 1992, musste lange auf seinen dritten Bauabschnitt warten. Als er 2015 endlich kam, gab es vor allem Diskussionen über das äußere, schroffe Erscheinungsbild. Museumsdirektor Reinhard Spieler griff die Diskussion schließlich selbstironisch auf und warb auf Plakaten für das „Brikett am Maschsee", auf denen er ein Kohlenbrikett zeigte. Das ist Kunst der Reduktion mit wohlmeinendem Augenzwinkern.

Über die Fassadendebatte drohte zweierlei fast in Vergessenheit zu geraten. Erstens, dass der von der EU, dem Land Niedersachsen, der Stadt Hannover und Sponsoren bezahlte Erweiterungsbau ein echtes Geschenk für die Stadt Hannover war, das die regionale Museumslandschaft stark aufgewertet hat. Zweitens, dass die architektonische Idee der Schweizer Architekten Meili + Peter vor allem im Inneren eine neue Qualität des Museumsbaus geschaffen hat. Sie haben „tanzende Räume" entworfen, in denen keine Wand rechtwinklig zur nächsten steht. Von oben werden sie mit gefiltertem Tageslicht geflutet, das in Deckenkammern je nach Lichtstärke durch Kunstlicht ergänzt wird.

Die Fassade des Erweiterungsbaus ist aus anthrazitfarbenem Ortbeton gefertigt. Sie wird durch Reliefbänder gegliedert, die durch Schliff changierende Farbnuancen aufweisen. Die Fassade ist fast vollständig geschlossen. Von den „tanzenden Räumen" aus hat der Besucher keinen Blick auf den See. Zum einen mit Rücksicht auf tageslichtempfindliche Kunstwerke, zum anderen, um möglichst viel Hänge- und Stellfläche zu gewährleisten. Nur zur Westseite (mit Blick auf den Maschsee) und zur Südostseite (mit Blick zum Rundfunkgelände des NDR) öffnen sich insgesamt drei Fenstereinschübe. Dahinter befindet sich jeweils ein Ruheraum mit Sitzbänken, der von Besuchern zur Kontemplation und zum Weiten des Blicks genutzt werden kann.

Der schönste Raum im Erweiterungsbau ist zweifellos der zweigeschossige Veranstaltungsbereich, der Calder-Saal mit einer geschwungenen, weißen Treppenrampen-Spirale. Sie weckt in ihrer Form Assoziationen an das New Yorker Guggenheim-Museum. Von der Decke hängen zwei der berühmten Mobilés von Alexander Calder (1898–1976). Der Bereich wird für Eröffnungen, Konzerte und Vorträge sowie für kommerzielle Veranstaltungen genutzt.

Von diesem Raum aus hat man zwar durch große Fensterfronten nun endlich einen Ausblick ins Freie, aber leider nicht auf den Maschsee. Der Calder-Saal ist als Gelenk zwischen dem zweiten und dritten Bauabschnitt konzipiert und liegt daher rückwärtig, sodass der Blick zur wenig spektakulären Anlieferzone führt. Ein Museum am See, aber fehlende Sichtbezüge aus den Kunsträumen auf diese schöne Kulisse – das ist vielleicht die größte Schwäche des eidgenössischen Architekturentwurfs.

Im Wettbewerb für den dritten Bauabschnitt (65 Teilnehmende) hatte es Beiträge mit mehr Offenheit zum See gegeben. Die AFF-Architekten aus Berlin etwa hatten einen verglasten Rundlauf

2

3

Objekt:	Sprengel Museum, 3. BA
Adresse:	Kurt-Schwitters-Platz 1
Architekten:	Meili + Peter, Zürich
Bauherr:	Stadt Hannover
Baujahr:	2014/15
Fläche:	5250 qm

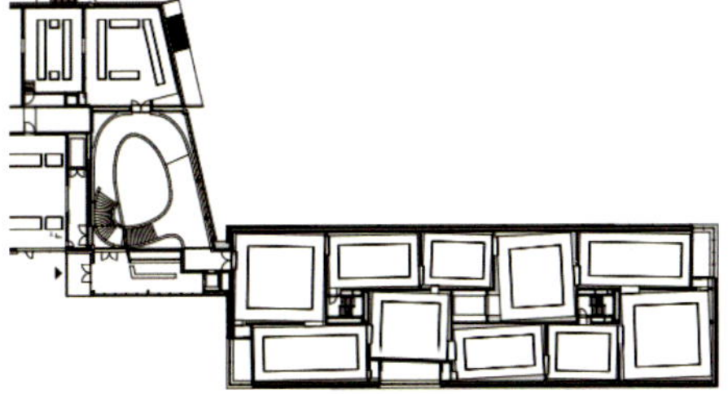

1 | Schroffe Außenhaut mit geschliffenen Reliefbändern: Der Erweiterungsbau des Sprengel-Museums.

2 | Das Gelenk zum Erweiterungsbau: Calder-Saal mit der geschwungenen Treppenspirale.

3 | Hannoversches Original: Der VW-Bulli aus Stöckener Produktion, hier in der Installation „Expedition Bus and Shaman Travel" von Christoph Keller.

1 | Rugged outer skin with polished relief bands: The extension of the Sprengel Museum.

2 | The joint to the extension: Calder Hall with the curved staircase spiral.

3 | Hanoverian original: The VW Bulli from Stöcken, here in the installation "Expedition Bus and Shaman Travel" by Christoph Keller.

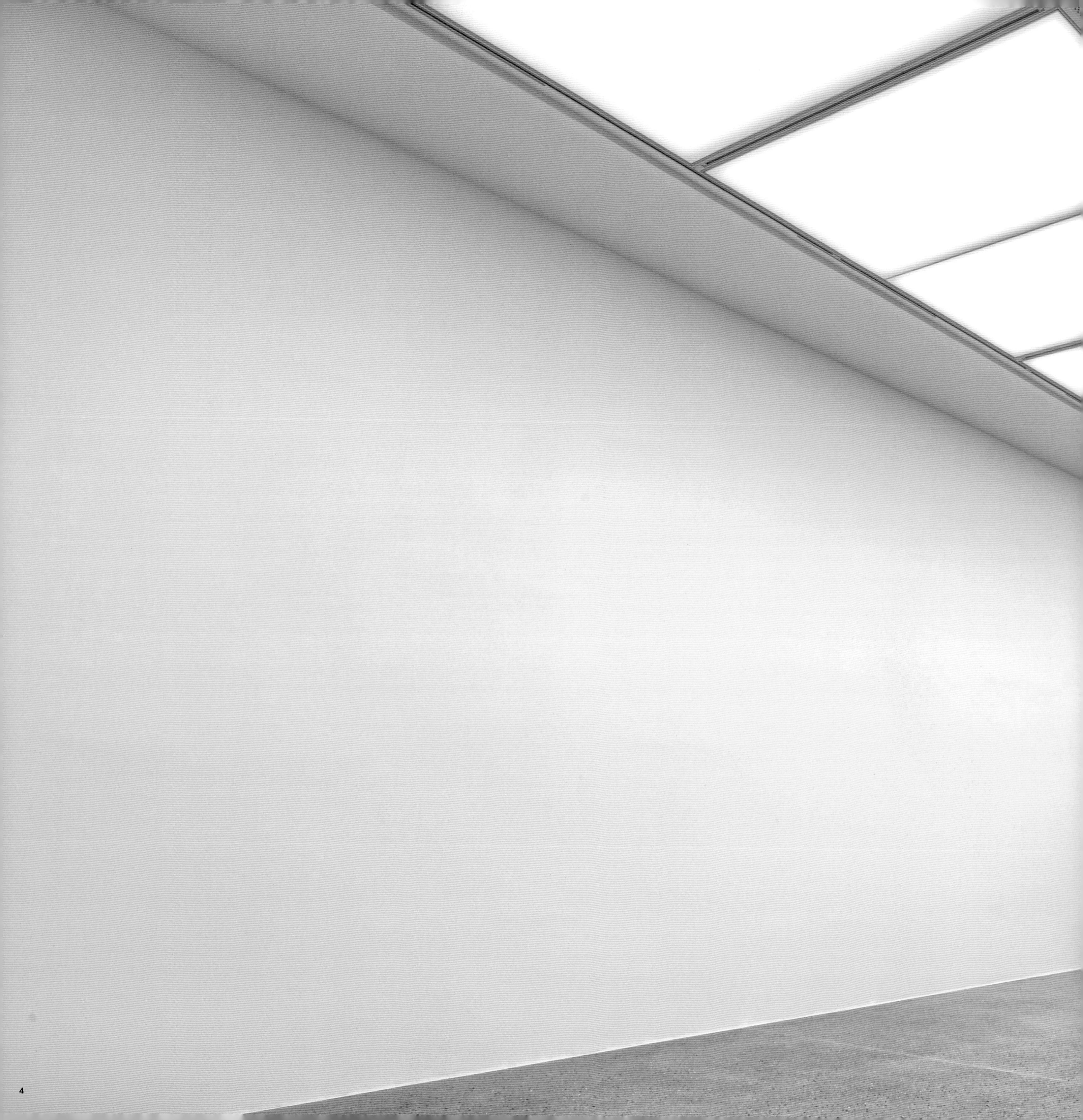

5

6

7

in Höhe des ersten Stockwerks um den Museumskörper vorgesehen, schafften es aber nur auf den vierten Platz. Das Büro Zaha Hadid konzipierte aus vier organischen Baukörpern ein fulminantes Konstrukt mit einer riesigen Glasöffnung zum Südwesten, fiel aber durch, weil sich kleine Räume in diesem Bauwerk nur schwer umsetzen ließen. Das Büro Lan-Architecture aus Paris entwarf einen gläsernen Turm am See, den die Jury aber als zu teuer klassifizierte.

Marcel Meili von den Meili+Peter-Architekten habe die beste Lösung sowohl für das Museum als auch für den Ort geschaffen, urteilte die Jury einstimmig. Er hatte sich zuvor intensiv mit der Sammlungsgeschichte des Sprengel-Museums auseinandergesetzt. Er schaffte es auch, seinen Erweiterungsbau auf einem zurückgesetzten Sockelgeschoss zu platzieren, dessen Fensterbänder den Sichtbetonblock abends, wenn sie erleuchtet sind, wie schwebend aussehen lassen.

Ursprünglich hatte Meili für den Wettbewerb eine Spiegelglasfassade entworfen, in der sich der See wiederfinden sollte. Doch Spiegelglas, das erinnerte die Jury zu sehr an Achtzigerjahrearchitektur. Es wurde umgeplant. Der Vorteil des jetzt gewählten Anthrazit-Betons: Er ist ein guter Kontrast zu den ersten beiden Bauabschnitten (Peter und Ursula Trint/Köln, und Dieter Quast/Heidelberg), die sich überwiegend weiß auf einem roten Backsteinhügel präsentieren. Dazu ist der Erweiterungsbau auch ein echtes Statement: Wie ein Bunker umschließt er die Kunst, die in seinem Inneren geschützt ist. Eine kleine Kuriosität allerdings bleibt: Dem im Wettbewerb zweitplatzierten Entwurf des Berliner Büros Staab zollte die Jury ebenfalls viel Lob – einzig die Sichtbetonfassade aber war den Juroren zu massiv.

Hervorgegangen ist das Museum aus der Sammlung des Schokoladenfabrikanten-Ehepaars Margit und Bernhard Sprengel, die sie 1969 der Stadt Hannover mit der Auflage eines Museumsbaus

4 | Raum und Treppe, Treppe und Raum: Das Werk „Scale" von Ceal Floyer kommt in den tageslichtgefluteten Räumen des Sprengel-Museums stark zur Geltung.

5 | Zehn „tanzende Räume" in Fluchten mit immer neuen Perspektiven: Museumsdirektor Reinhard Spieler während der Bauphase …

6 | … und im fertigen Erweiterungsbau.

7 | Der Erweiterungsbau schließt an den Wall des zweiten Bauabschnitts an.

4 | Space and staircase, staircase and space: Ceal Floyer's work "Scale" comes into its own strongly in the daylight-flooded rooms of the Sprengel Museum.

5 | Ten "dancing rooms" in flights of ever-changing perspectives: Museum director Reinhard Spieler during the construction phase …

6 | … and in the finished extension.

7 | The extension connects to the rampart of the second construction phase.

8

9

One of the most important German museums for the art of the 20th and 21st centuries is located at the Maschsee. The Sprengel Museum, built in the first two construction phases in 1979 and 1992, had to wait a long time for its third construction phase. When it finally arrived in 2015, there was discussion primarily about its exterior, stark appearance. Museum director Reinhard Spieler finally took up the discussion in a self-deprecating manner, advertising the "Brikett am Maschsee" on posters showing a coal briquette. This is art of reduction with a well-meaning wink.

Two things were in danger of being forgotten in the debate about the facade. First, that the extension, paid for by the EU, the state of Lower Saxony, the city of Hannover and sponsors, was a real gift for the city of Hannover that has greatly enhanced the regional museum landscape. Secondly, that the architectural idea of the Swiss architects Meili + Peter has created a new quality of the museum building, especially in the interior. They have designed "dancing rooms" in which no wall is at right angles to the next. From above, they are flooded with filtered daylight, which is supplemented by artificial light in ceiling chambers depending on the light intensity.

The facade of the extension building is made of anthracite-colored in-situ concrete. It is structured by relief bands, which show iridescent color nuances through grinding. The facade is almost completely closed. From the "dancing rooms", the visitor has no view of the lake. On the one hand, this was done in consideration of artworks that are sensitive to daylight, and on the other hand, to ensure as much hanging and storage space as possible. Only on the west side (with a view of the Maschsee) and on the southeast side (with a view of the NDR broadcasting site) a total of three window slots do open up. Behind each of these is a quiet room with benches that can be used by visitors for contemplation and to widen the view.

The most beautiful room in the extension is undoubtedly the two-story event area, the Calder Hall, with a curved white stair ramp spiral. Its shape evokes associations with the Guggenheim Museum in New York. Two of Alexander Calder's (1898–1976) famous mobilés hang from the ceiling. The area is used for openings, concerts and lectures, as well as commercial events.

From this room, one finally has a view of the outdoors through large window fronts, but unfortunately not of the Maschsee. The Calder Hall is designed as a joint between the second and third construction phases and is therefore located to the rear, so that the view leads to the less spectacular delivery zone. A museum on the lake, but a lack of visual references from the art rooms to this beautiful backdrop – this is perhaps the greatest weakness of the Swiss architectural design.

In the competition for the third construction phase (65 participants), there had been entries with more openness to the lake. The AFF architects from Berlin, for example, had planned a glazed circuit around the body of the museum at the level of the second floor, but only made it to fourth place. The office of Zaha Hadid conceived a brilliant construction from four organic structures with a huge glass opening to the southwest, but failed because small rooms were difficult to implement in this structure. The office Lan-Architecture from Paris designed a glass tower on the lake, but the jury classified it as too expensive.

Marcel Meili of Meili+Peter-Architekten had created the best solution for both the museum and the site, the jury unanimously judged. He had previously dealt intensively with the history of the Sprengel Museum's collection. He also managed to place his exten-

8 | Blick auf den Maschsee: Eine der drei Loggien, die sämtlich mit je einer Sitzskulptur der Künstlerin Maria Loboda ausgestattet sind. „Beautiful Bankers" heißen sie vieldeutig.

9 | Kunst der Reduktion mit wohlmeinendem Augenzwinkern: Nach den öffentlichen Debatten über die Fassade hat Museumsdirektor Reinhard Spieler zur Eröffnung ein Plakat mit einem Kohlenbrikett drucken lassen.

8 | View of the Maschsee: One of the three loggias, each equipped with a seating sculpture by artist Maria Loboda. "Beautiful Bankers" is their ambiguous name.

9 | Art of reduction with a well-meaning wink: After the public debates about the facade, museum director Reinhard Spieler had a poster printed with a coal briquette for the opening.

schenkten. Später kamen Sammlungen der Kunst des 20. Jahrhunderts von Stadt Hannover und Land Niedersachsen hinzu. Im Jahr 2000 schenkte die französische Künstlerin Niki de Saint Phalle dem Museum 400 ihrer Werke: Sie war durch die Nana-Figuren bekannt geworden, die in Hannover als Straßenkunst große Kontroversen ausgelöst hatten und inzwischen zu den Wahrzeichen der Stadt zählen. Das Museum zeigt herausragende Moderne mit Werken von Max Beckmann, Marc Chagall, Max Ernst, Paul Klee, Emil Nolde, Pablo Picasso, Arbeiten der Neuen Sachlichkeit sowie das große Kurt-Schwitters-Archiv, das (rekonstruierte) Kabinett der Abstrakten von El Lissitzky und Alexander Dorner sowie eine umfassende Fotografiesammlung.

All diese Werke haben jetzt mehr Platz, seit das Museum am Maschsee um den dritten, erneut unverwechselbaren, Bauabschnitt erweitert wurde. Die reine Ausstellungsfläche wuchs um 1400 auf jetzt 7000 Quadratmeter, hinzu kamen weitere 3850 Quadratmeter im Erd- und Untergeschoss für Museumspädagogik, Werkstätten, Depots und speziell klimatisierte Lagermöglichkeiten für fotografische Arbeiten.

sion on a recessed plinth floor, whose ribbon windows make the exposed concrete block look as if it is floating in the evening when they are illuminated.

Originally, Meili had designed a mirror glass facade for the competition, in which the lake was to be reflected. But mirror glass reminded the jury too much of eighties architecture. It was redesigned. The advantage of the anthracite concrete now chosen: It is a good contrast to the first two construction phases (Peter and Ursula Trint/Cologne, and Dieter Quast/Heidelberg), which are predominantly white on a red brick hill. In addition, the extension building is also a real statement: like a bunker, it encloses the art that is protected inside. One small curiosity remains, however: The jury also praised the design by Berlin-based Staab, which came second in the competition – the only thing the jurors found too massive was the exposed concrete facade.

The museum originated from the collection of the chocolate manufacturer couple Margit and Bernhard Sprengel, which they donated to the city of Hannover in 1969 with the stipulation of a museum building. Later, collections of 20th century art from the city of Hannover and the state of Lower Saxony were added. In 2000, the French artist Niki de Saint Phalle donated 400 of her works to the museum: she had become famous for the Nana figures, which had caused great controversy in Hannover as street art and are now among the city's landmarks. The museum shows outstanding modernism with works by Max Beckmann, Marc Chagall, Max Ernst, Paul Klee, Emil Nolde, Pablo Picasso, works of the New Objectivity as well as the large Kurt Schwitters archive, the (reconstructed) Cabinet of Abstracts by El Lissitzky and Alexander Dorner and a comprehensive photography collection.

All these works now have more space since the Museum am Maschsee was expanded by the third, again distinctive, construction phase. The pure exhibition space grew by 1400 to now 7000 square meters, with an additional 3850 square meters on the ground floor and basement for museum education, workshops, depots and specially air-conditioned storage facilities for photographic works.

10

10 | Nachtansicht: Der Erweiterungsbau als neue Architektur am See. Er ruht auf einem verglasten, zurückgesetzten Sockel. Links das Neue Rathaus.

10 | Night view: The extension as new architecture on the lake. It rests on a glazed, recessed base. On the left, the New City Hall.

Deloitte-Neubau

Der Aegidientorplatz bildet den Übergang zwischen Hannovers Innen- und Südstadt. Hier treffen aber auch das Banken- und das stadtnahe Versicherungsviertel aufeinander. Ein guter Ort also für Solitärbauten, die die Platzränder prägen und Raum haben, um Wirkung zu entfalten.

Von der Vorkriegsbebauung sind am Platz nur zwei Gebäude am Übergang zur Marienstraße übriggeblieben und die sind weitgehend überformt. Architektonisch dominieren den Platz die beiden Glasgebäude der Nord/LB und des Torhauses am Aegi. Prominent aber ragt auch die ehemalige Nord/LB-Zentrale aus den Fünfzigerjahren (stilvoll modernisiert von ASP) am Nordrand über den Platz, am Westrand prägt die ehemalige Kreissparkassen mit ihrer Stahlbeton-Rasterfassade den Stadtraum, und am Südrand, etwas geduckt, präsentiert sich das Theater am Aegi mit seinem gewölbten Kupferdach.

In solch eine Situation einen Neubau zu konzipieren kann schiefgehen. BKSP entschied sich im Architektenwettbewerb 2010 für einen radikalen Bruch mit allem, was vor Ort war, und entwarf ein modernes, kantiges Gebäude mit steinern wirkender Fassadenoptik und turmartigem Riegelaufbau über dem Aegi. Unter dem Hochgeschossriegel befindet sich zurückgesetzt der Eingang zum Gebäude, gefasst in ein 10,50 Meter hohes Portal, das aus bestimmten Blickwinkeln betrachtet die Hochgeschosse fast schweben lässt.

Den Investor Quantum, der zur VGH-Gruppe gehört, überzeugte BKSP damit genauso wie den Rest der Jury. Nach dem Wettbewerb wurde das Gebäude rundherum (inklusive jetzt zehngeschossigem Turmriegel) noch um eine Etage zum Ursprungsentwurf aufgestockt.

Mit seinen schlanken, hohen Fensterformaten in der feingeschliffenen Fassade aus Weißbeton mit Natursteinzuschlag ist der Bau ein typischer Vertreter der Bürohausarchitektur des neuen Jahrtausends. Die Fenster ermöglichen weitgehende Flexibilität bei der Aufteilung des Innenraums, der größtenteils von der Wirtschaftsprüfungsgesellschaft Deloitte genutzt wird. Im Sockelgeschoss kontrastieren dazu sehr breite Fensterfronten – dahinter befinden sich Empfangs- und Aufenthaltsbereiche.

Vorgängerbau war an dem Standort ein Gebäude des bedeutenden Nachkriegsarchitekten Dieter Oesterlen, das über Jahrzehnte von den VGH-Versicherungen genutzt wurde. Allerdings war es eher ein Zweckbau, kein besonders erhaltenswertes Zeitdokument. Als das Gebäude abgerissen wurde, regte sich in Hannover kein Protest. Der Platz hat mit dem Deloitte-Bau hingegen jetzt auch an der Stelle einen markanten Blickfang erhalten. Mitte 2021 verkaufte Quantum das Objekt an die Union Investment.

Aegidientorplatz forms the transition between Hannover's inner and southern city. But this is also where the banking district and the insurance district close to the city meet. A good place, therefore, for solitary buildings that shape the edges of the square and have room to unfold their effect.

Only two buildings at the transition to Marienstrasse remain from the pre-war buildings on the square, and they have been largely overbuilt. Architecturally, the two glass buildings of the Nord/LB and the Torhaus am Aegi dominate the square. However, the former Nord/LB headquarters from the 1950s (stylishly modernized by ASP) also towers prominently over the square on the northern edge, the former Kreissparkasse bank with its reinforced concrete grid facade dominates the urban space on the western edge, and the Theater am Aegi with its vaulted copper roof presents itself somewhat crouched on the southern edge.

Designing a new building in such a situation can go wrong. In the 2010 architectural competition, BKSP decided to make a radical break with everything that was on site and designed a modern, angular building with a stone-like facade appearance and a tower-like bay construction above the Aegi. The entrance to the building is set back underneath the high-storey frame, framed by a 10.50-meter-high portal that, when viewed from certain angles, almost makes the high-storeys appear to float.

BKSP convinced the investor Quantum, which belongs to the VGH Group, as well as the rest of the jury. After the competition, the building (including the now ten-story tower block) was raised by one floor from the original design.

With its slender, high window formats in the finely polished facade of white concrete with natural stone aggregate, the building is a typical representative of the office building architecture of the new millennium. The windows allow extensive flexibility in the division of the interior space, most of which is used by the Deloitte auditing company. The base floor contrasts with very wide window fronts – behind them are reception and lounge areas.

The previous building on this site was designed by the important post-war architect Dieter Oesterlen and was used for decades by the VGH insurance company. However, it was more of a functional building, not a contemporary document particularly worth preserving. When the building was demolished, no protest arose in Hannover. The Deloitte building, on the other hand, has now given the square a striking eye-catcher in its place. Quantum sold the property to Union Investment in mid-2021.

Objekt:	Deloitte-Neubau
Adresse:	Aegidientorplatz 2A
Architekten:	BKSP/Obermann, Ronczka und Partner
Bauherr:	Quantum
Baujahr:	2015
Fläche:	11 545 qm

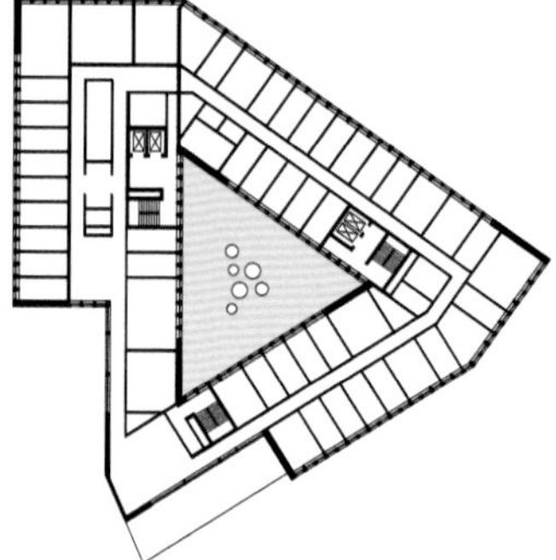

1

2

1 | Hochaufragend am Aegi: Der jüngste Neubau ergänzt die vielfältige Epochenarchitektur rund um den Verkehrsknoten. Hier findet sich aus allen Jahrzehnten des vergangenen Jahrhunderts ein besonderes Bauwerk.

2 | Atrium mit Galerie: Der Eingangsbereich zum Bürohaus.

1 | Towering at the Aegi: The latest new building complements the diverse period architecture around the traffic junction. Here you will find a special building from every decade of the past century.

2 | Atrium with gallery: The entrance area to the office building.

VWN-Kundencenter

1

Man sollte sich das immer wieder in Erinnerung rufen: Wann immer man bei Reisen irgendwo auf der Welt auf einen VW-Transporter trifft, dann ist dieser in Hannover produziert worden. Die einzigen Ausnahmen: Der Ursprungsbulli (Name: Typ2 T1 als Transportervariante des VW-Käfers) wurde in den ersten Jahren 1950 bis 1956 noch in Wolfsburg gefertigt, und einige noch fahrende Modelle des Nachfolgers T2 stammen aus einem Werk in Brasilien. Alle anderen sind echte hannoversche Produkte, ob sie durch Südeuropa rollen, durch Afrika oder Asien oder in ihrer mitteleuropäischen Heimat.

1956 wurde das Nutzfahrzeugewerk in Hannover-Stöcken in Betrieb genommen, es misst etwa 1,1 Quadratkilometer Fläche. Derzeit läuft in der Fabrik die Umstellung auf die Baureihen der elektrischen ID-Serien.

Hannover ist der Hauptsitz der Konzerntochter VW-Nutzfahrzeuge. Hier wird auch die Caddy-Produktion in Polen gesteuert und bilanziert, hier rollten zwischenzeitlich Fahrzeuge vom Käfer über den Amarok, vom LT-Transporter bis zum Taro vom Band und auch die Karosse des extralangen Porsche-Panamera wurde jahrelang hier gefertigt, weil kein anderes Werk von Volkswagen derart großformatige Seitenteile pressen konnte.

Wer gute Autos fertigt, der will sich seinen Kunden auch standesgemäß präsentieren. Parallel zur Eröffnung der Autostadt in

You should always remind yourself of this: Whenever you encounter a VW Transporter while traveling anywhere in the world, it has been produced in Hannover. The only exceptions: The original Bulli (name: Type2 T1 as a Transporter variant of the VW Beetle) was manufactured in Wolfsburg in the early years from 1950 to 1956, and some models of the successor T2 that are still running come from a plant in Brazil. All the others are genuine Hannoverian products, whether they roll through southern Europe, through Africa or Asia, or in their central European homeland.

In 1956, the commercial vehicle plant in Hannover-Stöcken went into operation; it measures about 1.1 square kilometers . The factory is currently in the process of converting to the electric ID series.

Hannover is the headquarters of the VW Commercial Vehicles subsidiary. This is also where Caddy production in Poland is controlled and accounted for, where vehicles ranging from the Beetle to the Amarok, from the LT Transporter to the Taro have rolled off the production line in the meantime, and where the body of the extralong Porsche Panamera was also manufactured for years because no other Volkswagen plant could press such large-format side panels.

Anyone who produces good cars also wants to present them-

Objekt:	VWN-Kundencenter
Adresse:	Ben-Pon-Platz 1
Architekten:	Wolf-Fellner + Schlüter
Bauherr:	VW-Nutzfahrzeuge
Baujahr:	2015

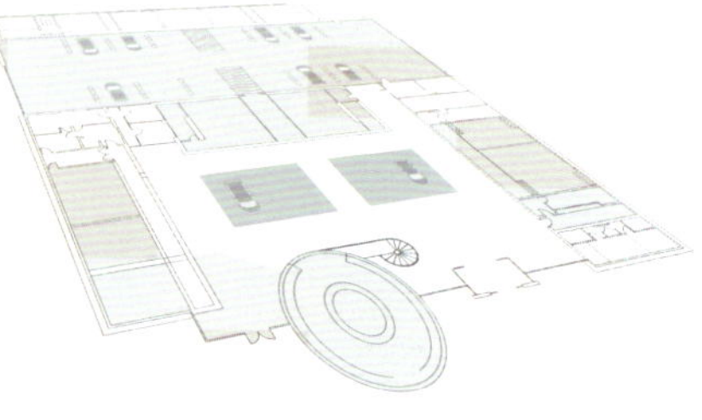

1 | Standesgemäß: Kundencenter am Werk von VW-Nutzfahrzeuge.

2 | Showbereiche im Inneren – wer will, kann hier auch in Bewegtbildern die Geschichte des Bullis erleben.

1 | Befitting one's rank: Customer center at the VW Commercial Vehicles plant.

2 | Show areas inside – anyone who wants to can also experience the history of the Bulli here in moving images.

2

Wolfsburg im Jahr 2000 errichtete sich auch die Nutzfahrzeugschwester in Hannover erstmals ein Kundenzentrum, zunächst noch bescheiden, wie man bei den „Nutzis" eben ist. 2015 wurde das Kundenzentrum einem Generalumbau unterzogen.

Nach Plänen des Architekturbüros Wolf-Fellner + Schlüter aus Hannover wirkt das Gebäude jetzt noch transparenter, im Inneren gibt es verschiedene Bar- und Lounge-Bereiche, in denen unter anderem eine Ausstellung zur Werksgeschichte zu sehen ist und in einem Kinobereich auch Bewegtbilder.

12.000 Fahrzeugabholungen werden pro Jahr im VWN-Kundencenter gemanagt, insgesamt begrüßen die „Nutzis" hier rund 35.000 Besucherinnen und Besucher pro Jahr. Mit dem Neubau in direkter Nachbarschaft zum Haupteingang des Werks präsentiert sich VWN, wie es sich für einen großen Fahrzeugbauer gehört.

selves to their customers in a manner befitting their status. Parallel to the opening of the Autostadt in Wolfsburg in 2000, the commercial vehicle sister company in Hannover also built its first customer center, initially modestly, as is the way with the "Nutzis". In 2015, the customer center underwent a general refurbishment.

According to plans by the architectural firm Wolf-Fellner + Schlüter from Hannover, the building now appears even more transparent, and inside there are various bar and lounge areas where, among other things, an exhibition on the plant's history can be seen, as well as moving images in a cinema area.

12,000 vehicle pick-ups are managed each year in the VWN customer center, and the "Nutzis" welcome a total of around 35,000 visitors here each year. With the new building in the direct vicinity of the main entrance to the plant, VWN presents itself as befits a major vehicle manufacturer.

3 | Modernes Antlitz: 2015 hat das Kundencenter einen Komplettumbau erhalten.

3 | Modern face: In 2015, the customer center received a complete makeover.

Kunden Center
Nutzfahrzeuge
Nutzfahrzeuge

Deutsche Hypo

Objekt: Deutsche Hypo
Adresse: Osterstraße 31
Architekten: Kleihues+Kleihues/Erz-Architekten
Bauherr: Peter Bertram Projektentwicklung
Baujahr: 2015
Fläche: 16 850 qm

Die Geschichte dieses Neubaus wird nur hinter vorgehaltener Hand erzählt, und niemand will sie offiziell bestätigen – aber in diesem Buch soll sie einmal aufgeschrieben werden.

Ein damals wirtschaftlich kleiner, regionaler Projektentwickler hatte 2010 einen echten Coup gelandet, als er für den bundesweit bedeutenden Immobilienfinanzierer der Norddeutschen Landesbank (Nord/LB) einen großen Büroneubau planen und projektieren durfte. Peter Bertram prüfte für das Unternehmen Deutsche Hypo mehrere Standorte in der Innenstadt, unter anderem am Kröpcke, am Aegi und am Raschplatz. Schließlich wurde man handelseinig für eine Fläche an der Ecke von Oster- und Röselerstraße, und Bertram beauftragte den Münchener Architekten Rolf-Harald Erz damit, das Gebäude zu konzipieren.

Erz entwarf einen geschwungenen Neubau mit Sandsteinfassade und hohen, stehenden Fensterformaten, mit optisch zurückgenommenem Staffelgeschoss sowie einem Innenhof innerhalb der Blockbebauung. Das Projekt mündete in einem Modellentwurf und die Bauantragsreife – doch dann intervenierte der damalige Stadtbaurat von Hannover und forderte einen Architektenwettbewerb mit hochkarätiger Besetzung.

Projektentwickler Bertram konnte sich nicht wehren: Für das Vorhaben musste der Bebauungsplan geändert werden, damit hatte die Stadt die politische Hoheit und durfte Bedingungen stellen wie die nach einem Architektenwettbewerb. Und es kam, wie es viele regionale Bauherren, Projektentwickler und Architekten in diesen Jahren beklagten. Im Wettbewerb platzierte die Jury ein Büro mit überregional bekanntem Namen auf dem ersten Platz, das Berliner Büro Kleihues+Kleihues, das kurz zuvor bereits den Wettbewerb für die Erneuerung des wenige hundert Meter entfernten Kröpcke-Centers gewonnen hatte.

In der architekturinteressierten Stadtgesellschaft war es fortan ein gerne platzierter Spott, dass die beiden Gebäude Kröpcke-Center und Deutsche Hypo nahezu identisch aussähen (was nicht ganz stimmt, weil sie sich in vielen Details unterscheiden). Bei all jenen aber, die das nie öffentlich gezeigte Ursprungs-Architekturmodell des Münchener Architekten Erz hatten sehen dürfen, bezog sich der Spott vor allem darauf, dass der ausgeführte Entwurf des Büros Kleihues+Kleihues auf den ersten Blick sehr ähnlich aussah wie das Modell des Büros Erz, dem die Umsetzung verwehrt worden war. Was auch nicht ganz stimmt, weil auch sie sich in vielen Details unterscheiden. Aber die Ähnlichkeit der geschwungenen Fassade, des Fassadenmaterials und der Fassadenproportionen war durchaus überraschend. Man darf sagen: Der ursprüngliche Entwurf des Büros Erz kann nicht ganz falsch gewesen sein für den Standort.

In der öffentlichen Wahrnehmung wurde der Deutsche-Hypo-Bau stets dem Büro Kleihues zugeschrieben. Dabei stammen wesentliche Teile vor allem der inneren Grundrisse vom Büro Erz, denn die Deutsche Hypo hatte wenig Lust, alle mit Erz abgestimmten Detailgrundrisse noch einmal neu planen zu lassen.

Trotz dieser Kuriositäten: Insgesamt ist ein sehr qualitätsvol-

The story of this new building is only told behind closed doors, and no one wants to confirm it officially – but it will be written down in this book.

In 2010, a small regional project developer scored a real coup when he was commissioned to plan and design a large new office building for the major national real estate financier Norddeutsche Landesbank (Nord/LB). Peter Bertram examined several locations in the city center for Deutsche Hypo, including Kröpcke, Aegi and Raschplatz. Finally, a deal was struck for a site at the corner of Osterstrasse and Röselerstrasse, and Bertram commissioned Munich architect Rolf-Harald Erz to design the building.

Erz designed a curved new building with a sandstone facade and tall, upright window formats, with a visually recessed stacked floor and an inner courtyard within the block development. The project resulted in a model design and an application for a building permit – but then the then city building council of Hannover intervened and demanded an architectural competition with a top-class cast.

Project developer Bertram could not resist: The development plan had to be changed for the project, so the city had political sovereignty and was allowed to impose conditions such as those after an architectural competition. And it came to pass, as many regional builders, project developers and architects lamented in those years. In the competition, the jury placed an office with a nationally known name in first place, the Berlin office Kleihues+Kleihues, which shortly before had already won the competition for the renovation of the Kröpcke Center a few hundred meters away.
In the architecture-interested urban society, it was henceforth a gladly placed taunt that the two buildings Kröpcke-Center and Deutsche Hypo looked almost identical (which is not quite true, because they differ in many details). But for all those who had been allowed to see the original architectural model of the Munich architect Erz, which had never been shown to the public, the ridicule was mainly related to the fact that the executed design of the Kleihues+Kleihues office looked very similar at first glance to the model of the Erz office, which had been denied implementation. Which is also not entirely true, because they also differ in many details. But the similarity of the curved facade, the facade material and the facade proportions was quite surprising. One may say: the original design of the Erz office cannot have been entirely wrong for the location.

In the public perception, the Deutsche Hypo building was always attributed to the Kleihues office. In fact, significant parts of the interior floor plans, in particular, originated from the Erz office, because Deutsche Hypo had little desire to have all the detailed floor plans agreed with Erz redesigned.

Despite these curiosities: Overall, a very high-quality building with natural stone facades facing both streets has been created. The floors are delicately stepped, and the easel floors are particularly successful in the Kleihues design. Along Osterstrasse, they are reduced in height to one floor, but in the (smaller) Röselerstrasse

1

2

1 | Geschwungene Ecke: Der Neubau für die Deutsche Hypo an der Osterstraße erinnert Viele an den Neubau des Kröpcke-Centers – auch wenn es nur wenige Ähnlichkeiten gibt.

2 | Das Modell des Architekten Rolf-Harald Erz zeigt, wie ähnlich der Bau ursprünglich geplant war, bevor der Baudezernent einen Architektenwettbewerb anordnete.

1 | Curved corner: The new building for Deutsche Hypo on Osterstrasse reminds many people of the new Kröpcke Center building – even though there are only a few similarities.

2 | The model by architect Rolf-Harald Erz shows how similar the building was originally planned before the head of the building department ordered an architectural competition.

ler Bau mit Natursteinfassade zu beiden Straßenfluchten entstanden. Feingliedrig sind die Etagen abgesetzt, besonders gelungen im Kleihues-Entwurf sind die Staffeletagen, die sich entlang der Osterstraße in der Höhe eines Stockwerks zurücknehmen, in der (kleineren) Röselerstraße aber über zwei Etagen. Die elegante Asymmetrie ist dem Ortsbild und den Abstandsgeboten geschuldet, bereichert aber das Stadtbild ohne zu irritieren.

Zur Osterstraße hin beinhaltet der Neubau zwei Geschäftsflächen, was der Einkaufsstraße gut tut. Auf der Straßenecke ist der Haupteingang platziert, dahinter öffnet sich ein großzügiges Foyer – und umschlossen ist ein Innenhof, den die Beschäftigten der Deutschen Hypo gern für einen Pausenkaffee nutzen. Nicht mehr lange allerdings: Der Immobilienfinanzierer ist inzwischen vollständig in die Nord/LB integriert und wird das Gebäude in Kürze verlassen. Die Suche nach einem Nachmieter läuft.

Insgesamt ein echter Gewinn für die Innenstadt – wenn auch mit einer mindestens kuriosen Vorgeschichte.

3

3 | Das Eingangsportal des Bankenhauses. Wer hier künftig Mieter wird, steht noch nicht fest.

4 | Die Beleuchtungstechnik bringt die feinen Strukturen der Steinfassade gut zur Geltung – und zeigt auch, wie überscherend der Rücksprung der beiden Staffelgeschosse angeordnet ist.

3 | The entrance portal of the bank building. It has not yet been decided who will be the future tenant here.

4 | The lighting technology brings out the fine structures of the stone facade well – and also shows how overhanging the recess of the two staggered floors is arranged.

they extend over two floors. The elegant asymmetry is due to the townscape and the distance requirements, but enriches the cityscape without irritating.

Towards Osterstrasse, the new building contains two commercial spaces, which is good for the shopping street. The main entrance is located on the street corner, behind which a spacious foyer opens up – and enclosed is an inner courtyard that Deutsche Hypo employees like to use for a coffee break. Not for much longer, however: the real estate financier has now been fully integrated into Nord/LB and will soon be leaving the building. The search for a new tenant is underway.

All in all, a real asset for the city center – albeit with at least one curious antecedent.

4

Neues Kröpcke-Center

Objekt: Kröpcke-Center
Adresse: Kröpcke
Architekten: Kleihues+Kleihues
Bauherr: Centrum, Düsseldorf
Baujahr: 2014
Fläche: 40 451 qm

1

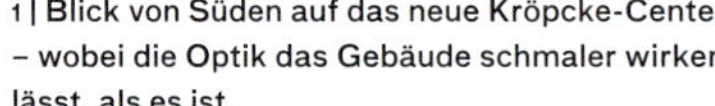

1 | Blick von Süden auf das neue Kröpcke-Center – wobei die Optik das Gebäude schmaler wirken lässt, als es ist.

1 | View of the new Kröpcke-Center from the south - although the visual appearance makes the building look narrower than it is.

Seit 2014 prägt das neue Kröpcke-Center die Ansicht des Stadtmittelpunkts. Seine klassische Architektur löst ein Gebäude ab, das gut 40 Jahre lang völlig unmaßstäblich den Stadtkern dominierte – dabei allerdings zugleich Ausdruck einer Epoche war, in der Stadtplaner, Architekten und Investoren noch an den Fortschritt glaubten und diese Einstellung unmissverständlich dokumentierten.

Während der Siebzigerjahre-Vorgängerbau ein zerklüftetes, brachiales Sichtbetongebäude des Brutalismus war, über dessen Warenhaus-Sockelgeschosse sich stolz ein Turm mit Büroetagen erhob, versucht sich der aktuelle Baukörper von Kleihues+Kleihues aus Berlin in vornehmer Eleganz. Der dreieckige Grundriss fügt sich in die Ausdehnung des Gebäudekomplexes, der hier bis zur Kriegszerstörung stand und vor allem durch das Hotel Continental am Kröpcke geprägt war.

Im Grundsatz zeigt der Neubau eine typische Kolonnadenarchitektur, wobei die Kolonnaden nur an den drei Gebäudespitzen begehbar ausgebildet sind. Ansonsten ist die mit hellem Kalkstein verkleidete Ansicht zur Georgstraße flächig als Rasterfassade mit bodentiefen Fenstern, Stützen und feinen Lisenen ausgebildet. An den beiden anderen Gebäudeseiten, zur Karmarsch- und zur Ständehausstraße, befinden sich Rücksprünge in der Fassade, um der Dimensionierung in den engeren Straßenfluchten Rechnung zu tragen.

Statisch hat das Gebäude mehr Bedeutung, als man ihm bei bloßem Anblick zutraut. Unter ihm liegen fünf Tiefgeschosse, unter anderem die Tunnelstationen von Hannovers wichtigstem U-Bahn-Umsteigeknoten Kröpcke. Das Gewicht des Gebäudes ist notwendig, um das Aufschwimmen der Kelleretagen im Grundwasser zu verhindern.

Das hat den Umbau erheblich erschwert. Zug um Zug musste mit Teilabrissen und Teil-Neuaufbauten gearbeitet werden. Feine Sensoren maßen jede Gewichtsverschiebung im Untergrund – wenn die Tiefgeschosse sich bewegt hätten, wären die Gleise der U-Bahn gerissen. 8000 Tonnen Kies waren zuvor in nächtlichen Lastwagenkolonnen in die Innenstadt gebracht und in Hohlkörper im fünften Untergeschoss verfüllt worden – diese sogenannte Ballastierung sollte helfen, das Aufschwimmen zu verhindern. Der Kies ist im Baukörper geblieben.

Die zweite Erschwernis des Umbauprojekts kam durch die Innenstadtlage. Schon vor der Expo hatte es Versuche vom damaligen Eigentümer gegeben, das Gebäude zu modernisieren. Sie scheiterten an Nachbarschaftseinsprüchen. Auch beim neuerlichen Versuch gab es viel Ärger, unter anderem um Abstandsmaße und eine mögliche Verschattung der Ständehausstraße.

Denn ursprünglich war – wie schon beim Vorgängerbau – eine Zwölfgeschossigkeit vorgesehen. Über den vier Handelsetagen sollten sich zurückgesetzt acht Büroetagen auftürmen. Am Ende verzichtete der Bauherr auf diesen Aufbau, weil sich infolge der weltweiten Finanzkrise kein Ankermieter fand, der rund 15.670 Quadratmeter Bruttogeschossfläche oder wenigstens einen nennenswerten Anteil davon mieten wollte.

Since 2014, the new Kröpcke Center has shaped the view of the city center. Its classic architecture replaces a building that dominated the city center for a good 40 years in a completely out-of-scale manner – but at the same time was an expression of an era in which urban planners, architects and investors still believed in progress and documented this attitude unmistakably.

Whereas its predecessor in the 1970s was a jagged, brute Brutalist exposed concrete building with a tower of office floors rising proudly above its department store base, the current structure by Kleihues+Kleihues from Berlin attempts a noble elegance. The triangular ground plan fits into the extension of the building complex, which stood here until the destruction of the war and was primarily characterized by the Hotel Continental on Kröpcke.

In principle, the new building shows a typical colonnade architecture, whereby the colonnades are only designed to be accessible at the three building peaks. Otherwise, the elevation facing Georgstraße, which is clad in light-colored limestone, is designed as a two-dimensional grid facade with floor-to-ceiling windows, supports and fine pilaster strips. On the other two sides of the building, facing Karmarschstrasse and Ständehausstrasse, there are setbacks in the facade to accommodate the dimensions in the narrower street alignments.

From a structural point of view, the building has more significance than one would expect from a mere glance. Beneath it are five underground floors, including the tunnel stations of Hannover's most important subway interchange, Kröpcke. The weight of the building is necessary to prevent the basement floors from floating up in the groundwater.

This made the reconstruction work considerably more difficult. Step by step, partial demolitions and partial reconstructions had to be carried out. Fine sensors measured every weight shift in the subsoil – if the basement floors had moved, the subway tracks would have ruptured. 8,000 tons of gravel had previously been brought to the city center in nightly truck convoys and filled into hollow bodies in the fifth basement level – this so-called ballasting was intended to help prevent floating. The gravel remained in the structure.

The second complication of the rebuilding project came from its downtown location. Even before the Expo, there had been attempts by the then owner to modernize the building. They failed due to neighborhood objections. There was also a lot of trouble with the new attempt, among other things about distance dimensions and a possible shadowing of the Ständehausstraße.

As with the previous building, a twelve-story structure was originally planned. Eight office floors were to be set back above the four retail floors. In the end, the client decided against this structure because, as a result of the global financial crisis, no anchor tenant was found who wanted to rent around 15,670 square meters of gross floor area, or at least a significant part of it.

The large construction site dominated the city center for many

Die Großbaustelle prägte über viele Jahre die Innenstadt – und war am Ende vier Jahre hinter dem eigentlich gesetzten Zeitplan. Das Ergebnis gilt aber als gelungene Innenstadtrevitalisierung. Das Invest soll rund 200 Millionen Euro betragen haben. Kurz vor Abschluss der Arbeiten kaufte der Union-Investment-Fonds der Volksbanken die Immobilie.

2

2 | Ruhiges Natursteinraster statt zerklüfteter Betonfassade: Der kommerzielle Stadtmittelpunkt von Hannover hätte eigentlich wieder Turmetagen erhalten sollen. Weil sich aber keine Büromieter fanden, wurde dem Investor das wirtschaftliche Risiko zu groß.

2 | Calm natural stone grid instead of jagged concrete facade: Hannover's commercial city center should actually have been given tower floors again. But because no office tenants could be found, the economic risk became too great for the investor.

years – and in the end was four years behind the original schedule. However, the result is considered a successful revitalization of the city center. The investment is said to have amounted to around 200 million euros. Shortly before the work was completed, the Union Investment Fund of the Volksbanken bought the property.

Klinikum Siloah

Die Bettenhäuser scheinen über dem Ufergrün der Ihme zu schweben: 2014 hat das Klinikum Region Hannover sein neues Krankenhaus am Standort des alten Siloah-Klinikums eröffnet. Geplant vom Büro Sander Hofrichter Architekten (heute: a|sh) aus Ludwigshafen, ist eine Klinik neuen Typs in Hannover entstanden.

Erstmals wurde in Hannover ein Hybrid-Operationssaal in Betrieb genommen, in dem zeitgleich mit einem Katheder von innen und mit einem Röntgenbild von außen diagnostisch gearbeitet werden kann – also die Verbindung von chirurgischer Therapie und radiologischer Diagnostik. 13 Fachabteilungen sind im Siloah unter einem Dach vereint, von der Viszeralchirurgie über Thorax- und Gefäßchirurgie bis zur Nierenheilkunde. Möglich wurde das gesamte Projekt, weil am Standort Siloah drei ehemalige Kliniken vereint wurden: das Oststadtkrankenhaus, das Heidehaus und das ursprüngliche, weitgehend abgerissene Siloah-Haus.

Für das kommunale Klinikum war der Neubau ein Kraftakt, sowohl finanziell als auch planerisch. 182,5 Millionen Euro hat die Klinik mit 575 Betten und einer Grundfläche von 100 mal 150 Metern gekostet, in der aber das Grundprinzip gilt, dass der Arzt zum Patienten kommt und nicht der Patient zum Arzt (oder zur Ärztin).

Dafür wurde im Erdgeschoss außer der Notaufnahme und dem Empfang eine Aufnahme- und Untersuchungseinheit geschaffen. Statt Patienten für unterschiedliche Diagnosen auf endlosen Fluren warten zu lassen, sollen sie hier nacheinander den Untersuchungen unterzogen werden. In der Etage darüber befinden sich die Operationseinheiten. Über dem zweigeschossigen Sockel erstrecken sich fingerförmig die Bettenbereiche.

Die Planer haben diese Organisationsphilosophie in der Architektur ablesbar gemacht. Die beiden Sockelgeschosse bilden den hell verklinkerten Grundblock des Gebäudes. Die Traufhöhe wurde an die des gegenüberliegenden alten Siloah-Verwaltungsgebäudes angepasst. Über dem Sockel liegen als Querriegel die drei Bettenhäuser, verkleidet mit Fassadenplatten in unterschiedlichen Grüntönen. Wenn man Glück hat, erwischt man ein Zimmer mit Blick auf den Dachring des Fußballstadions HDI-Arena oder auf die Skyline Hannovers, die sich mit Rathaus, Marktkirche, Nord/LB und altem Fernsehturm gut sichtbar vor den Patienten ausbreitet.

The ward buildings seem to float above the green banks of the Ihme River: In 2014, Klinikum Region Hannover opened its new hospital on the site of the old Siloah Clinic. Planned by the office of Sander Hofrichter Architekten (today: a|sh) from Ludwigshafen, a new type of clinic has been created in Hannover.

For the first time, a hybrid operating room was put into operation in Hannover, in which diagnostic work can be carried out simultaneously with a catheter from the inside and an X–ray from the outside – i.e. the combination of surgical therapy and radiological diagnostics. 13 specialist departments are united under one roof at Siloah, from visceral surgery to thoracic and vascular surgery to renal medicine. The entire project was made possible because three former clinics were combined at the Siloah site: the Oststadtkrankenhaus, the Heidehaus and the original, largely demolished Siloah-Haus.

For the municipal hospital, the new building was a tour de force, both financially and in terms of planning. The clinic with 575 beds and a floor area of 100 by 150 meters cost 182.5 million euros, but the basic principle is that the doctor comes to the patient and not the patient to the doctor.

For this purpose, in addition to the emergency room and reception, an admission and examination unit was created on the first floor. Instead of having patients wait in endless corridors for different diagnoses, they are to be subjected to examinations here one after the other. The operating units are located on the floor above. Above the two-story base, the bed areas extend in a finger shape.

The planners have made this organizational philosophy visible in the architecture. The two base floors form the brightly clinkered basic block of the building. The eaves height was adapted to that of the old Siloah administration building opposite. Above the base are the three ward blocks, clad with facade panels in different shades of green. If you're lucky, you'll catch a room with a view of the roof ring of the HDI Arena soccer stadium or of Hannover's skyline, which spreads out clearly visible in front of the patients with City Hall, the Market Church, Nord/LB and the old TV tower.

Objekt:	Klinikum Siloah
Adresse:	Stadionbrücke 4
Architekten:	a|sh Sander Hofrichter Architekten
Bauherr:	Klinikum Region Hannover
Baujahr:	2014
Fläche:	47 000 qm Nettogeschossfläche

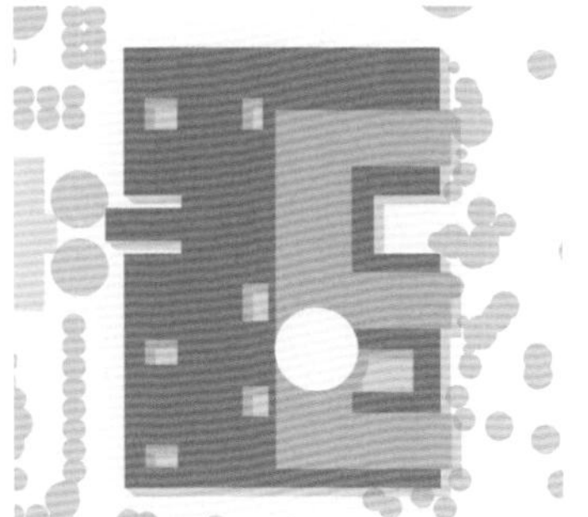

1

1 | Wie Finger ragen die Bettenhaus-Etagen über die Sockelgeschosse des Klinikneubaus am Ihme-Ufer. Mit der ruhigen Verklinkerung unten und dem grüngescheckten Aufbau ist dem Architekturbüro Sander Hofrichter eine einprägsame Optik gelungen. Aber seine Qualitäten entfaltet der Krankenhausneubau vor allem bei der inneren Organisation.

1 | The floors of the ward block rise like fingers above the base floors of the new clinic building on the banks of the Ihme. With the calm brickwork at the bottom and the green-covered superstructure, the architectural firm of Sander Hofrichter has succeeded in creating a memorable visual effect. But the hospital's new building reveals its qualities above all in its internal organization.

2

2 | Cafébereich zur Ihme.

3 | Haupteingang mit modernem Flugdach.

4 | In der Gesamtschau zeigt sich, wie gut sich das Klinikum in die Flusslandschaft einfügt.

2 | Café area facing the Ihme.

3 | Main entrance with modern flying roof.

4 | The overall view shows how well the clinic fits into the river landscape.

3

4

1943 kriegszerstört, 2013 wieder aufgebaut: Im Großen Garten von Herrenhausen ist die ehemalige Sommerresidenz der Welfen als Wissenschafts- und Veranstaltungszentrum nach Originalplänen von Georg Ludwig Friedrich Laves (1788–1864) rekonstruiert worden. Allerdings nur äußerlich. Der Originalbau war im Wesentlichen eine verputzte Fachwerkkonstruktion, die zunächst barock und dann 1820 klassizistisch überformt wurde, bevor sie 1943 den Bomben zum Opfer fiel. Der Neubau ist aus Stahlbeton – bietet dafür aber echte Raffinessen.

Vor allem der unterirdische, über Lichtschächte mit Tageslicht versorgte Tagungssaal, das Auditorium unter dem Gartenhof, ist ein echter Zugewinn des Wiederaufbaus. Aber auch die Raumfluchten im Schlossinneren wurden verändert: Die Hamburger Architekten JK Jastrzembski Kotulla haben Räume zusammengelegt und das zentrale Treppenhaus neu konzipiert, denn das Original mit seinen Kleinräumen wäre für den neuen Zweck ungeeignet gewesen. So ist im Obergeschoss ein Festsaal für bis zu 400 Menschen mit Blick über die Gartenanlagen entstanden, den das ursprüngliche Schloss nie hatte.

Um den Wiederaufbau hatte es seit dem Kriegsende viel politischen Streit gegeben. Im sozialdemokratisch geprägten Hannover schien es lange nicht opportun, einen Adelsbau wieder auferstehen zu lassen, schon gar nicht restaurativ in seiner alten Form. Entwürfe gab es trotzdem viele: ob als kastiges Schlosshotel oder als repräsentative Musikhochschule, ob als „Senke" (dort sollte ein Fußgängertunnel als Verbindung zum gegenüberliegenden Berggarten andocken) oder als eine angedeutete Gebäudekubatur aus Grünpflanzen. Aber alle Anläufe scheiterten.

Der aufregendste Entwurf kam vom dänischen Designer und Architekten Arne Jacobsen. 1964 konzipierte er als Ersatzbau eine mehrgeschossige skulpturale Betonschale, in der ein Restaurant mit Aussichtsplattform residieren sollte. Die öffentliche Empörung war groß, in den Folgejahrzehnten forcierte niemand mehr den Schlossaufbau. Jacobsen bekam, gewissermaßen als Entschädigung, stattdessen den Auftrag, eine Glasverbindung zwischen der Schloss-Leerstelle und dem benachbarten, barocken Galeriegebäude zu entwerfen. Das Arne-Jacobsen-Foyer ist inzwischen denkmalgeschützt und dient als Ort für Empfänge, Ausstellungen und kleine Messen.

Das wiedererrichtete Schloss selbst wird dreifach genutzt. Da ist einerseits die Volkswagenstiftung, mit 3,2 Milliarden Euro Stiftungskapital eine der größten unabhängigen Wissenschaftsstiftungen Europas. Sie hat die Immobilie über eine eigens gegründete Tochtergesellschaft erbauen lassen und nutzt sie an mindestens 100 Tagen im Jahr für Kongresse, Vorträge und Fachveranstaltungen von philosophischen Diskursen bis zu naturwissenschaftlichen Tagungen.

An allen Tagen, an denen die Stiftung das Gebäude nicht für die Wissenschaft nutzt, wird die Immobilie über die private Betreibergesellschaft Schloss Herrenhausen GmbH vermietet für Hoch-

Destroyed in 1943, rebuilt in 2013: In the Great Garden of Herrenhausen, the former summer residence of the former Royal Hannover family (House of the Guelphs) has been reconstructed as a science and event center according to original plans by Georg Ludwig Friedrich Laves (1788–1864). However, only on the outside. The original building was essentially a plastered half-timbered construction, which was first rebuilt in baroque style and then in classical style in 1820, before falling victim to bombs in 1943. The new building is made of reinforced concrete – but offers real refinements.

Above all, the underground conference hall, the auditorium under the garden courtyard, which is supplied with daylight via light shafts, is a real gain of the reconstruction. But the room layouts inside the palace have also been changed: Hamburg architects JK Jastrzembski Kotulla combined rooms and redesigned the central staircase, because the original with its small rooms would have been unsuitable for the new purpose. As a result, a banqueting hall for up to 400 people with a view over the gardens was created on the upper floor, which the original palace never had.

There had been much political controversy about the reconstruction since the end of the war. In Hannover, which was dominated by social democrats, it did not seem opportune for a long time to resurrect a noble building, and certainly not to restore it in its old form. Nevertheless, there were many designs: whether as a boxy castle hotel or as a representative music academy, whether as a "hollow" (a pedestrian tunnel was to dock there as a connection to the Berggarten opposite) or as an implied building cubature of green plants. But all attempts failed.

The most exciting design came from Danish designer and architect Arne Jacobsen. In 1964, he conceived a multi-story sculptural concrete shell as a replacement building in which a restaurant with an observation deck was to reside. Public outrage was great, and in the decades that followed, no one pushed for the palace to be rebuilt. Jacobsen was commissioned, to a certain extent as compensation, to design a glass connection between the palace void and the neighboring baroque gallery building instead. The Arne Jacobsen foyer is now a listed building and serves as a venue for receptions, exhibitions and small trade fairs.

The rebuilt palace itself has three uses. On the one hand, there is the Volkswagen Foundation, one of the largest independent scientific foundations in Europe with an endowment of 3.2 billion euros. It had the property built through a specially founded subsidiary and uses it at least 100 days a year for congresses, lectures and specialist events ranging from philosophical discourses to scientific conferences.

On all days when the foundation does not use the building for science, the property is rented out via the private operating company Schloss Herrenhausen GmbH for weddings and anniversaries, conferences, fashion and party events, and corporate events.

In the basement below the side wings, the city has also set up a small museum that shows changing exhibitions in the context of

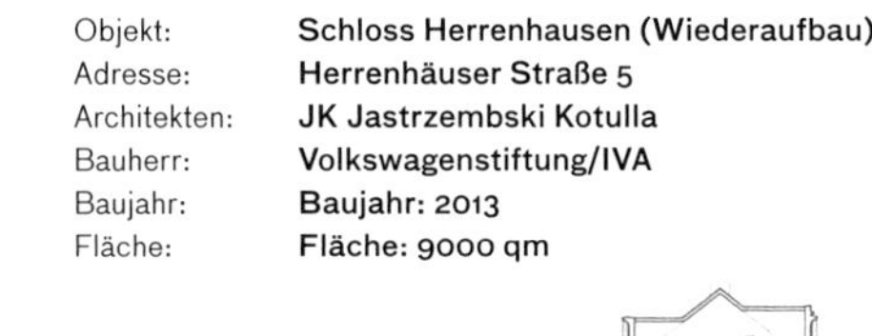

Objekt:	Schloss Herrenhausen (Wiederaufbau)
Adresse:	Herrenhäuser Straße 5
Architekten:	JK Jastrzembski Kotulla
Bauherr:	Volkswagenstiftung/IVA
Baujahr:	Baujahr: 2013
Fläche:	Fläche: 9000 qm

1

zeiten und Jubiläen, Tagungen, Mode- und Partyevents und Firmenveranstaltungen.

In den Kellergeschossen unter den Seitenflügeln hat die Stadt zudem ein kleines Museum eingerichtet, das wechselnde Ausstellungen im Kontext der Geschichte der Herrenhäuser Gärten zeigt.

Mit dem Schloss-Wiederaufbau wurde – da sind sich die Experten einig – eine Lücke geschlossen, die der Krieg in die Herrenhäuser Gärten gerissen hatte. Der barocke Große Garten mit Wasserkunst, Gartentheater, Großer Fontäne und den historischen Pavillons an der Gracht zählt zu den schönsten Deutschlands und zieht in Spitzenjahren mehr als 600.000 Gäste an. Zum Ensemble zählen auch der Berggarten mit dem Sea-Life-Aquarium, der Georgengarten als Landschaftspark sowie der Welfengarten am Hauptgebäude der Leibniz-Universität.

the history of the Herrenhausen Gardens.

Experts agree that the reconstruction of the palace has closed a gap left by the war in the Herrenhausen Gardens. The baroque Great Garden with its waterworks, Garden Theater, Great Fountain and historic pavilions along the canal is one of the most beautiful in Germany and attracts more than 600,000 visitors in peak years. The ensemble also includes the Berggarten with the Sea-Life Aquarium, the Georgengarten as a landscape park, and the Welfengarten at the main building of Leibniz University.

1 | Äußerlich fast das Original: Schloss Herrenhausen ist 2013 als Konferenz- und Eventlocation wieder aufgebaut worden und komplettiert trotz seiner klassizistischen Anmutung den barocken Großen Garten.

1 | Almost the original on the outside: Herrenhausen Palace was rebuilt in 2013 as a conference and event location and, despite its classicist appearance, complements the baroque Great Garden.

HDI-Zentrale

1

Als der Talanx-Konzern ab 2006 seine beiden Haupttöchter HDI (Hannover) und Gerling (Köln) fusionierte, benötigte er am Standort Hannover eine neue Zentrale für das Versicherungsgeschäft. Entworfen wurde sie vom Stuttgarter Architekten Christoph Ingenhoven. 1850 Beschäftigte aus Köln und Hannover fanden in dem Neubau Platz, der nun am Nordostende der Podbielskistraße das Ortsbild prägt.

Es ist ein eleganter, aber zurückhaltender Neubau geworden. Der damalige HDI-Vorstandschef Christian Hinsch betonte bei der Eröffnung, man habe sich keinen protzigen Versicherungspalast errichten wollen, sondern ein rationales Gebäude. Die Rationalität spiegelt sich in der Erweiterungsmöglichkeit der Immobilie: Acht fingerartige Büroflügel recken sich vom zentralen Foyer aus – aber bei Platzbedarf kann das Gebäude um bis zu vier weitere Büroflügelfinger erweitert werden. So kann es organisch mitwachsen, wenn das Unternehmen wächst.

Der Talanx-Konzern, zu dem außer den HDI-Gerling-Sachversicherungen etwa auch die Hannover Rück gehören, zählt nach Beitragseinnahmen zu den drei größten Versicherungen Deutschlands. Mittelpunkt seines Neubaus ist das Atrium, das bei Veranstaltungen Platz für bis zu 1500 Besucher bietet. Es ist zugleich der architektonische Höhepunkt der Immobilie. Der Raum erstreckt sich über die volle Höhe des Gebäudes von 26 Metern und wird von einer verglas-

When the Talanx Group merged its two main subsidiaries HDI (Hannover) and Gerling (Cologne) starting in 2006, it needed a new headquarter for its insurance business at the Hannover site. It was designed by Stuttgart architect Christoph Ingenhoven. 1850 employees from Cologne and Hannover found space in the new building, which now dominates the townscape at the northeast end of Podbielskistraße.

It has become an elegant but restrained new building. At the opening ceremony, the then HDI CEO Christian Hinsch emphasized that the company had not wanted to build an ostentatious insurance palace, but a rational building. This rationality is reflected in the building's ability to expand: Eight finger-like office wings stretch out from the central foyer – but if space is needed, the building can be extended by up to four additional office wing fingers. This allows it to grow organically as the company grows.

The Talanx Group, which in addition to HDI-Gerling property insurers also includes Hannover Rück, for example, is one of the three largest insurance companies in Germany in terms of premium income. The centerpiece of its new building is the atrium, which can accommodate up to 1,500 visitors at events. It is also the architectural highlight of the building. The room extends over the full height of the building of 26 meters and is spanned by a glazed steel honeycomb ceiling. 2500 square meters in size, it mimics fluid movement,

Objekt:	HDI-Zentrale
Adresse:	HDI-Platz 1
Architekten:	Ingenhoven Architects
Bauherr:	Talanx
Baujahr:	2011
Fläche:	77 5000 qm

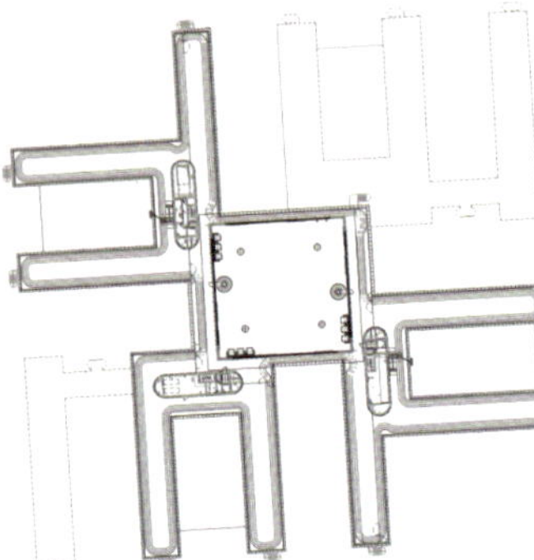

2

ten Stahlwabendecke überspannt. 2500 Quadratmeter groß, imitiert sie fließende Bewegungen und liegt doch statisch nur auf vier zierlichen Stützpfeilern auf. Die Decke sei „die einzige Extravaganz im Gebäude", sagte Hinsch bei der Eröffnung. Sie war allerdings auch Ursache der einzigen echten Baupanne. Bei der Montage der Decke hat das beauftragte Unternehmen Teile falsch zusammengesetzt. Es waren nach Vorstandsangaben nur einige Zentimeter – aber alles musste wieder runter.

Ein Mitarbeiterrestaurant mit Cafeteria steht für die Pausen bereit, 1200 Portionen täglich kann die hauseigene Küche zubereiten. Zwei mattweiße, spindelförmige Treppen geben dem Glasfoyer Eleganz, drei vollverglaste Doppelaufzüge machen die Benutzung dieser Treppen überflüssig. Ein schönes Detail: Ein flaches Wasserspiel, das den Besucher auf dem Weg von der Straße zum Haupteingang flankiert, setzt sich im Inneren fort.

yet statically rests only on four delicate support pillars. The ceiling is "the only extravagance in the building," Hinsch said at the opening. However, it was also the cause of the only real construction mishap. When installing the ceiling, the company contracted to do the job misassembled parts. According to the board, it was only a few centimeters – but everything had to come down again.

An employee restaurant with cafeteria is available for breaks, and the in-house kitchen can prepare 1200 portions a day. Two matt white, spiral staircases lend elegance to the glass foyer, while three fully glazed double elevators make the use of these staircases unnecessary. A nice detail: a shallow water feature that flanks visitors as they walk from the street to the main entrance continues inside.

1 | Neuer Hauptsitz in Hannover: Die HDI-Zentrale mit ihren acht Büroflügeln rund um das Atrium.

2 | Ort der einzigen echten Baupanne der HDI-Zentrale: Im ersten Anlauf passte das Stahl-Glas-Atriumdach nicht. Inzwischen aber gehört der Raum mit den skulpturalen Treppen, dem in den Boden integrierten Wasserlauf und dem Mitarbeitercafé zu einem der schönsten Eingangsbereiche in Hannovers Bürowelten.

1 | New headquarters in Hannover: The HDI headquarters with its eight office wings around the atrium.

2 | Site of the only real construction mishap at HDI headquarters: At the first attempt, the steel-and-glass atrium roof did not fit. In the meantime, however, the space with its sculpture-like stairs, the watercourse integrated into the floor and the employee café is one of the most beautiful entrance areas in Hannover's office worlds.

Hannovers Innenstadt ist seit der Weltausstellung Expo 2000 in einem dauerhaften Neuerfindungsprozess, der sich vielfältig auch in der Architektur spiegelt. Größtes Projekt war die Installation des großen Einkaufszentrums Ernst-August-Galerie (Bauherr: ECE, Architekten: Venneberg & Zech, Hannover) mit 30.000 Quadratmetern Verkaufsfläche im Jahr 2008.

Einige neue Einzelhandelsimmobilien wie das Kröpcke-Center sind in diesem Buch gesondert behandelt – in diesem Abschnitt soll es um eine Auswahl besonderer Immobilienprojekte gehen.

Das jüngste fertiggestellte Projekt ist das Geschäftshaus an der Einmündung der Schmiede- in die Georgstraße mit dem Textilhändler Hirmer als Hauptmieter. Die Architekten Guder Hoffend (Hannover) haben einen unaufdringlich-intelligenten Neubau geschaffen, der auf den ersten Blick unauffällig scheint – aber auf den zweiten Blick eine besondere Fenstersortierung offenbart.

Im Erdgeschoss hat das Gebäude an der Stirnseite vier Schaufenster. Darüber zeigen sich im nächsten Geschoss sechs Fensteröffnungen, darüber wiederum acht, und ganz oben sind es zehn. Diese Auflösung der Formate schafft Unruhe fürs Auge, ohne irritierend zu wirken.

Etwas Besonderes sind auch die Fassadenelemente aus weißem Glasfaserbeton, eine Materialmischung, die es bisher so noch nicht in Hannover gab. Ein zweigeschossiger Anbau leitet ins benachbarte Kreuzkirchenviertel über, die schräg verzogene Attika nimmt die Traufhöhen der Bestandsgebäude in der Nachbarschaft auf. Das ist Architektur, die den Ort weiterentwickelt.

Bauherr ist kein anonymer Fonds, sondern eine alteingesessene hannoversche Kaufmannsfamilie: Reinhard Sander ist Chef im Lederaccessoiresgeschäft Horstmann + Sander, das seinen Hauptsitz wenige Meter weiter an der Georgstraße hat. Die Familie kümmert sich seit vielen Jahren um die Aufwertung der Innenstadt und hat auch schon auf der anderen Seite des Kröpckes architektonisch Akzente gesetzt.

Dort ließen Reinhard Sanders Eltern Lille und Günter 2003 einen Neubau an der Ecke von Ständehaus- und Georgstraße errichten. Darin residierte anderthalb Jahrzehnte lang das Modegeschäft Donna, bevor 2018 die Einrichtungskette Manufactum („Es gibt sie noch, die guten Dinge“) einzog. Architekt des anspruchsvollen Baus war der Hannoveraner Claus Peter Schulze (sp.a), und er schuf ein Gebäude, das an die klassische Eleganz alter Geschäftshäuser in der Innenstadt anknüpfte, wenn auch mit moderner Formensprache.

Die großen Glasfronten im Erdgeschoss sind an der Straßenecke gewölbt, feine Stahlrohre betonen die Horizontale, darüber wechseln sich Sandstein und Glas in Schichten ab. Nur 250 Quadratmeter misst die Grundfläche, die fünf Stockwerke bieten 700 Quadratmeter Verkaufsfläche (inklusive Keller) und darüber Büros.

Qualitätsvoll ist auch das Joachimszentrum, 2007 nach Plänen von BKSP an der Joachimstraße östlich vom Hauptbahnhof errichtet. Ein Natursteinband „schlängelt“ sich in der Fassade vom

Hannover's city center has been in a permanent process of reinvention since the Expo 2000 world exhibition, which is also reflected in many ways in the architecture. The largest project was the installation of the large Ernst-August-Galerie shopping center (client: ECE, architects: Venneberg & Zech, Hannover) with 30,000 square meters of retail space in 2008.

Some new retail properties, such as the Kröpcke-Center, are covered separately in this book – this section will focus on a selection of special real estate projects.

The most recently completed project is the commercial building at the junction of Schmiedestrasse and Georgstrasse, with textile retailer Hirmer as the main tenant. The architects Guder Hoffend (Hannover) have created an unobtrusively intelligent new building that seems inconspicuous at first glance – but reveals a special window sorting at second glance.

On the first floor, the building has four shop windows on the front side. Above that, the next floor reveals six window openings, above that again eight, and at the very top there are ten. This dissolution of the formats creates restlessness for the eye without being irritating.

The facade elements made of white fiberglass concrete are also something special, a material mixture that has never been seen before in Hannover. A two-story extension leads into the neighboring Kreuzkirche district, while the slanted parapet picks up on the eaves heights of the existing buildings in the neighborhood. This is architecture that develops the site further.

The client is not an anonymous fund, but a long-established Hannoverian merchant family: Reinhard Sander is the boss of the leather accessories store Horstmann + Sander, which has its headquarters a few meters away on Georgstrasse. For many years, the family has been concerned with upgrading the city center and has also set architectural accents on the other side of the Kröpcke.

There, Reinhard Sander's parents Lille and Günter had a new building erected on the corner of Ständehausstrasse and Georgstrasse in 2003. The Donna fashion store resided in it for a decade and a half before the Manufactum furnishing chain ("They still exist, the good things") moved in in 2018. The architect of the ambitious building was Claus Peter Schulze (sp.a) from Hannover, and he created a building that harked back to the classic elegance of old commercial buildings in the city center, albeit with a modern design language.

The large glass fronts on the first floor are curved at the street corner, fine steel tubes emphasize the horizontal, and above them sandstone and glass alternate in layers. The floor area measures just 250 square meters, while the five floors offer 700 square meters of retail space (including basement) and offices above.

The Joachim Center, built in 2007 to plans by BKSP on Joachimstrasse east of the main train station, is also full of quality. A natural stone band "meanders" in the facade from the first floor to the eaves. The building's highlight, however, is that inside it

Objekt: Geschäftshaus Hirmer (beispielhaft)
Adresse: Georgstraße 8b
Architekten: Guder Hoffend
Bauherr: Reinhard Sander
Baujahr: 2020
Fläche: 2125 qm

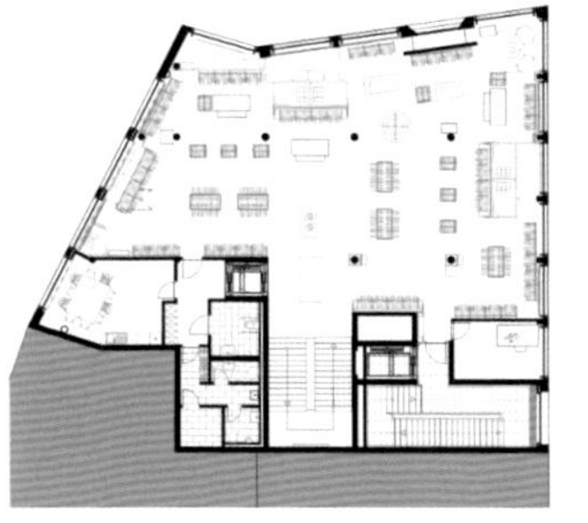

1

2

1 | Intelligente Fensterarithmetik: Vom Basisgeschoss bis zur Dachkante werden es jeweils zwei Fensteröffnungen mehr. Mit dem seitlichen Anbau fügt sich das Haus in den Stadtgrundriss ein.

2 | Der mit weißem Glasfaserbeton verkleidete Neubau (Architekten: Guder Hoffend) schafft optische Ruhe in einem unruhigen Geschäftsviertel.

1 | Intelligent window arithmetic: From the base floor to the edge of the roof, there are two more window openings each. With the side extension, the house blends into the urban layout.

2 | The new building clad in white fiberglass concrete (architects: Guder Hoffend) creates visual calm in an unsettled business district.

3

Erdgeschoss bis zur Traufkante. Der Clou des Gebäudes aber ist, dass es im Inneren zwei benachbarte Traditionspassagen ergänzt: die Galerie Luise zur Luisenstraße und die Langeschen Höfe zur Theaterstraße. Bauherr des Joachimszentrums (6000 Quadratmeter Geschäfts- und Bürofläche) ist auch hier ein alteingesessener Hannoveraner, der Hotelier Veit Pagel (Grandhotel Mussmann). Hauptmieter sind seit Anbeginn das Modegeschäft Möller & Möller, die Patisserie Elysee sowie das Restaurant Röhrbein.

Die einen bauen neu, andere pflegen schöne Bestandsimmobilien. So wie etwa I.G. von der Linde ihren Nachkriegsbau am Platz der Weltausstellung 2017 stillvoll modernisiert hat, hat gegenüber die Familie Prenzler (Parfümerie Liebe) ihr historisches Stamm-

complements two neighboring traditional arcades: the Galerie Luise facing Luisenstrasse and the Langesche Höfe facing Theaterstrasse. The developer of the Joachim Center (6,000 square meters of commercial and office space) is once again a long-established Hanoverian, hotelier Veit Pagel (Grandhotel Mussmann). Since the beginning, the main tenants have been the fashion store Möller & Möller, the patisserie Elysee and the restaurant Röhrbein.

Some build new, others maintain beautiful existing properties. Just as I.G. von der Linde stylishly modernized its post-war building on the Platz der Weltausstellung in 2017, the Prenzler family (Parfümerie Liebe) has spruced up its historic flagship store across the street – and won the first prize in the facade competition organized

4

3 | Am Blätterbrunnen von Emil Chimiotti: Die Parfümerie Liebe hat ihr Stammhaus herausgeputzt und ...

4 | ... dafür 2020 den ersten Preis im Fassadenwettbewerb gewonnen. Zum guten Umgang mit Architektur gehört es eben nicht nur, qualitätsvoll zu bauen, sondern auch, die Gebäude später zu pflegen.

3 | At Emil Chimiotti's fountain of leaves: Parfümerie Liebe has spruced up its flagship store and ...

4 | ... won first prize in the 2020 facade competition. A good approach to architecture involves not only building to a high standard, but also caring for the buildings later on.

5

haus aufgehübscht – und dafür 2020 den ersten Platz im Fassadenwettbewerb von Haus & Grundeigentum und der Maler- und Lackiererinnung erhalten.

Das Gebäude mit den groß dimensionierten Rundbogenfenstern in den Verkaufsetagen strahlt wieder in reinem Weiß (Malerfirma: Temps), dezent sind die Fensteröffnungen abgesetzt und mit einem sensiblen Beleuchtungskonzept illuminiert. „Eine Fassade zum Verlieben", urteilte die Wettbewerbsjury. Für eine Einkaufsstadt ist eben nicht nur die Qualität des kommerziellen Angebots wichtig, sondern auch die Qualität der Architektur.

by Haus & Grundeigentum and the painters' and varnishers' guild in 2020.

The building with its large round-arched windows on the sales floors is once again gleaming in pure white (painting company: Temps), the window openings are discreetly offset and illuminated with a sensitive lighting concept. "A facade to fall in love with," was the verdict of the competition jury. For a shopping city, it is not only the quality of the commercial offer that is important, but also the quality of the architecture.

5 | Ein besonderes Gebäude – aber erst auf den zweiten Blick: Beim Joachimszentrum (Architekten: BKSP) schlängelt sich das Natursteinband der Fassade von rechts unten etagenweise von Geschoss zu Geschoss und umschließt so die Fensterbänder, die mal rechts und mal links an der Hauskante anecken.

6 | Gute Geschäftshausarchitektur: Mit der gerundeten Glasecke und dem feinfühlig ausgeführten Anschluss an die Nachbarhäuser setzt der heute von Manufactum genutzte Bau (Architekten: sp.a) einen starken Akzent, ohne sich zu sehr in den Vordergrund zu spielen.

5 | A special building – but only at second glance: In the Joachim Center (architects: BKSP), the natural stone band of the facade winds from the lower right from floor to floor, enclosing the window bands that sometimes abut the edge of the building on the right and sometimes on the left.

6 | Good commercial building architecture: With the rounded glass corner and the sensitively executed connection to the neighboring buildings, the building used today by Manufactum (architects: sp.a) sets a strong accent without playing too much to the fore.

6

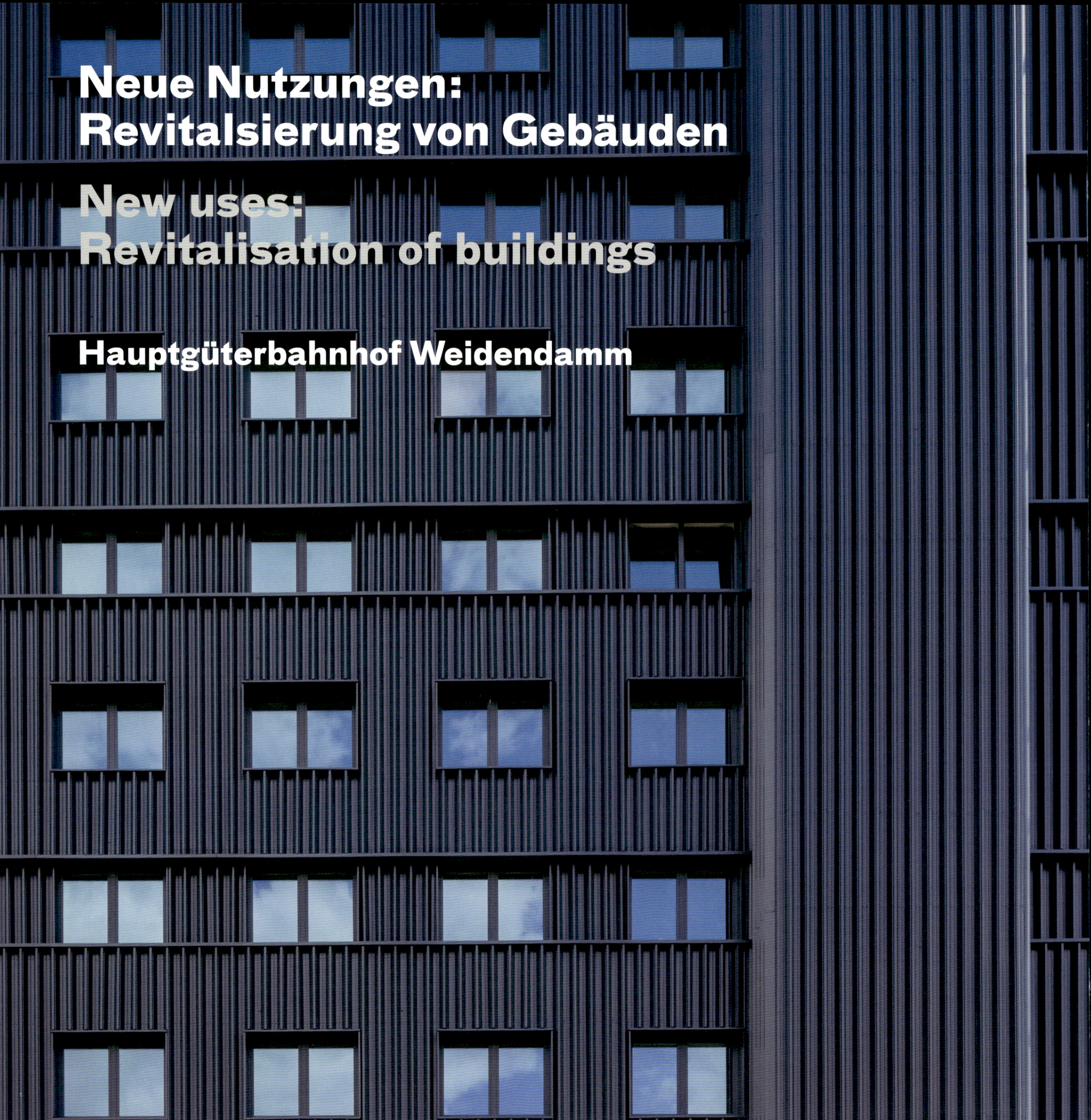

Neue Nutzungen: Revitalsierung von Gebäuden

New uses: Revitalisation of buildings

Hauptgüterbahnhof Weidendamm

Von der Gleis- und Hallenbrache zu einer der größten Gewerberevitalisierungen der vergangenen Jahre in Hannover: Anderthalb Jahrzehnte lang hat die Erneuerung des Hauptgüterbahnhof-Areals in Hannovers Nordstadt gedauert. 2021 wurde sie abgeschlossen. Heute fahren Skater auf einer Freizeitanlage vor der Kulisse des Denkmals, Stadtbürger kaufen italienische Feinkost oder gehen zum Klettern oder Trampolinspringen in die Halle.

Die Anlage stammt aus einer Zeit, in der die Bahn deutlich mehr Güter auf den Gleisen bis in die Zentren transportiert hat, damit sie von dort aus weiterverteilt werden konnten. In den Neunzigerjahren legte die Bahn das zuletzt 86.000 Quadratmeter große Gelände westlich vom Hauptbahnhof still, woraufhin es zum tristen Lost-Place verkam und anreisenden Bahnnutzern aus Hamburg und dem Ruhrgebiet einen verschandelten Anblick bot.

Zur Weltausstellung Expo 2000 wurde die denkmalgeschützte Halle, ein imposantes Stahltragwerk mit langen Gleissteigen, noch einmal für Lichtkunst genutzt, dann herrschte wieder Stillstand.

2006 unternahm die damalige Bahn-Tochter Aurelis einen Anlauf zur Nachnutzung und siedelte die zentrale Paketpostannahme auf dem Gelände an. Dann kam die weltweite Finanzkrise, und es war klar, dass sich für die 36.000 Quadratmeter große Halle nicht ausreichend Gewerbenutzer finden würden.

Erst 2014 gelang der Durchbruch: Mit der Stadt schloss das Unternehmen einen städtebaulichen Entwicklungsvertrag inklusive einem Kompromiss mit dem Denkmalschutz, der den Teilabriss (2015) von etwa der Hälfte der Hallenfläche vorsah. Ab 2016 belebte sich dann allmählich das Gelände.

Die auf die Hälfte der Fläche reduzierte Halle basiert jetzt auf einem Kaltdachkonzept: Sie bietet Wetterschutz, jedoch hat jedes Bauwerk im Inneren ein eigenes Warmdach.

Auf dem freigelegten, nordwestlichen Grundstücksteil siedelte Aurelis eine mechanische Zustellbasis von DHL an und konnte eine Teilfläche an den kommunalen Entsorger Aha verkaufen. Vor allem letzteres sicherte die Wirtschaftlichkeit des Projekts. Weitere Kleinflächen sind unter anderem an lokale Gewerbetreibende verpachtet oder verkauft.

In der Halle selbst wirtschaftet das italienische Feinkostgeschäft Andronaco, das sich zum Teil auch als Großhandel und zum Teil als Gastronomie versteht. Das war wichtig für die Genehmigung: Trotz der innenstadtnahen Lage wollte die Stadt keinen reinen Einzelhandel zulassen, um die Attraktivität der nahen Einkaufsstraße Engelbosteler Damm nicht zu gefährden.

Angesiedelt sind als Freizeitnutzungen außerdem ein Fitnessstudio, eine Boulderhalle, ein Trampolinpark sowie ein Escape-Room. 2021 wurde das neunstöckige Hochhaus neben der Halle zum 78-Zimmer-Hotel umgebaut.

Irritierend wirken auf viele Besucher die weißen Streifen auf den Asphaltflächen im Süden und Westen der Bebauung. Sie sollen ein Gestaltungsmerkmal sein, vermitteln aber den Eindruck von Zebrastreifen. Auch die Lage des Skaterparks ist wenig praxistauglich:

From a wasteland of tracks and halls to one of the largest commercial revitalizations in Hannover in recent years: the renewal of the main freight station area in Hannover's northern city took a decade and a half. It was completed in 2021. Today, skaters ride on a recreational facility in front of the backdrop of the monument, city dwellers buy Italian delicatessen or go climbing or trampolining in the hall.

The facility dates from a time when the railroad transported significantly more goods on the tracks to the centers, so that they could be distributed from there. In the 1990s, the railroad shut down the 86,000-square-meter site west of the main station, whereupon it degenerated into a dreary lost-place and presented a disfigured sight to arriving rail users from Hamburg and the Ruhr region.

For the Expo 2000 world exhibition, the listed hall, an imposing steel structure with long rail sidewalks, was used once again for light art, then came to a standstill again.

In 2006, Aurelis, then a subsidiary of Deutsche Bahn, attempted to reuse the building and established a central parcel post office on the site. Then came the global financial crisis, and it was clear that not enough commercial users would be found for the 36,000-square-meter hall.

It wasn't until 2014 that the breakthrough came: the company concluded an urban development agreement with the city, including a compromise with the monument protection authorities, which provided for the partial demolition (2015) of around half of the hall area. The site then gradually revived from 2016.

The hall, reduced to half the area, is now based on a cold roof concept: it provides weather protection, but each structure inside has its own warm roof.

On the cleared, northwestern part of the site, Aurelis settled a mechanical delivery base of DHL and was able to sell a partial area to the municipal waste disposal company Aha. The latter in particular ensured the economic viability of the project. Other small areas have been leased or sold to local businesses, among others.

The Italian delicatessen Andronaco, which sees itself partly as a wholesaler and partly as a restaurant, operates in the hall itself. This was important for the approval: Despite the location close to the city center, the city did not want to allow pure retail in order not to endanger the attractiveness of the nearby shopping street Engelbosteler Damm.

Other leisure uses include a fitness studio, a bouldering hall, a trampoline park and an Escape Room. In 2021, the nine-story high-rise next to the hall was converted into a 78-room hotel.

Irritating to many visitors are the white stripes on the asphalt surfaces to the south and west of the development. They are supposed to be a design feature, but give the impression of crosswalks. The location of the skate park is also not very practical: it lies between the parking lots and the central parcel and bulk mail receiving area of the post office. Anyone wishing to deliver heavy bulk mail has to always walk around the entire skater area.

1 | Das alte Bürohochhaus am Hauptgüterbahnhof, in dem früher auch Übernachtungszimmer für Lokführer und andere Bahnangestellte waren, ist mit einer modernen Metallfassade verkleidet und betont so die Industriearchitektur.

1 | The old high-rise office building at the main freight station, which also used to house overnight rooms for train drivers and other railroad employees, is clad in a modern metal facade, emphasizing the industrial architecture.

Auszeichnung:
Niedersächsischer Staatspreis für Architektur 2018

Objekt:	**Hauptgüterbahnhof Hannover**
Adresse:	**Weidendamm 23, Gertrud-Knebusch-Straße/Arndtstraße**
Architekten:	**AFF Architekten**
Bauherr:	**Aurelis**
Baujahr:	**2016–2021**
Fläche:	**83 000 qm**

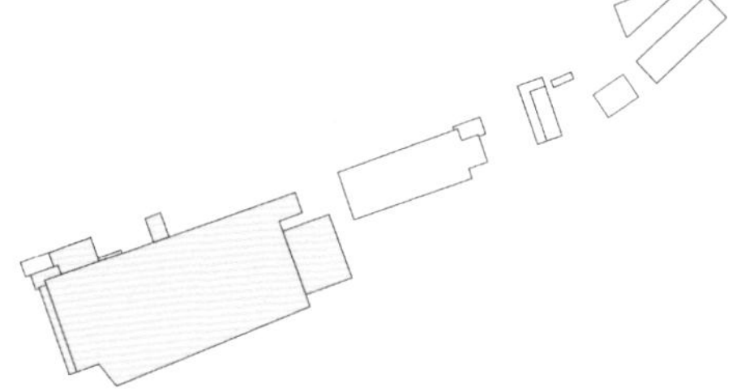

2

Sie liegt zwischen den Parkplätzen und der zentralen Paket- und Mengenpostannahme der Postfiliale. Wer schwere Massensendungen anliefern will, muss stets zu Fuß um den gesamten Skaterbereich herumlaufen.

Angesichts der Gesamtaufgabe aber sind das Kleinigkeiten: Das 15 Jahre dauernde Projekt zeigt, dass sich innerstädtische Großareale entwickeln lassen, wenn alle Beteiligten den Willen zur Lösung haben. Für Aurelis hat sich der lange Atem auch wirtschaftlich gelohnt. 2018 kaufe die Beos AG das Gesamtareal für einen offenen Immobilienfonds.

In view of the overall task, however, these are minor details: The 15-year project shows that large inner-city sites can be developed if everyone involved has the will to find a solution. For Aurelis, the staying power has also paid off economically. In 2018, Beos AG will buy the entire site for an open-end real estate fund.

3

4

2 | **Insgesamt eine gelungene Revitalisierung – aber die weißen Streifen auf den Platz- und Rangierflächen irritieren viele Nutzer. Sie solen Gestaltungselement sein, erinnern aber an Zebrastreifen.**

3 | **Würdevolle Nachnutzung: Im alten Hauptgüterbahnhof sind heute Dienstleister und Gastronomie, Fitness- und Sportanbieter ansässig.**

4 | **Durchblick: Im Inneren des Hauptgüterbahnhofs.**

2 | Overall, a successful revitalization – but the white stripes on the plaza and shunting areas irritate many users. They should be a design element, but are reminiscent of crosswalks.

3 | Dignified reuse: The old main freight station is now home to service providers and restaurants, fitness and sports facilities.

4 | Perspective: Inside the main freight station.

Verdichtung Krausenstraße

In der Südstadt von Hannover ist in einem Zeitraum von fast zehn Jahren die Nachverdichtung eines zuvor völlig untergenutzten Quartiers erfolgt – ein weiteres Beispiel dafür, wie Architekten zum Treiber einer Entwicklung werden können, wenn sie ihre Bauherrn für Investitionen begeistern können.

Ausgangspunkt war die notwendige Erneuerung eines typischen Siebzigerjahrebauwerks mit Geschäfts- und Büro- sowie zum kleinen Teil Wohnnutzung. Der Betonriegel zieht sich fast 150 Meter entlang der Hildesheimer Straße mit Supermarkt, Fahrradgeschäft und anderen Nutzungen im Erdgeschoss. Ursprünglich lautete der Auftrag für das Büro BBU.Projekt nur, die Räume für ein Fitnessstudio im Inneren zu modernisieren. Doch während der Arbeit wurde immer deutlicher, dass das Gebäude viel mehr Potenzial hat – und sich auch die rückwärtigen Brachflächen bestens für urbanen Wohnungsbau eignen.

BBU-Inhaberin Dilek Ruf entwickelte zunächst Pläne für zwei Lückenbebauungen auf den rückwärtigen Flächen. So entstand im Jahr 2014 an der Schlägerstraße 24 ein Gebäude mit 16 Wohnungen auf fast 2000 Quadratmetern sowie 2015 an der Krausenstraße ein weiterer Neubau mit zehn Wohnungen auf gut 1200 Quadratmetern Fläche.

Dann konnte sie den Alteigentümer überzeugen, das Hauptgebäude von 1977 an der Hildesheimer Straße an die kommunale Wohnungsbaugesellschaft Hanova zu verkaufen und entwickelte mit dieser den Bestand weiter. In einem ersten Schritt modernisierte sie das robuste Gebäude und erweiterte die Wohnetage im vierten Obergeschoss, indem sie der Straßenfront einen schlanken, sich leicht hervorstreckenden Fensterriegel verpasste. Dadurch entstanden gut 2000 Quadratmeter zusätzlicher Wohnfläche für insgesamt 24 Appartements, außerdem konnte eine Demenzwohngruppe mit 24 Zimmern im Haus untergebracht werden. Das Projekt wurde 2021 abgeschlossen.

Und schließlich errichtet sie für die Hanova im bisher nur als Parkplatz genutzten Innenhof drei moderne Punkthäuser mit 63 Wohnungen und gut 4500 Quadratmetern Wohnfläche. Die ersten beiden sind bereits bezogen, das dritte folgt bis 2023.

Es gehe darum, „Gebäuden, die eigentlich keiner mehr mag“ einen Neustart zu ermöglichen, sagt Architektin Ruf. Das ist bei dem Siebzigerjahrebau insbesondere mit der neu geschaffenen obersten Etage architektonisch gut gelungen. Überdies sind mitten in einem Kernstadt-Quartier 114 Wohneinheiten mit fast 10.000 Quadratmetern Fläche entstanden.

In the Südstadt district of Hannover, the redensification of a previously completely underused neighborhood has taken place over a period of almost ten years – another example of how architects can become the driver of a development if they can inspire their clients to invest.

The starting point was the necessary renovation of a typical seventies building with commercial, office and, to a small extent, residential use. The concrete block stretches almost 150 meters along Hildesheimer Strasse with a supermarket, bicycle store and other uses on the first floor. Originally, the brief for the BBU.Projekt office was only to modernize the space for a gym inside. But during the work, it became increasingly clear that the building had much more potential – and that the brownfield sites to the rear were also ideally suited for urban housing.

BBU owner Dilek Ruf initially developed plans for two gap developments on the rear sites. In 2014, a building with 16 apartments on almost 2,000 square meters was built at Schlägerstrasse 24, and in 2015 another new building with ten apartments on a good 1,200 square meters was built at Krausenstrasse.

It was then able to convince the previous owner to sell the main building from 1977 on Hildesheimer Strasse to the municipal housing association Hanova and, together with the latter, further developed the stock. In a first step, she modernized the robust building and extended the residential floor on the fourth floor by adding a slender, slightly protruding window bar to the street front. This created a good 2,000 square meters of additional living space for a total of 24 apartments, and it was also possible to accommodate a dementia living group with 24 rooms in the building. The project was completed in 2021.

And finally, it is building three modern point houses with 63 apartments and a good 4500 square meters of living space for Hanova in the inner courtyard, which was previously only used as a parking lot. The first two have already been occupied, the third will follow by 2023.

The aim is to give "buildings that nobody really likes anymore" a fresh start, says architect Ruf. The seventies building has been architecturally successful, especially with the newly created top floor. Moreover, 114 residential units with almost 10,000 square meters of space have been created in the middle of a core city district.

Objekt:	Nachverdichtung in der Südstadt
Adresse:	Hildesheimer Straße 45-55 Krausenstraße/Schlägerstraße
Architekten:	BBU.Projekt Dilek Ruf
Bauherr:	Hanova/TRI Holding
Baujahr:	2014–2021
Fläche:	21 200 qm nach Umbau

1

2

1 | Aufgestockte Etage: Auf dem Geschäfts- und Bürohaus haben die BBU-Architekten eine Wohnetage ergänzt und damit Wohnraum in einer urbanen Lage geschaffen.

2 | Im Innenhof, der lange Zeit nur als Autoabstellfläche genutzt wurde, entstehen Punkthäuser mit modernen Wohnungen, die wegen ihrer Lage zudem lärmgeschützt sind.

1 | Raised floor: BBU architects have added a residential floor to the commercial and office building, creating living space in an urban location.

2 | In the inner courtyard, which for a long time was only used as a car parking area, point houses with modern apartments are being built, which are also noise-protected due to their location.

Dänischer Pavillion

Diese Immobilie ist Vorreiter für die vielbeschworene Energiewende. Der ehemalige Nationenpavillon Dänemarks im Expo-Park produziert dank einer Solaranlage mehr Strom, als im Gebäude gebraucht wird. Deshalb bieten jetzt acht E-Auto-Ladestationen am Straßenrand Lademöglichkeiten – wegen ausgefeilter Speichertechnik auch nachts.

2018 hatte der Laatzener Architekt Carsten Grobe den Pavillon erworben, der neben dem Hauptgebäude drei geometrische Nebenbauten umfasst: Pyramide, Kuppel und Kubus. Die Immobilien hat er zum Domizil für sein eigenes Planerbüro umgebaut. Das ist auf hochenergetische Gebäudeumbauten spezialisiert. Bei etlichen Schulmodernisierungen der Stadt hat Grobe mitgewirkt, hat Passivhäuser errichtet und Sporthallen sowie andere Gebäude umgeplant, um den Energieverbrauch zu senken.

Bei seinem eigenen Projekt hat er diverse Raffinessen eingebaut, sodass die Immobilie jetzt als Energieplus-Haus mehr Strom erzeugt, als darin verbraucht wird. Vor seiner Bürotür ist daher jetzt die Lademöglichkeit für E-Autos gegeben: vier Stationen für den Fuhrpark der eigenen Beschäftigten, vier Stationen für Messebesucher und Gäste im Expo-Park.

Architekt Grobe sagt, es gehört zur Firmenphilosophie, „ökologisch vernünftige und energetisch optimierte Bauprojekte umzusetzen“. Unter anderem hat er eine Fotovoltaik-Hybrid-Anlage aufs Hauptgebäude gesetzt, für dessen Bautyp er selbst die Patente hält. Dabei werden Solarstromkollektoren zur Stromerzeugung nicht aufs Dach gesetzt, sondern sind das Dach. Zugleich wird unter ihnen erwärmte Luft zum Fabrizieren von Heiz- und Kühlenergie genutzt. Auch Erdwärmenutzung mithilfe einer Sole-Wasser-Wärmepumpe gehört zum Konzept.

Das Projekt ist insofern wegweisend, weil bei Diskussionen um die Energiewende häufig mit der Sorge gespielt wird, der Strom reiche nach dem Abschalten von Atom-, Kohle- und später auch Gaskraftwerken nicht mehr für eine verlässliche Versorgung aus. An Grobes Pavillon zeigt sich: Gebäude lassen sich so umrüsten, dass sie weitgehend autark funktionieren, was den Bedarf an teuren Stromleitungen reduziert.

Die 325 Quadratmeter große Fotovoltaikanlage auf dem Pavillondach hat eine Peak-Nennleistung von gut 60 Kilowatt. Mithilfe von Solarspeichern lässt sich die Energie auch dann abrufen, wenn die Sonne nicht scheint. Die Technik galt lange Zeit als teure Liebhaberei, ist aber inzwischen Standard bei vielen Neubauprojekten. Am Pavillon hat sich gezeigt, dass sie sich auch gut in Bestandsgebäude integrieren lässt.

This property is a pioneer of the much-vaunted energy transition. Thanks to a solar system, Denmark's former Nations Pavilion in the Expo Park produces more electricity than is needed in the building. That's why eight roadside e-car charging stations now offer charging options – even at night because of sophisticated storage technology.

In 2018, Laatzen-based architect Carsten Grobe had acquired the pavilion, which comprises three geometric annexes in addition to the main building: Pyramid, Dome and Cube. He converted the properties into the domicile for his own planning office. This specializes in high-energy building conversions. Grobe has been involved in several school modernizations in the city, has built passive houses and redesigned sports halls and other buildings to reduce energy consumption.

In his own project, he has incorporated various refinements so that the property now generates more electricity as an energy-plus house than is consumed in it. As a result, charging for e-cars is now available outside his office door: four stations for his own employees' fleet, and four stations for trade fair visitors and guests at Expo Park.

Architect Grobe says it is part of the company's philosophy to "implement ecologically sensible and energy-optimized building projects." Among other things, he has placed a photovoltaic hybrid system on the main building, for which he himself holds the patents. In this case, solar collectors for electricity generation are not placed on the roof, but are the roof. At the same time, heated air is used under them to produce heating and cooling energy. The concept also includes the use of geothermal energy with the help of a brine-to-water heat pump.

The project is groundbreaking in that discussions about the energy transition often play on the concern that electricity will no longer be sufficient for a reliable supply once nuclear, coal and later also gas-fired power plants are shut down. Grobe's pavilion demonstrates that buildings can be retrofitted to operate largely self-sufficiently, reducing the need for expensive power lines.

The 325-square-meter photovoltaic system on the pavilion roof has a peak rated output of a good 60 kilowatts. With the help of solar storage units, energy can be accessed even when the sun is not shining. For a long time, this technology was considered an expensive hobby, but it is now standard in many new construction projects. The pavilion has shown that it can also be integrated well into existing buildings.

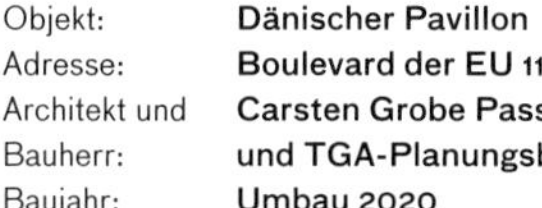

Objekt:	Dänischer Pavillon
Adresse:	Boulevard der EU 11
Architekt und Bauherr:	Carsten Grobe Passivhaus Architektur- und TGA-Planungsbüro
Baujahr:	Umbau 2020
Fläche:	2283 qm

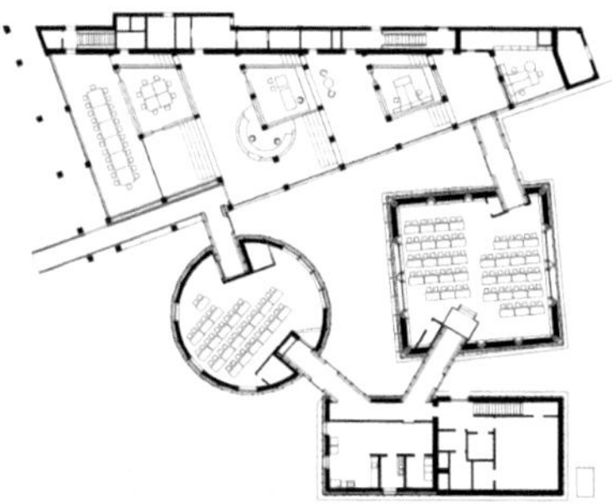

1

2

1 | Beeindruckende Expo-Architektur: Der dänische Nationenpavillon mit den Architektur-Grundformen Kuppel, Pyramide und Kubus.

2 | Die Solartechnik auf dem Dach erzeugt mehr Strom, als das Gebäude benötigt. Energieplus-Technik funktioniert bei intelligenter Planung also auch in 20 Jahre alten Immobilien.

1 | Impressive Expo architecture: The Danish Nations Pavilion with its basic architectural forms of dome, pyramid and cube.

2 | The solar technology on the roof generates more electricity than the building needs. With intelligent planning, energy-plus technology also works in 20-year-old buildings.

Betonburgen aus den Siebzigerjahren muss man nicht abreißen – man kann sie auch zeitgemäß revitalisieren. Am Thielenplatz haben Bauherr Karl Gerhold (Getec) und Architekt Claus Peter Schulze (sp.a) mit dem Gebäude der ehemaligen Bahnverwaltung Joachimstraße aus dem Jahr 1969 gezeigt, wie dies energetisch sinnvoll und architektonisch ansprechend gelingen kann.

Der Ursprungsbau war ein zeittypisch mit umlaufenden Waschbeton- und Fensterbändern verkleideter Bürokomplex mit Geschäftsflächen im Erdgeschoss. Nach Entkernung bis auf Rohbaustandard und Wiederaufbau zeigt sich die Immobilie jetzt mit einer geschlossenen Fassade und einem abwechslungsreichen Hell-Dunkel-Spiel der verschiedenen Bauteile.

Der stärkste Eingriff zeigt sich in der Anordnung der Fenster. Statt des vertikalen Schemas mit etagenweise umlaufenden Bändern erzeugen die Architekten optisch den Eindruck von stehenden Formaten, indem sie entlang der Joachim- und Königstraße paarweise jeweils zwei Etagen zu horizontalen Fenstereinheiten zusammenfassen. Das verleiht dem Gebäude ein modernes Antlitz.

Im achtgeschossigen Mittelbau haben sie das Hell-Dunkel-Spiel umgedreht und auf der anthrazitfarbenen Fassade ein Dutzend Fensteröffnungen nach scheinbar zufällig gewürfeltem Verteilungsmuster hell eingefasst.

Mehr als 35.000 Quadratmeter Bruttogeschossfläche bietet der Bau, der frei wurde, weil die Deutsche Bahn ihre Hannover-Verwaltung auf das ehemalige ZOB-Gelände hinterm Bahnhof umgesiedelt hat. Im neuen Joachimscarrée ziehen ins Erdgeschoss wieder Geschäfte und Restaurants ein. Die Etagen darüber hat die Stadt gemietet, um dort die Beschäftigten des Fachbereichs Jugend und Familie unterzubringen, die bisher im Ihme-Zentrum untergebracht waren.

Concrete buildings from the seventies don't have to be torn down – they can also be revitalized in a contemporary way. At Thielenplatz, client Karl Gerhold (Getec) and architect Claus Peter Schulze (sp.a) have shown with the building of the former railroad administration Joachimstraße from 1969 how this can succeed in an energetically sensible and architecturally appealing way.

The original building was an office complex with commercial space on the first floor, typically clad in exposed aggregate concrete and window strips. After gutting to shell standard and reconstruction, the property now presents itself with a closed facade and a varied interplay of light and dark between the various building components.

The strongest intervention can be seen in the arrangement of the windows. Instead of the vertical scheme with bands running around each floor, the architects visually create the impression of upright formats by combining two floors in pairs along Joachimstrasse and Königstrasse to form horizontal window units. This gives the building a modern look.

In the eight-story central building, they have reversed the chiaroscuro game and lightly bordered a dozen window openings on the anthracite-colored facade according to a seemingly random distribution pattern.

The building, which was vacated because Deutsche Bahn relocated its Hannover administration to the former ZOB site behind the station, offers more than 35,000 square meters of gross floor space. Stores and restaurants are moving back into the first floor of the new Joachimscarrée. The city has rented the floors above to accommodate the employees of the Youth and Family Department, who were previously housed in the Ihme Center.

Objekt:	Neues Jugendamt Joachimstraße
Adresse:	Joachimstraße 8
Architekten:	Joachimscarrée GmbH (Getec-Gruppe)
Bauherr:	sp.a Schulze & Partner Architektur
Baujahr:	2021
Fläche:	35 231 qm

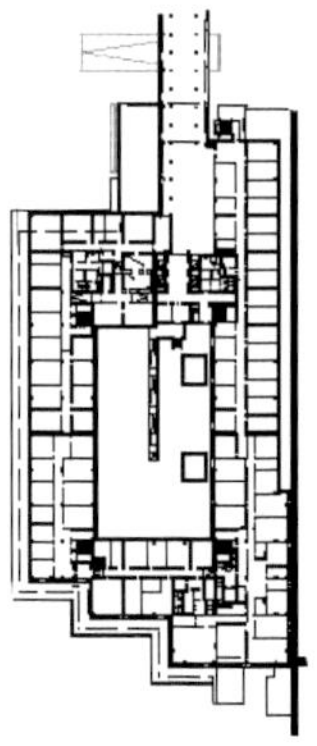

1

2

1 | Neugestaltung eines klassischen Siebzigerjahre-Gebäudes: Beim neuen Jugendamt in der Joachimstraße haben die sp.a-Architekten mit einfachen Gestaltungselementen eine völlig neue Anmutung geschaffen.

2 | So sah das Gebäude vor dem Umbau aus. Das Gerüst rechts im Bild allerdings gehört zum Umbau einer Bahnbrücke.

1 | Redesign of a classic seventies building: At the new youth welfare office on Joachimstrasse, sp.a architects used simple design elements to create a completely new look.

2 | This is how the building looked before the remodeling. The scaffolding on the right in the picture, however, belongs to the reconstruction of a railroad bridge.

Uhlhorn-Kirche als Wohnhaus

Studierende wohnen in einer umgebauten Kirche: Die Revitalisierung der 2012 aufgegebenen Gerhard-Uhlhorn-Kirche am Leineufer in Linden gehört zu den erstaunlichsten Denkmalsanierungen Hannovers der vergangenen Jahrzehnte und dürfte auch bundesweit bislang einmalig sein.

Bei der 1963 errichteten evangelisch-lutherischen Uhlhorn-Kirche handelt es sich um ein architektonisch ungewöhnliches Nachkriegs-Gotteshaus. Das hoch aufragende Walm-Steildach mit seiner Kupfereindeckung und den Buntglasfenstern gibt dem Bau eine weithin erkennbare Silhouette, optisch verstärkt durch den markanten, schlanken Glockenturm, landläufig das „Mikrofon Gottes" genannt.

Sowohl die Außenansicht als auch wesentliche Elemente des Innenraums stehen unter Denkmalschutz, was eine Umnutzung nach der Entwidmung erschwerte. Mehrere Projektentwickler bissen sich an den Denkmalauflagen die Zähne aus, weil ihre Nutzungskonzepte dem Erleben des großen Kirchenschiffs zuwiderliefen, das fast das gesamte Innenleben bis in die Dachspitze umfasst.

Den Projektentwicklern Dr. Meinhof/Felsmann gelang es schließlich, eine neue Nutzung nicht trotz der Denkmalauflagen zu realisieren, sondern gerade weil sie die Denkmalauflagen zur Grundlage ihrer Planung machten.

Sie bauten gewissermaßen ein Haus-im-Haus-Konzept. Im großen Hauptraum platzierten sie rechts und links des Mittelgangs zweigeschossige Appartementwohnungen als Extra-Baukörper mit Galeriegeschoss. So bleibt die beeindruckende Größe des Raumes erhalten.

Gemeinsam mit den Entwurfsarchitekten Maria Pfitzner und Serge Moorkens ließen Meinhof/Felsmann so 34 Zimmer entstehen, teils als separate Appartements, teils in Wohngemeinschaften. Wobei auch die ehemalige Sakristei und die Winterkirche jetzt Wohnraum sind und sich eine der beiden Gemeinschaftsküchen auf der ehemaligen Orgelempore findet. Vier geförderte Sozialwohnungen entstanden zusätzlich mit separatem Zugang im Basement der Kirche.

Die Kunst des Umbaus war, etliche Kompromisse zwischen den konkurrierenden Anforderungen zu finden. So forderte die Feuerwehr eigentlich 90 Zentimeter breite Öffnungen in der für das Gebäude typischen Lochfassade im Erdgeschoss, der Denkmalschutz aber ließ nur 70 Zentimeter zu. Wie gut es den Projektentwicklern gelungen ist, aus diesen Widersprüchen etwas Konstruktives zu gewinnen, zeigen die Nominierungen und Auszeichnungen. Beim Niedersächsischen Staatspreis für Architektur 2020 schaffte es die umgebaute Uhlhorn-Kirche bis in die Endrunde (und unterlag schließlich einem inklusiven Wohnprojekt). Dafür wurde das Uhlhorn-Projekt kurz darauf mit dem Innovationspreis des Landes-Wohnungsbauverbands BFW ausgezeichnet und ist nominiert sowohl für den DAM-Architekturpreis als auch für den weltweit angesehenen Mies-van-der-Rohe-Preis 2022.

Liebevoll sind die Details auf den 500 Quadratmetern Ge-

Students live in a converted church: The revitalization of the Gerhard Uhlhorn Church on the banks of the Leine in Linden, which was abandoned in 2012, is one of the most astonishing monument renovations in Hannover in recent decades and is also probably unique in Germany to date.

Built in 1963, the Evangelical Lutheran Uhlhorn Church is an architecturally unusual post-war house of worship. The towering hipped pitched roof with its copper roofing and stained glass windows gives the building a silhouette that is recognizable from afar, visually enhanced by the striking, slender bell tower, commonly called the "microphone of God".

Both the exterior and major elements of the interior are protected as historic monuments, which made it difficult to convert the building after it was deconsecrated. Several project developers found a hard nut to crack on the monument requirements because their utilization concepts ran counter to the experience of the large nave, which encompasses almost the entire interior right up to the roof peak.

The project developers Dr. Meinhof/Felsmann finally succeeded in realizing a new use not in spite of the monument restrictions, but precisely because they made the monument restrictions the basis of their planning.

In a sense, they built a house-within-a-house concept. In the large main room, they placed two-story apartment apartments to the right and left of the central corridor as an extra structure with a gallery floor. This preserves the impressive size of the space.

Together with the design architects Maria Pfitzner and Serge Moorkens, Meinhof/Felsmann thus created 34 rooms, partly as separate apartments, partly in shared apartments. The former sacristy and the winter church are now living space, and one of the two communal kitchens is located in the former organ loft. Four subsidized social housing apartments were also created with separate access in the basement of the church.

The art of the reconstruction was to find several compromises between the competing requirements. For example, the fire department actually demanded 90-centimeter-wide openings in the building's typical perforated facade on the first floor, but the preservation order only allowed 70 centimeters. The nominations and awards show how well the project developers succeeded in turning these contradictions into something constructive. At the Lower Saxony State Prize for Architecture 2020, the converted Uhlhorn Church made it to the final round (and was ultimately defeated by an inclusive housing project). In return, the Uhlhorn project was awarded the Innovation Prize of the BFW state housing association shortly thereafter and has been nominated for both the DAM Architecture Prize and the globally prestigious Mies van der Rohe Prize 2022.

The details on the 500 square meters of communal space, including the roof terrace, have been lovingly executed. For ex-

Auszeichnung:
Innovationspreis 2021 des BFW Niedersachsen
Endrunde des Niedersächsischen Staatspreises für Architektur 2020
Nominiert für den Mies-van-der-Rohe-Award 2022
Nominiert für den DAM-Preis für Architektur 2022

Objekt:	Gerhard-Uhlhorn-Kirche
Adresse:	Wickopweg
Architekten:	Dr. Gert Meinhof, Dirk Felsmann Entwurfsarchitekten: Pfitzner Moorkens Architekten Ursprungsarchitekt: Reinhard Riemerschmid (1963)
Baujahr:	Umbau: 2019
Fläche:	1300 qm

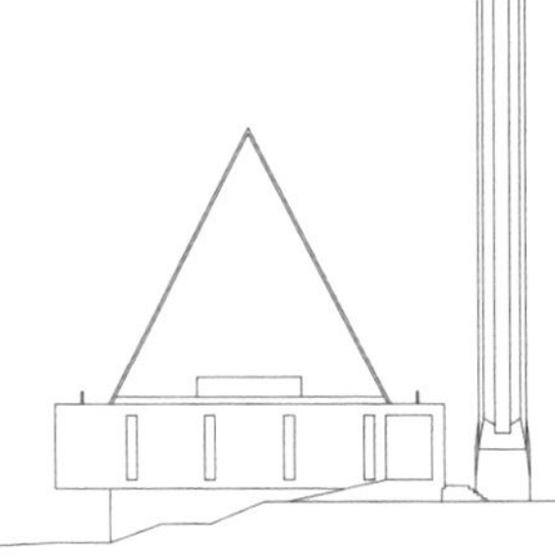

1

1 | Die wahrscheinlich ungewöhnlichste Revitalisierung der jüngeren Zeit in Hannover. Allein für die Einschnitte in die Lochfassade des Sockelgeschosses und die zusätzlichen Dachflächenfenster neben den Buntglastenstern war viel Problemlösungsvermögen nötig – aber am Ende hat es funktioniert.

1 | Probably the most unusual revitalization of recent times in Hannover. The cuts in the perforated facade of the base floor and the additional skylights next to the stained glass windows alone required a lot of problem-solving skills – but in the end it worked.

2

4

meinschaftsfläche inklusive Dachterrasse ausgeführt. Etwa, dass die einstigen Kirchenbänke jetzt in den Küchen als Sitzgelegenheiten dienen – inklusive der Ablage für die Gebetbücher und Haken zum Aufhängen von Handtaschen und Hüten. Die Buntglasfenster im Steildach lassen Farbenspiele auf die weißen Baukörper der Wohnappartements gleißen. Auch der Altar ist mit weißem Holz verkleidet, Jesus hängt dezent hinter Tüchern verhüllt noch am Kreuz.

Denn auch das ist eine Besonderheit: Die Kirche ist jederzeit wieder rückbaubar. Sollten die Mitgliedszahlen der evangelischen Gemeinden jemals wieder steigen, so könnten die Appartements fast rückstandsfrei wieder verschwinden. So geht behutsame Neunutzung eines würdevollen Nachkriegsdenkmals.

2 | Die Nutzerzielgruppe ist jung – das sieht man an den Fortbewegungsmitteln.

3 | Dachterrasse mit Blick auf das Flussufer – links im Bild steht der Säulenfuß des Kirchturms.

4 | Die Gemeinschaftsbereiche lassen Platz für Entfaltung – und einen Flügel.

5 | So sehen die Appartementzimmer aus, die in das Kirchenschiff eingebaut wurden.

2 | The user target group is young – you can see that in the means of transportation.

3 | Roof terrace with a view of the riverbank - on the left of the picture is the column base of the church tower.

4 | The common areas leave room for development – and a grand piano.

5 | This is what the apartment rooms look like, built into the nave.

ample, the former church pews now serve as seating in the kitchens – including a shelf for prayer books and hooks for hanging handbags and hats. The stained glass windows in the pitched roof allow plays of color to glisten on the white structures of the residential apartments. The altar is also clad in white wood, with Jesus still hanging on the cross discreetly veiled behind canvas.

This is another special feature: the church can be dismantled at any time. If the membership of the Protestant congregations were ever to increase again, the apartments could disappear again with almost no residue. This is how to carefully reuse a dignified post-war monument.

3

5

6 | Einbauappartements über zwei Etagen im Kirchenschiff: Die Architektur ist jederzeit rückbaubar. Sogar Jesus am Kreuz hängt noch an seinem angestammten Platz – aber er wurde respektvoll mit Segeltuch verhüllt.

6 | Built-in apartments over two floors in the nave: The architecture can be deconstructed at any time. Even Jesus on the cross still hangs in his original place – but he has been respectfully covered with canvas.

2

7

8

9

7 | So sah der Sakralraum aus, bevor die Gemeinde ihn wegen Mitgliederschwunds aufgegeben und verkauft hat.

8 | Auch der Altar wurde umbaut, ist aber noch am Platz.

9 | Die gleiche Blickrichtung wie im Bild links, aber nach dem Umbau. Der Charakter des Sakralbaus wurde erhalten.

7 | This is what the sacred space looked like before the congregation abandoned and sold it due to a loss of members.

8 | The altar was also rebuilt, but is still in place.

9 | The same view as in the picture on the left, but after the reconstruction. The character of the sacred building was preserved.

Rathaus-Kontor

Objekt: Rathaus-Kontor
Adresse: Theodor-Lessing-Platz 1a
Architekten: RTW
Bauherr: Baum Unternehmensgruppe
Baujahr: 2019
Fläche: 6500 qm

Erst städtische Volkshochschule, jetzt städtisches Zivilcouragezentrum – und zwischendurch eine erfolgreiche Projektentwicklung und viel politischer Ärger: Das wie ein Neubau aussehende Gebäude gegenüber dem Neuen Rathaus hat seit 2015 eine wechselvolle Geschichte durchgemacht.

Das Bauwerk beinhaltet historisch wichtige Relikte der Stadt. Fragmente der alten Stadtmauer sind auf dem Grundstück vorhanden und ins Gebäude integriert, zudem befinden sich im Inneren die Reste des alten Borgentrick-Stadtturms. Der Überlieferung nach soll an dieser Stelle der Bürger Cord Borgentrick die Hannoveraner vor dem Herannahen der Kriegsknechte Herzog Heinrichs gewarnt haben. Das geschah im November 1490 – die Wachen bliesen Alarm, die Belagerer zogen ab.

Nach dem Krieg integrierte die Stadt die historischen Elemente in den Neubau eines kommunalen Gebäudes, das lange Zeit als Volkshochschule genutzt wurde. Ab Mitte der Nullerjahre wurde es zum Symbol für die Baufälligkeit städtischer Immobilien: Neun Jahre lang war der Bau am Cityring eingerüstet, weil Fassadenplatten hinabzufallen drohten.

Die Stadt richtete derweil ein anderes Bestandsgebäude am Hohen Ufer zur Volkshochschule her. 2016 entschied der lokale Projektentwickler Gregor Baum mit seiner Baum-Unternehmensgruppe einen Interessentenwettbewerb für sich und bekam den Zuschlag, die Immobilie als Geschäfts- und Wohnhaus umzubauen. Dann gewann das Architekturbüro RTW aus Hannover den Wettbewerb.

Heller Stein, viel Glas, unten Boutiquen und Restaurants, oben Büros und Wohnungen – so sollte das Rathaus-Kontor revitalisiert werden. Baum ließ die Immobilie komplett entkernen und ihr eine neue Hülle mit prägnanten Dachgauben verpassen. Doch was die Nutzung betraf, kam es anders als geplant.

Kaum hatte die Stadt die Immobilie verkauft, fiel den Fachbereichen im Rathaus auf, dass sie Platz für mehr Personal brauchen – und das möglichst in Nähe des zentralen Verwaltungssitzes. Die kommunalen Liegenschaften verhandelten daraufhin mit Baum, dem sie gerade das Gebäude verkauft hatten – und schlossen einen 20-jährigen Mietvertrag für fast die gesamten Flächen ab. Nur im Obergeschoss wurden die Wohnungen so realisiert, wie es geplant war.

In den Sockeletagen ist das städtische Zeitzentrum Zivilcourage eingezogen. Es dient vor allem dazu, Schülergruppen die Geschichte der hannoverschen Stadtgesellschaft im Nationalsozialismus zu vermitteln, von Verfolgung, aber auch von Widerstand, Zuschauer- und Täterschaft. Überwiegend wird es als außerschulischer Lernort genutzt, steht aber auch für andere Gruppen offen.

In den oberen Etagen hat die Stadt Räume mit gut 85 Arbeitsplätzen für Personal angemietet. Als es politische Kritik gab an Verkauf und Rückmietung, beteuerte die Verwaltung, sie habe weder Geld noch Kapazitäten gehabt, die Immobilie in Eigenregie umzubauen. Entstanden ist so ein zurückhaltend moderner Baukörper, der hannoversche Stadtgeschichte sowohl im Bauwerk als auch in der Nutzung bewahrt.

First a municipal adult education center, now a municipal civil courage center – and in between a successful project development and a lot of political trouble: The building opposite the New City Hall, which looks like a new construction, has gone through a checkered history since 2015.

The structure contains historically important relics of the city. Fragments of the old city wall are present on the site and integrated into the building, and there are also the remains of the old Borgentrick city tower inside. According to tradition, it was here that the burgher Cord Borgentrick warned the people of Hannover of the approach of Duke Henry's soldiers. This happened in November 1490 – the guards sounded the alarm, the besiegers departed.

After the war, the city integrated the historical elements into the new municipal building, which was used as an adult education center for a long time. From the mid-1990s, it became a symbol of the dilapidation of municipal real estate: for nine years, the building on the Cityring was scaffolded because facade panels were threatening to fall down.

Meanwhile, the city converted another existing building on Hohe Ufer into an adult education center. In 2016, local project developer Gregor Baum and his Baum Group of Companies won a competition for interested parties and were awarded the contract to convert the property into a commercial and residential building. The RTW office from Hannover emerged as the winner from a subsequent architectural competition.

Light-colored stone, lots of glass, boutiques and restaurants below, offices and apartments above – this is how the Rathaus-Kontor was to be revitalized. Baum had the property completely gutted and given a new shell with striking dormer windows. But as far as its use was concerned, things turned out differently than planned.

No sooner had the city sold the property than the departments in the city hall realized that they needed space for more staff – and preferably close to the central administrative headquarters. Municipal Real Estate then negotiated with Baum, to whom they had just sold the building – and signed a 20-year lease for almost the entire space. Only on the top floor were the apartments realized as planned.

The city's Zeitzentrum Zivilcourage moved into the basement floors. Its main purpose is to teach school groups about the history of Hannover's urban society under National Socialism, about persecution, but also about resistance, spectatorship and perpetration. It is mainly used as an extracurricular place of learning, but is also open to other groups.

In addition, the city has rented rooms on the upper floors with a good 85 workstations for staff. When there was political criticism of the sale and leaseback, the administration claimed that it had neither the money nor the capacity to convert the property on its own. The result is an unobtrusively modern building that preserves Hannover's urban history both in the structure and in its use.

1

2

1 | Die alte Volkshochschule gegenüber vom Neuen Rathaus ist vollständig erneuert und jetzt das Zeitzentrum für Zivilcourage der Stadt.

2 | Zuvor war das Gebäude wegen Fassadenschäden jahrelang eingerüstet und das Gespött der Stadt.

1 | The old adult education center opposite the New Town Hall has been completely renovated and is now the city's Time Center for Civil Courage.

2 | Previously, the building was scaffolded for years due to facade damage and was the laughing stock of the city.

3

4

5

3 | Durchblick 1: Zwischen dem Rathaus-Kontor und (nicht im Bild) dem ehemaligen Maritim-Grandhotel blickt der Passant auf das Neue Rathaus.

4 | Fragment der alten Stadtmauer, die in das Gebäude integriert ist.

5 | Relikt des alten Borgentrick-Stadtturms, der in das Gebäude integriert ist. Rechts das denkmalgeschützte Buntglasfenster.

6 | Durchblick 2: Zwischen Rathaus-Kontor und Neuem Rathaus läuft die Perspektive auf die Nord/LB hinaus.

3 | View through 1: Between the Rathaus-Kontor and (not in the picture) the former Maritim-Grandhotel, the passerby looks at the New Town Hall.

4 | Fragment of the old city wall integrated into the building.

5 | Relic of the old Borgentrick city tower, which is integrated into the building. On the right, the listed stained glass window.

6 | View through 2: Between Rathaus-Kontor and Neues Rathaus, the perspective runs out onto Nord/LB.

6

Eilenriedestadion

Wie baut man ein historisches Stadion um, sodass es den modernen Anforderungen entspricht, zugleich aber dem Denkmalschutz genügt? Beim Eilenriedestadion nahe am Kongresszentrum ist das gelungen, indem die Sportflächen um 90 Grad gedreht wurden: Die alte Haupttribüne konnte so erhalten bleiben, zugleich aber entstand Platz für zwei neue Tribünenplätze und Neubauten für das Nachwuchsleistungszentrum.

1921 eröffnet, bewahrt das alte Stadion (das erst unter den Nazis offiziell zu seinem Namen Hindenburg-Kampfbahn kam) mehrere hochrangige Denkmale. Dazu zählen außer der schönen, aber unzweckmäßigen Zuschauerinnen- und Zuschauertribüne von 1928 an der Südseite die zwei Torhäuser zur Clausewitzstraße und die originale Stadionuhr.

Generationen hannoverscher Schülerinnen und Schüler haben hier ihre Sportabzeichen absolviert. Beim Länderspiel gegen Belgien 1937 gab es mit 54.800 Gästen einen Zuschauerrekord. Hannover 96 spielte zwar nicht regelmäßig im Eilenriedestadion, nutzte es aber immer wieder als Ausweichdomizil.

Seit 2008 jedoch durfte das historische Stadion nicht einmal mehr für die Zweite Mannschaft genutzt werden, weil der DFB dem Stadion die Zulassung für die Regionalliga entzogen hatte. 2014 beschloss die Eigentümergesellschaft von Hannover 96, das Areal zum Nachwuchsleistungszentrum umzubauen und so zu modernisieren, dass die Zweite Mannschaft es wieder nutzen kann.

Schulze & Partner entwarfen ein Konzept, das den Zugang des Eilenriedestadions in die neue Westtribüne integriert, die sich mit sanftem Schwung zu den beiden Torhäusern zeigt. Beide Tribünen sind stützenfrei ausgeführt und erlauben so freien Blick auf das Spielfeld.

Hinter der alten Südtribüne entstand zudem der Neubau für das Sportleistungszentrum mit 4600 Quadratmetern Fläche, in dem der 96-Nachwuchs ausgebildet wird. Möglich wurde der Gesamtumbau auch deshalb, weil der Hockey-Club Hannover sich auf einen Flächentausch einließ. Er nutzt inzwischen auch die alten Räume der 96-Geschäftsstelle an der Clausewitzstraße, sodass diese nicht abgerissen werden mussten.

Insgesamt ist das neue Eilenriedestadion jetzt kompakter – auch wegen des Verzichts auf die Laufbahn. Nur 15 Monate hat der Umbau benötigt und gut 25 Millionen Euro gekostet. Seit der Fertigstellung gilt die rundumerneuerte Sportanlage gemeinhin als „das zweitschönste Stadion von Hannover".

How do you reconstruct a historic stadium so that it meets modern requirements while at the same time complying with the preservation order? In the case of the Eilenriedestadion near the congress center, this was achieved by turning the sports surfaces by 90 degrees: The old main grandstand was thus preserved, but at the same time space was created for two new grandstand seats and new buildings for the youth performance center.

Opened in 1921, the old stadium (which was only officially named Hindenburg-Kampfbahn by the Nazis) preserves several high-ranking monuments. These include, in addition to the beautiful but impractical 1928 spectator stand on the south side, the two gatehouses facing Clausewitzstrasse and the original stadium clock.

Generations of Hannoverian schoolchildren completed their sports badges here. The international match against Belgium in 1937 drew a record crowd of 54,800. Although Hannover 96 did not regularly play in the Eilenriedestadion, it repeatedly used it as an alternative home.

Since 2008, however, the historic stadium could no longer be used even for the second team because the DFB had withdrawn the stadium's license for the Regionalliga. In 2014, Hannover 96's ownership company decided to convert the site into a junior performance center and modernize it so that the second team could use it again.

Schulze & Partner designed a concept that integrates the entrance of the Eilenriedestadion into the new west grandstand, which faces the two goal houses with a gentle curve. Both stands are designed without supports and thus allow an unobstructed view of the playing field.

Behind the old south stand, a new 4600-square-meter building was erected for the sports performance center, where 96's young talents are being trained. The overall conversion was also made possible because the Hannover Hockey Club agreed to an exchange of space. In the meantime, it also uses the old rooms of the 96 office on Clausewitzstrasse, so that these did not have to be demolished.

Overall, the new Eilenriedestadion is now more compact – also because the running track has been dispensed with. The renovation took only 15 months and cost a good 25 million euros. Since its completion, the completely renovated sports facility has been widely regarded as "the second most beautiful stadium in Hannover".

Objekt:	Eilenriedestadion
Adresse:	Clausewitzstraße 4
Architekten:	sp.a Schulze & Partner Architektur
Bauherr:	Hannover 96 GmbH & Co. KGaA
Baujahr:	2017
Fläche:	11 350 qm

1

2

1 | Historisches 96-Gelände – jetzt mit neuer Tribünenanlage am gedrehten Spielfeld. So konnte das denkmalgeschützte Ensemble mit der alten Tribüne und dem Eingangsbereich erhalten bleiben, trotzdem ist die Nutzbarkeit als Nachwuchsleistungszentrum und Spielstätte gewährleistet.

2 | Die beiden neuen Tribünen aus der Luft. Rechts an der Stirnseite des neuen Spielfelds die alte Tribüne, dahinter das neue Nachwuchsleistungszentrum.

1 | Historic 96 site – now with new grandstand facility at the rotated playing field. This allowed the listed ensemble with the old grandstand and the entrance area to be preserved, while still ensuring usability as a junior performance center and playing venue.

2 | The two new stands from the air. On the right, at the front of the new playing field, the old grandstand; behind it, the new youth performance center.

Sparkasse am Raschplatz

Sechs schokoladenbraune Türme prägten von 1976 bis ins erste Jahrzehnt des neuen Jahrtausends die Zentrale der (ehemals: Stadt-) Sparkasse Hannover hinterm Hauptbahnhof. Das Hochhaus zählte zu einem typischen Bau des Architekten Heinz Wilke, der etwa auch die Flughäfen Hannover und Moskau-Scheremetjewo entwarf sowie andere prominente Großbauten der Zeit. Sowohl optisch als auch energetisch und in den Raumkonzepten wollte die Sparkasse aber einen neuen Auftritt in der Stadtmitte.

Zwei Jahre Planungs- und zwei Jahre Bauzeit waren nötig. Jetzt zeigt sich der in der Spitze 70 Meter hohe Bau in silbergrauem statt anthrazitfarbenem Antlitz, ist aber vor allem im Energieverbrauch deutlich optimiert und bietet neue Arbeitswelten.

Das Team der sp.a-Architekten um Claus Peter Schulze bewahrte die vertikale Ausrichtung der gestaffelten Turmanlage. Besonders schön ist die Verkleidung der lisenenartigen Hauptständer gelungen, die die sechs Turmelemente flanieren. Sandstein statt Granit und transparente Fenster statt Brauntönung geben dem Großbau eine neue Leichtigkeit.

Außen Edelstahloptik, innen moderne Konferenz- und Bürowelten, Eltern-Kind-Arbeitsplätze sowie Veranstaltungsbereiche auf insgesamt 17 Etagen prägen den revitalisierten Bau. Die Energiebilanz sieht eine auf 2000 Tonnen CO_2 berechnete Einsparung vor. Rund 800 Arbeitsplätze finden in dem markanten Hochhaus Platz, in dem das kommunale Geldinstitut nach der 2003 beschlossenen Fusion von Kreis- und Stadtsparkasse nun seine neue Zentrale gefunden hat.

From 1976 until the first decade of the new millennium, six chocolate-brown towers characterized the headquarters of the (formerly: Stadt-) Sparkasse Hannover behind the main train station. The high-rise was a typical building by architect Heinz Wilke, who also designed Hannover and Moscow-Sheremetyevo airports, as well as other prominent large buildings of the time. However, the Sparkasse wanted a new appearance in the city center, both visually and in terms of energy and spatial concepts.

Two years of planning and two years of construction were necessary. Now, the 70-meter-high building has a silver-gray face instead of anthracite, but has been significantly optimized, especially in terms of energy consumption, and offers new working environments.

The team of sp.a architects led by Claus Peter Schulze preserved the vertical alignment of the staggered tower complex. The cladding of the pilaster-like main pillars that stroll the six tower elements is particularly beautiful. Sandstone instead of granite and transparent windows instead of brown tinting give the large building a new lightness.

The revitalized building is characterized by a stainless steel look on the outside and modern conference and office facilities, parent-child workplaces and event areas on a total of 17 floors on the inside. The energy balance provides for a saving calculated at 2000 tons of CO_2. Around 800 workplaces can be found in the striking high-rise building, in which the municipal financial institution has now found its new headquarters following the merger of the district and municipal savings bank decided in 2003.

1

Objekt:	Sparkasse am Raschplatz
Adresse:	Raschplatz
Architekten:	sp.a Schulze & Partner Architektur Ursprungsarchitekt: Heinz Wilke
Bauherr:	Sparkasse Hannover
Baujahr:	2015
Fläche:	35 000 qm

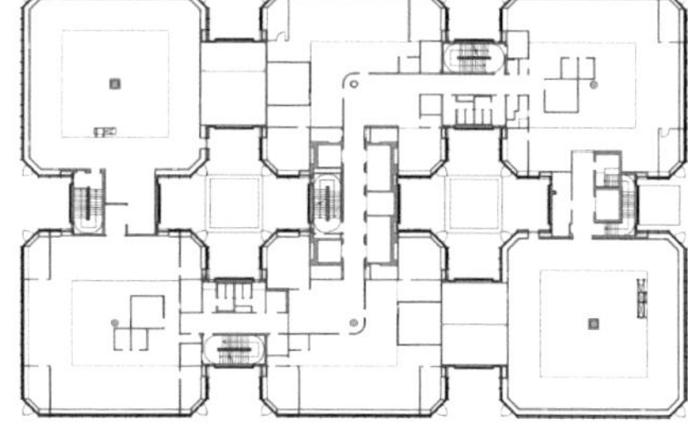

1

1 | Aus braun mach silber: Die rundumerneuerten Türme des Sparkassen-Hochhauses am Raschplatz.

1 | Turning brown into silver: The completely renovated towers of the Sparkasse high-rise building at Raschplatz.

2

3

2 | So sieht die Sparkassen-Zentrale nach dem Umbau aus …

3 | … der ihre Fassaden vom Siebzigerjahre-braun in einen zeitgemäßen Farbton verwandelt hat.

4 | Auch im Inneren hat sich viel geändert: Der Empfangsbereich etwa oder …

5 | … die Aufenthaltszone vor dem großen Veranstaltungsbereich.

2 | This is what the Sparkasse headquarters looks like after the renovation …

3 | … which has transformed its facades from seventies brown to a contemporary hue.

4 | A lot has changed inside, too: The reception area, for example, or …

5 | … the lounge area in front of the large event area.

4

5

Weiße Moderne / Dievision

Am Robert-Koch-Platz im Stadtteil Bult steht das unbestritten schönste Haus der Weißen Moderne in Hannover. Errichtet 1930 als Hochschulmensa und -sportanlage für die Pädagogische und die Tierärztliche Hochschule, dient es heute als Domizil der Marketing-agentur Dievision, die die Räume im Inneren sehr kreativ umgenutzt hat.

Der weiße Putzbau ist ein typischer Vertreter des Internationalen Baustils, funktional aufgebaut und so gestaltet, dass man die Nutzung der jeweiligen Gebäudeteile an der Fassade ablesen kann. Die Turnhalle im Osten hat hochliegende Lichtbänder, die ehemaligen Speiseräume verfügen über großflächige Fenster zum Freigelände, und der Eingang wird durch einen halbrunden Treppenbau dominiert. Alles ist sauber proportioniert, wie es für die Strömungen des Bauhaus typisch ist. Konzipiert wurde das Gebäude 1929 durch die preußische Hochbauverwaltung unter Mitwirkung der Architekten Karl Grabenhorst und Franz Erich Kassbaum.

2010 wurde in der „TiHo-Mensa" letztmalig Essen ausgegeben. 2012 verkaufte das Land die Immobilie nach mehreren gescheiterten Versuchen an Gesellschafter der Agentur Dievision. Diese ließen das Innere vom Düsseldorfer Architekten Axel Brunner mit Pfiff umbauen. In der ehemaligen Turnhalle sind fast alle Sportgeräte in das neue Bürodesign integriert: Die etwa 50 Beschäftigten arbeiten zwischen Sprungkästen und von der Decke hängenden Turnringen, auch die Linien auf dem federnden Boden sind erhalten. Der Aufenthalts- und Essraum ist in die ehemaligen Umkleide- und Duschbereiche verlegt, wo mit weiteren Sportgeräten dekoriert wurde.

Um den 20.000 Quadratmeter großen Sportplatz der Anlage gibt es seit Jahren Ärger, weil Anlieger hoffen, dass er wieder als Trainingsfläche genutzt werden kann. Die Stadt ist aber nicht bereit, die geforderte Miete zu zahlen. Jüngst gab es auch Bestrebungen, auf der Fläche Wohnungsbau zu ermöglichen. Gelungen ist bereits ein seitlicher Anbau, in dem die Kita Maschseekinder mit 55 Plätzen untergebracht ist.

Beim Hauptbau ist es gelungen, den Charakter zu erhalten. Das Gebäude verleugnet auch nach der Umnutzung seine Geschichte nicht, hat aber eine neue Bestimmung gefunden.

At Robert-Koch-Platz in the Bult district stands what is undisputedly the most beautiful White Modernist building in Hannover. Built in 1930 as a university cafeteria and sports facility for the College of Education and the College of Veterinary Medicine, it now serves as the domicile of the Dievision marketing agency, which has very creatively repurposed the rooms inside.

The white plaster building is a typical representative of the International Building Style, functionally constructed and designed in such a way that the use of the respective parts of the building can be seen on the facade. The gymnasium in the east has high-ceilinged light bands, the former dining rooms have large windows facing the open air, and the entrance is dominated by a semicircular staircase. Everything is neatly proportioned, as is typical of Bauhaus currents. The building was designed in 1929 by the Prussian Hochbauverwaltung with the assistance of architects Karl Grabenhorst and Franz Erich Kassbaum.

In 2010, food was served in the "TiHo-Mensa" for the last time. In 2012, after several failed attempts, the state sold the property to shareholders of the Dievision agency. They had the interior remodeled with pizzazz by Düsseldorf architect Axel Brunner. In the former gymnasium, almost all the sports equipment has been integrated into the new office design: The 50 or so employees work between vaulting boxes and gymnastic rings hanging from the ceiling, and the lines on the springy floor have also been preserved. The lounge and dining room has been relocated to the former locker room and shower areas, where more sports equipment has been decorated.

There has been trouble around the facility's 20,000-square-foot athletic field for years, as residents hope it can be used again as a training area. But the city is not willing to pay the required rent. Recently, there have also been efforts to allow housing to be built on the site. A side extension has already been successfully built, housing the Maschseekinder daycare center with 55 places.

The main building has succeeded in retaining its character. Even after conversion, the building does not deny its history, but has found a new purpose.

Objekt: Dievision
Adresse: Robert-Koch-Platz 10
Architekten: Axel Brunner
Bauherr: Dievision-Gesellschafter
Baujahr: 2014
Fläche: 2000 qm

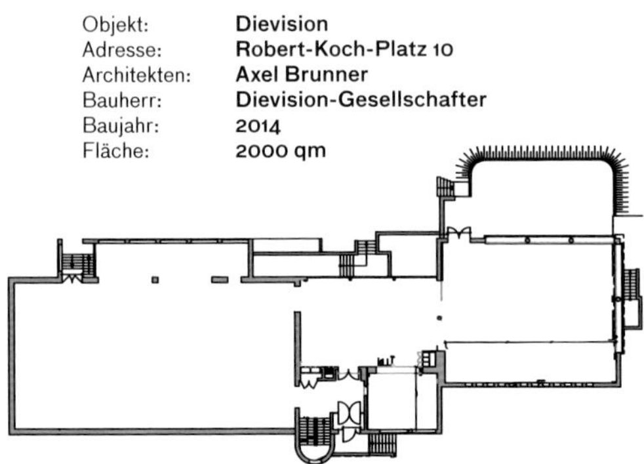

1

1 | An der Fassadengestaltung ist die ursprüngliche Nutzung des Bauwerks klar ablesbar: Links der Mensabereich mit großen Fenstern dort, wo Menschen gesessen und gegessen haben. Rechts befindet sich die Sporthalle, die jetzt ein Kreativzentrum ist. Ganz rechts ist der Kita-Anbau gewachsen.

1 | The original use of the building can be clearly seen in the facade design: On the left is the dining hall area with large windows where people used to sit and eat. On the right is the gymnasium, which is now a creative center. On the far right, the daycare center extension has grown.

2

2 | Das schönste Relikt der Weißen Moderne in Hannover: Das halbrunde Treppenhaus an der Gebäudefront zum Robert-Koch-Platz.

3 | Vom rückwärtigen Ausgang der ehemaligen Sporthalle aus erschließen sich die ehemaligen Sportplätze.

4 | Der Empfangsbereich der Agentur.

2 | The most beautiful relic of White Modernism in Hannover: The semicircular staircase on the building front facing Robert-Koch-Platz.

3 | The former sports fields open up from the rear exit of the former sports hall.

4 | The reception area of the agency.

3

4

Neue Hanomag

1

Große Wohnlofts statt zerschlagener Fenster, quirliges Startup-Treiben statt industrieller Hammerschläge: Das Hanomag-Areal im Arbeiterstadtteil Linden-Süd hat einen erfolgreichen Umbau hinter sich. Das Besondere: Er ging nicht von Investoren, von Projektentwicklern oder der Stadt aus, sondern von den Architekten.

„Die Hanomag" ist nicht nur in Hannover ein Begriff. Das Unternehmen (der Name ist ein Akronym für Hannoversche Maschinenbau Actiengesellschaft) produzierte jahrzehntelang Baumaschinen für den deutschen und europäischen Markt, bevor es 1984 nach mehreren Krisen Konkurs anmelden musste. 1871 gegründet, gehörte es mit der Continental lange zu den größten Industriebetrieben Hannovers, stellte anfangs Lokomotiven her, später Trecker, Transporter und auch den Kleinwagen Komissbrot („Ein bisschen Blech, ein bisschen Lack, und fertig ist der Hanomag"). Während der Kriege kamen Rüstungsgüter hinzu, vielfach mit Zwangsarbeiterinnen und Zwangsarbeitern erschaffen. Inzwischen gehört das Traditionsunternehmen zum japanischen Komatsu-Konzern, produziert zwar noch in Hannover, aber nur noch auf einem Bruchteil der alten Betriebsfläche.

Mehrfach scheiterten Anläufe zur Neubelebung des Geländes – vor allem, weil die Firma Dibag aus München stets mit einem Abriss der denkmalgeschützten Substanz plante. Im Juni 2008 stattete Dibag-Vorstand Wolfgang Kasper den Agsta-Architekten im nahe-

Large residential lofts instead of smashed windows, lively startup hustle and bustle instead of industrial hammer blows: The Hanomag site in the working-class district of Linden-Süd has undergone a successful conversion. The special thing: It didn't come from investors, project developers or the city, but from the architects.

"Hanomag" is not only a household name in Hannover. The company (the name is an acronym for Hannoversche Maschinenbau Actiengesellschaft) produced construction machinery for the German and European markets for decades before it had to file for bankruptcy in 1984 after several crises. Founded in 1871, it was one of Hannover's largest industrial companies along with Continental for a long time, initially producing locomotives, later tractors, vans and also the small car Komissbrot ("A bit of sheet metal, a bit of paint, and the Hanomag is finished"). During the wars, armaments were added, often created with forced laborers. In the meantime, the traditional company belongs to the Japanese Komatsu Group and still produces in Hannover, but only on a fraction of the old factory premises.

Attempts to revitalize the site failed several times – mainly because the Dibag company from Munich always planned to demolish the listed substance. In June 2008, Dibag CEO Wolfgang Kasper paid a visit to the Agsta architects in the nearby Ahrberg district because the team had renovated the quarters there, a former sausage

Objekt:	Hanomag-Gelände
Adresse:	Göttinger Straße/Hanomagstraße
Architekten:	Agsta
Bauherr:	Dibag
Baujahr:	2009–2019
Fläche:	ca. 70 000 qm

2

gelegenen Ahrberg-Viertel einen Besuch ab, weil das Team das dortige Quartier, eine ehemalige Wurstfabrik, denkmalgerecht saniert hatte. Die Agsta-Architekten Harald Schulte und Dirk Petersen entwickelten daraufhin ein Konzept, das auf maximalen Erhalt der historischen Industriegebäude setzte.

Die wesentlichen Gebäude bestehen aus einer Stahlskelett-Struktur, die sich durch Rück- und Neuaufbau gut für die neuen Zwecke umgestalten ließ. Vorher waren aber Altlasten zu entsorgen und mussten Nutzer für das riesige Areal gefunden werden.

Unter anderem betreibt die Telekom ihre Niederlassung mit Callcenter im Hanomag-Quartier. Mehrere Handelsgeschäfte ließen sich nieder. Am beeindruckendsten ist das Geschäft des Zweiradhändlers Stadler in der 24 Meter hohen ehemaligen U-Boot-Halle: Die Raumhöhe ist erhalten, die Stahlkonstruktion des Gebäudes von innen ablesbar. Die insgesamt 20.000 Quadratmeter große Halle musste allerdings geteilt werden: 8000 Quadratmeter belegt allein Stadler, den Rest belegen andere Händler. Der Raumeindruck ist trotzdem überwältigend.

Den gemeinsamen Entwicklern von Dibag und Agsta kam zugute, dass die Nachfrage nach Wohnlofts in einer stark kriegszerstörten Stadt wie Hannover nicht befriedigt werden konnte. Teile des Areals konnten daher als Wohnungen nachgenutzt werden. Zudem mietete die Wirtschaftsförderung Hannoverimpuls für junge

factory, in a manner befitting a listed building. Agsta architects Harald Schulte and Dirk Petersen then developed a concept that focused on maximum preservation of the historic industrial buildings.

The main buildings consist of a steel skeleton structure that could be easily reconfigured for the new purposes by means of deconstruction and reconstruction. Before that, however, contaminated sites had to be disposed of and users had to be found for the huge site.

Among others, Telekom operates its branch office with a call center in the Hanomag quarter. Several retail businesses have set up store. The most impressive is the store of the two-wheeler dealer Stadler in the 24-meter-high former submarine hall: The room height has been preserved, and the steel construction of the building can be read from the inside. However, the hall, which covers a total of 20,000 square meters, had to be divided: 8,000 square meters are occupied by Stadler alone, the rest by other dealers. The spatial impression is nevertheless overwhelming.

The joint developers of Dibag and Agsta benefited from the fact that the demand for residential lofts could not be satisfied in a city like Hannover, which had been badly damaged by the war. Parts of the site could therefore be reused as apartments. In addition, the business development agency Hannoverimpuls rented parts of Hall 96 for young companies in the creative industries – a symbolic figure

1 | Neuer Nutzung zugeführt: Das Hanomag-Gelände aus der Blickrichtung Deisterkreisel mit der 1917 erstellten Industrie-Schmuckfassade aus Majolika-Fliesen und den martialischen Arbeiterstandbildern oben auf den Gebäudeecken.

2 | Blick vom Innenhof: Links sind Lofts in den alten Produktionshallen entstanden, flankiert durch einen Neubau. Rechts schließen sich Firmenräume für die Kreativbranche und das Telekom-Callcenter an.

3 | Das Areal von oben: Mittig prangt die riesige U-Boothalle, in der nie ein U-Boot gefertigt wurde, heute aber Fahrräder, Möbel und mehr verkauft werden. Links der Mitte der Hauptzugang mit dem 700 Quadratmeter großen Ernst-Winter-Saal, in dem sich 1946 die SPD neu gründete. Ganz links der spitze Winkel des Hanomag-Areals zum Deisterkreisel.

1 | Put to a new use: The Hanomag site as seen from the Deisterkreisel with the industrial ornamental facade of majolica tiles built in 1917 and the martial workers' statues on top of the building corners.

2 | View from the inner courtyard: On the left, lofts have been created in the old production halls, flanked by a new building. On the right, there is space for creative businesses and the Telekom call center.

3 | The area from above: In the center is the huge U-Boothalle (submarine hall), where no submarine was ever built, but where bicycles, furniture and more are sold today. To the left of center is the main entrance with the 700-square-meter Ernst Winter Hall, where the SPD was reestablished in 1946. On the far left, the acute angle of the Hanomag site to the Deisterkreisel.

HANOMAG

OBI

4

5

4 | Blick in das Telekom-Callcenter – die Anmietung ermöglichte die Wirtschaftlichkeit des Projekts.

5 | Möbelgeschäft in der sogenannten U-Boothalle.

6 | Die Hanomag-Lofts: Der Stahlskelettbau der alten Produktionshallen ist zu mehrgeschossigen Appartements umgebaut. Sie zählen zu den schönsten und teuersten der Stadt.

4 | View of the Telekom call center – the lease enabled the project to be economically viable.

5 | Furniture store in the huge hall of the so-called U-Boothalle.

6 | The Hanomag lofts: The steel skeleton structure of the old production halls has been converted into multi-story apartments. They are among the most beautiful and expensive in the city.

6

Unternehmen der Kreativbranche Teile der Halle 96 an – in Hannover eine symbolträchtige Zahl. Und die Stadt genehmigte an mehreren Stellen bauliche Interventionen – sowohl für mehr Wohnungen als auch für Dienstleistungsansiedlungen. Agsta gelang es, diese so in die Struktur zu integrieren, dass die Industrieanmutung nicht gefährdet war.

Die Schmuckfassade am Deisterkreisel mit wertvoll bemalten Majolika-Fliesen gehört zu den Architekturschätzen der Hanomag in Hannover. Die martialischen Arbeiter-Standbilder am Haupteingang zeugen von der Blut-und-Boden-Ideologie der Nazizeit. Aber zum Hanomag-Gelände gehört auch der Ernst-Winter-Saal, ein im Stil der Fünfzigerjahre restaurierter Versammlungsraum von 800 Quadratmetern, der gleichsam über der alten Hauptzufahrt schwebt. In ihm fand 1946 der erste Parteitag der SPD nach ihrer Wiedergründung statt. So kommen Geschichte und Gegenwart auf dem Gelände zusammen.

in Hannover. And the city approved structural interventions in several places – both for more apartments and for service settlements. Agsta succeeded in integrating these into the structure in such a way that the industrial appearance was not endangered.

The ornamental facade at the Deisterkreisel with its valuable painted majolica tiles is one of the architectural treasures of Hanomag in Hannover. The martial workers' statues at the main entrance bear witness to the blood-and-soil ideology of the Nazi era. But the Hanomag site also includes the Ernst Winter Hall, an 800-square-meter meeting room restored in the style of the 1950s that floats, as it were, above the old main entrance. In 1946, the first party congress of the SPD after its reestablishment took place in this hall. Thus, history and the present come together on the site.

Dragoner-Carrée

Hannover war im Königreich bis 1866 und anschließend als preußische Provinzhauptstadt ein wichtiger Reiterstandort. Von der historischen Bebauung der Reiter- und Kavalleriearchitektur entlang der Vahrenwalder Dragonerstraße sind durch Kriegszerstörungen zwar nur Teile erhalten geblieben. Was aber unzerstört blieb, ist vorbildlich aufgewertet und umgenutzt worden, und vor allem die Neubauergänzungen zeigen, wie sich moderne Architektur stilvoll in ein historisches Quartier einfügen kann.

Auf dem riesigen Gelände des ehemaligen „Königlichen Reit-Instituts zu Hannover" wirtschaften heute etwa der Club Acanto, die Eventlocation Cavallo sowie das Restaurant Basil in stilvoll hergerichteten Backsteinbauten. Ein großer Discounter ist in das Gebäude der Reitbahn eingezogen, im Westteil des Geländes hat die Stadt neben dem Freizeitheim und Hallenbad den Vahrenwalder Park als viel genutzte Stadtteil-Grünanlage eingerichtet.

Schlussstein der Entwicklung im Quartier war die Neuorganisation der Flächen der ehemaligen Holzhandlung Franke zwischen Dragoner- und Rosenbergstraße in den Jahren 2009/2010 durch den Architekten und Projektentwickler Dr. Gert Meinhof. Nach dem Auszug der Holzhandlung sanierte er die beiden vorhandenen Backsteinbauten und setzte behutsam einen Neubauriegel dazwischen, der sich im denkmalgeschützten Quartier architektonisch behauptet, ohne die Altbauten zu überstrahlen.

Errichtet unter Regie des damaligen Baudezernenten Ferdinand Wallbrecht, diente der straßenseitige Bau von 1895 bis zum Krieg als Offizierscasino, der rückwärtige als Reit- und Fechthalle.

Heute sind auf dem etwa 3900 Quadratmeter großen Teilareal außer drei Büros und einer Praxis vor allem 20 Wohnungen eingerichtet, die während der Projektentwicklung nach den Vorstellungen der späteren Nutzer loftartig zugeschnitten wurden. Die Einheiten umfassen Größen von 70 bis 400 Quadratmeter und gehören mit ihren teils mehrgeschossigen Grundrissen zu den Top-Wohnadressen in Hannover – und das bei erschwinglichen Preisen. Ermöglicht wurde das durch eine Umbauplanung, die die Kosten gering hielt. Die reinen Baukosten beliefen sich auf rund 1500 Euro pro Quadratmeter, die Gesamtkosten für die Entwicklung auf 1800 Euro pro Quadratmeter – trotz denkmalgerechter Sanierung der Altbauten und hochwertiger Ausstattung der neu konzipierten Flächen. Entstanden ist ein menschenfreundliches Quartier mit Stil, das historische Vermächtnisse und Neubauten vereint.

Hannover was an important equestrian center in the kingdom until 1866 and subsequently as the Prussian provincial capital. Only parts of the historic equestrian and cavalry architecture along Vahrenwalder Dragonerstraße have been preserved due to war damage. But what remained undestroyed has been upgraded and converted in an exemplary manner, and the new additions in particular show how modern architecture can blend stylishly into a historic neighborhood.

On the huge site of the former "Royal Riding Institute of Hannover," the Club Acanto, the Cavallo event location and the Basil restaurant now operate in stylishly renovated brick buildings. A large discount store has moved into the Reitbahn building, and in the western part of the site the city has established the Vahrenwalder Park as a much-used district green space alongside the leisure center and indoor swimming pool.

The keystone of development in the neighborhood was the reorganization of the areas of the former Franke woodshop between Dragonerstrasse and Rosenbergstrasse in 2009/2010 by architect and project developer Dr. Gert Meinhof. After the timber trade moved out, he renovated the two existing brick buildings and carefully placed a new building in between them, which holds its own architecturally in the listed quarter without overshadowing the old buildings.

Built under the direction of Ferdinand Wallbrecht, then head of the building department, the building on the street side served as an officers' casino from 1895 until the war, while the one at the rear was used as a riding and fencing hall.

Today, in addition to three offices and a medical practice, the approximately 3,900-square-meter subarea primarily houses 20 apartments, which were cut to loft-like proportions during project development according to the ideas of the later users. The units range in size from 70 to 400 square meters and, with their partly multi-story floor plans, are among the top residential addresses in Hannover – at affordable prices. This was made possible by conversion planning that kept costs low. The pure construction costs amounted to around 1,500 euros per square meter, the total costs for the development to 1,800 euros per square meter – despite the listed renovation of the old buildings and high-quality fittings in the newly designed areas. The result is a people-friendly neighborhood with style that combines historical legacies and new buildings.

Objekt:	Dragoner-Carrée
Adresse:	Dragonerstraße 35/37 Rosenbergstraße 18
Architekten:	Dr. Gert Meinhof und Sven Meinhof
Bauherr:	Gert Meinhof
Baujahr:	2010
Fläche:	4000 qm

1 | Behutsam haben die Projektentwickler bei der Revitalisierung der historischen Bebauung ein Wohnhaus ergänzt, das sich architektonisch dem Reiz der alten Reiteranlage unterordnet, mit seinen Dachterrassen und Grünanlagen aber begehrten Wohnraum im urbanen Stadtteil liefert.

2 | Offene Grundrisse, modernes Design: Eine der loftartigen Wohnungen im ehemaligen Dragoner-Casino.

1 | During the revitalization of the historic development, the project developers carefully added a residential building that is architecturally subordinate to the charm of the old equestrian complex, but with its roof terraces and green spaces provides sought-after living space in the urban district.

2 | Open floor plans, modern design: One of the loft-like apartments in the former Dragoon Casino.

1

2

Ahrberg-Viertel

Aus einer ehemaligen Wurstfabrik ist im Stadtteil Linden-Süd zur Jahrtausendwende ein lebendiges Wohn- und Arbeitsquartier entstanden, ein Kiez im Stadtteil, der damals Maßstäbe in Hannover gesetzt hat und unter anderem zum Vorbild für die spätere Entwicklung des Hanomag-Areals wurde.

Ab 1911 fertigte die Firma Fritz Ahrberg auf dem Gelände am heutigen Deisterkreisel ihre Wurst- und Fleischwaren. Die anfangs kleine Fabrik wuchs schnell zu einer Industrieanlage mit Kesselhaus, später kamen auch eine Bettfedernfabrik und eine Fabrikantenvilla hinzu. 1992 geriet Ahrberg wirtschaftlich in Schwierigkeiten, das zwei Hektar große Gelände stand zum Verkauf und verwahrloste zusehends.

Mehrfach planten Investoren eine Übernahme des Areals, wollten aber vor allem abreißen und neu bauen. Der Architekt und Projektentwickler Gert Meinhof entwickelte 1997 ein Konzept für eine behutsame Erneuerung des Quartiers. Die sah den weitgehenden Erhalt der Altbausubstanz vor und dazu ergänzenden Neubau, zugleich eine Einbindung der künftigen Nutzerinnen und Nutzer über Erbpachtverträge, sodass sie als faktische Eigentümer staatliche Eigenheimförderung in Anspruch nehmen konnten.

Mit dem Lindener Architekturbüros Agsta (Arbeitsgemeinschaft für Stadtentwicklung) holte Meinhof eine Investorengruppe als Käufergemeinschaft ins Boot, die aus Privatleuten und der Arbeiterwohlfahrt (Awo) bestand. Gemeinsam revitalisierte man bis zum Jahr 2000 das Areal.

Heute umfasst das Ahrberg-Viertel rund 120 Wohnungen, 15 Büros und Ateliers, ist Standort der Sozialen Dienste der Awo und einer Kita, beherbergt Arztpraxen, ein spanisches Restaurant, eine Tanzcompagnie und einen Supermarkt. Es gilt als Hochburg spanischer Kultur und Kulinarik in Hannover, die durch die Gastarbeitergeneration entstanden ist und das Viertel nicht zuletzt durch den galizischen Kulturverein und das Restaurant Rias Baixas II zum Mittelpunkt spanischer Stadtteilkultur gemacht hat.

Gelungen ist an der Revitalisierung nicht nur das sensible Herausarbeiten der Architekturkleinode, die das Fabrikgelände bietet: vom hohen Schornstein des Kesselhauses über die Direktorenvilla bis zur Fassade der Bettfedernfabrik, die in wiederhergestellter Schönheit strahlt. Gelungen ist ebenso die Einbettung der Neubauten, die sich architektonisch zurückhaltend in das Areal gruppieren.

Je nach Wünschen der künftigen Nutzer ließen die Agsta-Architekten mehrgeschossige Lofts oder offene Grundrisse entstehen. Nahezu jede Wohnung verfügt über Balkon oder Terrasse. Und auch in den neu entstandenen Büros ist der Geist von mehr als 100-jähriger Baugeschichte spürbar. Unter anderem ist das Verkehrsplanungsbüro SHP im Ahrberg-Viertel ansässig, die Computerfirma Addwork und die Multimediaagentur Xenario.

At the turn of the millennium, a former sausage factory in the Linden-Süd district gave rise to a lively residential and working quarter, a neighborhood in the district that set standards in Hannover at the time and became, among other things, the model for the later development of the Hanomag site.

Starting in 1911, the Fritz Ahrberg company manufactured its sausage and meat products on the site at today's Deisterkreisel. The initially small factory quickly grew into an industrial plant with a boiler house, and later a bedspring factory and a factory owner's villa were also added. In 1992, Ahrberg ran into economic difficulties, the two-hectare site was put up for sale and became visibly rundown.

Several investors planned to take over the site, but mainly wanted to demolish and rebuild. In 1997, architect and project developer Gert Meinhof developed a concept for a cautious renewal of the neighborhood. The concept provided for the extensive preservation of the old buildings and the addition of new construction, while at the same time integrating the future users through ground leases so that they, as de facto owners, could take advantage of state subsidies for home ownership.

With the Linden-based architectural firm Agsta (Arbeitsgemeinschaft für Stadtentwicklung), Meinhof brought on board a group of investors as a buying syndicate, consisting of private individuals and the Arbeiterwohlfahrt (Awo). Together, they revitalized the area until the year 2000.

Today, the Ahrberg quarter comprises around 120 apartments, 15 offices and studios, is home to the Awo's social services and a daycare center, and houses doctors' offices, a Spanish restaurant, a dance company and a supermarket. It is considered a stronghold of Spanish culture and cuisine in Hannover, which was created by the generation of guest workers and has made the neighborhood the center of Spanish district culture, not least through the Galician cultural association and the Rias Baixas II restaurant.

The revitalization has not only succeeded in sensitively highlighting the architectural gems that the factory site offers: from the high chimney of the boiler house to the director's villa to the facade of the bed feather factory, which shines in restored beauty. The new buildings, which are grouped into the area in an architecturally restrained manner, have also been successfully integrated.

Depending on the wishes of the future users, the Agsta architects created multi-story lofts or open floor plans. Almost every apartment has a balcony or terrace. And the spirit of more than 100 years of building history can also be felt in the newly created offices. Among others, the traffic planning office SHP is located in the Ahrberg quarter, as is the computer company Addwork and the multimedia agency Xenario.

Objekt:	Ahrberg-Viertel
Adresse:	Plaza de Rosalia 1
Architekten:	Agsta/Gert Meinhof
Bauherr:	Investorengemeinschaft (Awo, Privatleute, Meinhof)
Baujahr:	2000
Fläche:	20 000 qm

1 | Das Ahrberg-Viertel am Deisterkreisel nach dem Umbau von der ehemaligen Wurstfabrik zum Quartier für Wohnen und Arbeiten, Feiern und Leben.

2 | So sah das Gebäude vor der Revitalisierung aus.

1 | The Ahrberg quarter at the Deisterkreisel after the conversion of the former sausage factory into a quarter for living and working, celebrating and living.

2 | This is how the building looked before revitalization.

1

2

3

3 | Ein eigener Kosmos: Das Ahrberg-Viertel zwischen Allerweg (hinten im Bild) und Deisterstraße (links). Der weiße Altbau links oben ist die alte Direktorenvilla, rechts hinten ist der große Schornstein zu erkennen.

4 | Moderne Ergänzung im alten Industriequartier: Die Wohnungen im Ahrberg-Viertel sind begehrt. Die behutsame Art, die Altbausubstanz weiterzuentwickeln, gab den Impuls zur Revitalisierung des nahen Hanomag-Areals.

3 | A cosmos of its own: The Ahrberg neighborhood between Allerweg (in the back of the picture) and Deisterstraße (left). The white old building at the top left is the old directors' villa; the large chimney can be seen at the back right.

4 | Modern addition to the old industrial quarter: The apartments in the Ahrberg quarter are in high demand. The careful way in which the old building substance was further developed provided the impetus for the revitalization of the nearby Hanomag site.

4

Bauwerke 2005–2009
Buildings 2005–2009

VGH-Quartier

1

2

Die hannoverschen VGH-Versicherungen, größte öffentliche Assekuranz Niedersachsens, haben ihr Quartier im Warmbüchenviertel in den vergangenen 50 Jahren beständig ausgebaut. An den Gebäudeensembles lässt sich, gewissermaßen als Architektur-Stilkunde, die Entwicklung städtebaulicher Formensprache und der Büroorganisation zwischen den Siebzigerjahren und dem Beginn des neuen Jahrtausends exemplarisch ablesen. Aktuellster Baustein sind die spitz fragmentierten Bürokomplexe, die das hannoversche Büro ASP Schneider Meyer Partner zwischen Warmbüchenkamp und Bertastraße in der ersten Dekade entworfen hat.

Der erste Bauabschnitt des Quartiers ist ein wabenförmiger Großraumbürokomplex aus der Feder des Architekturbüros Henn am Schiffgraben. Für ihn musste 1972 ein markanter Vorkriegsbau von 1890 weichen – im Hannover der Siebzigerjahre ging man mit der wenigen noch vorhandenen Altbausubstanz wenig zimperlich um. Was damals vom Büro Henn als zeittypische Architektur neu geschaffen wurde, überlebte sich allerdings auch wieder schnell: Energetisch sind solche Großstrukturen nicht mehr zeitgemäß und die Tiefe der Großraumbüros machte eine Tageslicht-Belichtung vieler im Inneren gelegenen Arbeitsplätze unmöglich.

Es ist aber der Verdienst der VGH, dass sie den Siebzigerjahrebau in den Neunzigerjahren nicht erneut abriss, sondern weiterentwickelte. Ein besonderer Kunstgriff war dabei, im Mittelpunkt des Gebäudes einen Lichtschacht einzuschneiden und so den inneren Aufbau neu zu organisieren. Entstanden ist dadurch ein großzü-

The Hannover-based VGH insurance company, the largest public insurance company in Lower Saxony, has steadily expanded its quarter in the Warmbüchenviertel district over the past 50 years. The building ensembles are an example of the development of urban design and office organization between the 1970s and the beginning of the new millennium. The most recent building block is the pointedly fragmented office complexes designed by the Hannover office ASP Schneider Meyer Partner between Warmbüchenkamp and Bertastraße in the first decade.

The first construction phase of the quarter is a honeycomb-shaped open-plan office complex from the pen of the Henn architectural office on Schiffgraben. In 1972, a striking pre-war building from 1890 had to make way for it – in Hannover in the 1970s, the few remaining old buildings were not treated with much squeamishness. What was newly created by the Henn office as architecture typical of the time, however, quickly outlived its usefulness: from an energy point of view, such large structures are no longer up to date, and the depth of the open-plan offices made daylight illumination of many of the workplaces located in the interior impossible.

However, it is to VGH's credit that it did not demolish the seventies building again in the 1990s, but instead developed it further. A special trick was to cut a light well in the center of the building and thus reorganize the internal structure. The result was a spacious gallery staircase, with seminar and workshop rooms and seating areas grouped around its edges. The voluminous building was

Objekt:	**VGH-Quartier**
Adresse:	**Schiffgraben 4**
Architekten:	**ASP Schneider Meyer Partner**
Bauherr:	**Landschaftliche Brandkasse der VGH-Versicherungen**
Baujahr:	**2009**
Fläche:	**23 500 qm**

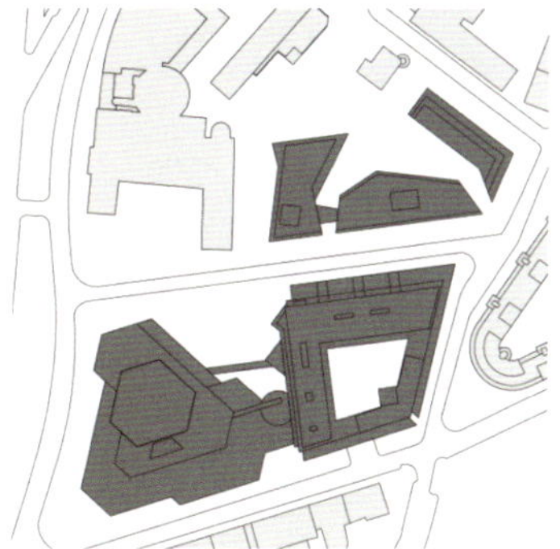

1 | Entlang dem Warmbüchenkamp hat die VGH ihren Stammsitz erweitert.

2 | Hinter dem Eingang zum Veranstaltungsbereich dehnt sich das 90 Meter lange Kunstwerk „Die Farben der Niedersachsen".

1 | Along Warmbüchenkamp, VGH has expanded its headquarters.

2 | Behind the entrance to the event area stretches the 90-meter-long artwork "The Colors of Lower Saxony.

3

4

giges Galerie-Treppenhaus, an dessen Rändern sich Seminar- und Workshopräume sowie Sitzgelegenheiten gruppieren. Dem voluminösen Bauwerk wurde so die innere Tiefe genommen, es bleibt weiter nutzbar.

Parallel dazu entstand ab 1995 der erste große Erweiterungsbau entlang des Warmbüchenkamps nach Plänen der Architektengemeinschaft Leonhardt-Schirmer-Meyer, der mit einem runden „Gelenk" feingliedrig an das Bestandsgebäude angeschlossen ist. Die Rotunde enthält einen der schönsten Tagungssäle Hannovers.

In der ersten Dekade des neuen Jahrtausends dann erweiterten die VGH-Versicherungen ihr Quartier erneut, diesmal auf die gegenüberliegende Seite des Warmbüchenkamps. Die Architekten ASP Schneider Meyer Partner entwarfen für das 8000 Quadratmeter große Grundstück ein aus drei Gebäudekörpern bestehendes, spitzwinkliges Ensemble, von denen zwei mit einer Brücke verbunden sind. Die beiden Bürobauten mit großen Veranstaltungsflächen im Erdgeschoss sind mit Glasplatten in unterschiedlichen Grüntönen verkleidet, markant sind die vertikalen Verschattungslamellen vor den Fenstern. Der dritte Gebäudekörper trägt eine Natursteinfassade und beinhaltet in den Obergeschossen acht Wohnungen auf 1400 Quadratmetern, darunter residiert unter anderem der Landesfeuerwehrverband.

Im Inneren sind die Bürowelten geprägt von viel Glas und

thus deprived of its inner depth and remains usable.

At the same time, the first large extension along the Warmbüchenkamp was built from 1995 onwards according to plans by the Leonhardt-Schirmer-Meyer architects' association, which is delicately connected to the existing building with a round "joint". The rotunda contains one of Hannover's most beautiful conference halls.

Then, in the first decade of the new millennium, the VGH insurance companies expanded their quarters again, this time to the opposite side of Warmbüchenkamp. The architects ASP Schneider Meyer Partner designed an acute-angled ensemble of three buildings for the 8,000-square-meter site, two of which are connected by a bridge. The two office buildings with large event areas on the first floor are clad with glass panels in different shades of green; the vertical shading slats in front of the windows are a striking feature. The third building structure has a natural stone facade and contains eight apartments on 1400 square meters on the upper floors, including the state fire department association.

Inside, the office worlds are characterized by a lot of glass and transparency. And as is customary for VGH, art on the building was also used in the new buildings. Raimund Kummer's "Prosopagnostic Net" shines in the stone courtyard. In the foyer of the new building (and easily visible from Warmbüchenkamp), Timm Ulrich's "Colors of Lower Saxony" has been installed, a Lego-colored box mosaic an

5

Transparenz. Und wie für die VGH üblich, ist auch bei den Neubauten Kunst am Bau zum Einsatz gekommen. Im steinernen Innenhof strahlt Raimund Kummers „Prosopagnostisches Netz“. Im Foyer des Neubaus (und vom Warmbüchenkamp aus gut zu sehen) sind Timm Ulrichs „Farben der Niedersachsen“ installiert, ein legofarben-buntes Kästchenmosaik auf beeindruckenden 90 Metern Breite. Funfact: 37 Prozent der Niedersachsen haben Blau als Lieblingsfarbe, Rot wird am zweithäufigsten genannt, für Grün votierten 17 Prozent. Diese Verteilung spiegelt das Mosaik.

impressive 90 meters wide. Fun fact: 37 percent of the people of Lower Saxony have blue as their favorite color, red is named second most often, and 17 percent voted for green. This distribution reflects the mosaic.

3 | Blick in die Kunstgalerie der VGH gegenüber den Neubauten.

4 | Entrée bei Niedersachsens ältester Versicherung.

5 | Die Fassaden sind aus mattgrün- und -blau schimmerndem Recyclingglas gefertigt, ein dritter Baukörper mit Natursteinfassade fügt rückwärtig das Ensemble um einen Innenhof: Die von den ASP-Architekten entworfenen Erweiterungsbauten der VGH im Warmbüchenviertel setzen deutliche Akzente.

3 | View of the VGH art gallery opposite the new buildings.

4 | Entrée at Lower Saxony's oldest insurance company.

5 | The facades are made of recycled glass shimmering in matte green and blue, a third structure with a natural stone facade adds to the ensemble around an inner courtyard at the rear: The VGH extension buildings in the Warmbüchenviertel designed by ASP architects set clear accents.

VHV-Zentrale

Imposant spitzwinklig und dank bedruckter Glasfassaden sehr transparent: Die Vereinigte Hannoversche Versicherung (VHV-Gruppe) hat sich 2009 im Norden des Pelikan-Quartiers eine neue Hauptverwaltung errichten lassen. Nach Plänen des hannoverschen Büros BKSP Grabau Obermann Ronczka und Partner ist gegenüber der bisherigen Zentrale ein Neubau mit dreiteiligem Baukörper entstanden, der durch ein gemeinsames Atrium verbunden ist.

Siebengeschossig ragt der Versicherungsbau an der Ecke von Günter-Wagner-Allee und Constantinstraße hervor. Es ist ein verdichteter, urbaner Bürobau, der trotz einer Bruttogeschossfläche von 35.000 Quadratmetern im Inneren kurze Wege zulässt. Sie werden ermöglicht durch Stege und Treppen mit transparenten Brüstungen, die die einzelnen Gebäudeteile und Etagen verbinden.

Das Atrium empfängt Beschäftigte und Besucher ätherisch in weiß und grau gehalten. Vor allem abends lohnt ein Besuch: Dann kommt das Lichtkonzept voll zum Tragen, das unter anderem mit leuchtenden Aufzügen Akzente setzt. Was man nicht sieht: Mit Erdsonden und dreifachverglaster Fassade ist das Gebäude auch energetisch voll auf Höhe der Zeit.

Der VHV-Neubau ist ein Baustein zur Wiederbelebung des ehemaligen Pelikan-Quartiers. 1906 hatte der weltweit bekannte Füllfederhalter-Hersteller das große Gelände zwischen Eilenriede und Mittellandkanal in der List mit Produktions- und Büroanlagen bebaut. 1991 zog sich der inzwischen zerschlagene Schreibwarenkonzern weitgehend von dem Areal zurück.

Die historischen Altbauten sind längst stilvoll saniert (Architekt: Dieter Neikes) und neuen Nutzungen zugeführt, unter anderem für das Pelikan-Sheraton-Hotel. In den Folgejahren entstanden große Bürokomplexe im Westen und das Gundlach-Wohnquartier „Vier" im Norden des Areals. Die VHV-Hauptverwaltung ist einer der wichtigen architektonischen Akzente in dem wiederbelebten Quartier.

Imposingly pointed and very transparent thanks to printed glass facades: Vereinigte Hannoversche Versicherung (VHV Group) had a new headquarters built in the north of the Pelikan Quarter in 2009. According to plans by the Hannover-based firm BKSP Grabau Obermann Ronczka und Partner, a new building with a three-part structure was erected opposite the previous headquarters, connected by a common atrium.

The seven-story insurance building stands out at the corner of Günter-Wagner-Allee and Constantinstrasse. It is a condensed, urban office building that allows short distances inside despite a gross floor area of 35,000 square meters. These are made possible by walkways and staircases with transparent balustrades that connect the individual building sections and floors.

The atrium welcomes employees and visitors ethereally in white and gray. A visit is particularly worthwhile in the evening: that's when the lighting concept comes into its own, setting accents with illuminated elevators, among other things. What you can't see: With geothermal probes and a triple-glazed facade, the building is also fully up to date in terms of energy.

The new VHV building is a building block in the revitalization of the former Pelikan Quarter. In 1906, the world-famous fountain pen manufacturer built production and office facilities on the large site between Eilenriede and the Mittelland Canal in List. In 1991, the now defunct stationery company largely withdrew from the site.

The historic old buildings have long since been stylishly renovated (architect: Dieter Neikes) and put to new uses, including the Pelikan Sheraton Hotel. In subsequent years, large office complexes were built in the west and the Gundlach "Vier" residential quarter in the north of the site. The VHV headquarters is one of the important architectural accents in the revitalized quarter.

Objekt:	VHV-Hauptverwaltung
Adresse:	VHV-Platz 1
Architekten:	BKSP Grabau Obermann Ronczka und Partner
Bauherr:	Hannoversche Lebensversicherung (VHV-Gruppe)
Baujahr:	2009
Fläche:	35 000 qm

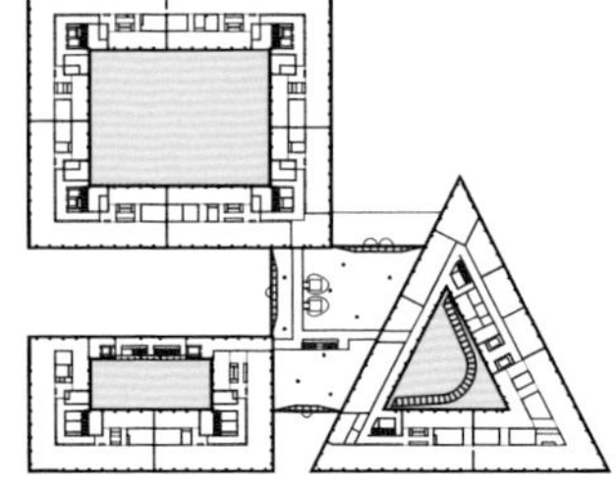

1 | Bedrucktes Glas in spitzen Winkeln: Die VHV-Zentrale an der Lister Constantinstraße/ Ecke VHV-Platz.

2 | Imposant: Das Atrium verbindet die Gebäudeteile.

1 | Printed glass at acute angles: The VHV headquarters on the corner of Constantinstraße and VHV-Platz in Lister.

2 | Imposing: The atrium connects the building sections.

1

2

3

3 | Klare Struktur: Die BKSP-Architekten haben ein Gebäude mit Wiedererkennungswert geschaffen.

4 | Aufzüge als Stylingelemente: Die schimmernden Türme dominieren das Atrium.

3 | Clear structure: BKSP architects have created a building with recognition value.

4 | Elevators as styling elements: The shimmering towers dominate the atrium.

4

Ricoh-Neubau

Wer Hannover nach Norden in Richtung Flughafenstadt Langenhagen verlässt, dem reckt sich kurz vor der Stadtgrenze ein Bürohaus mit gewundener Klinkerfassade entgegen: die Deutschlandzentrale des Bürotechnikherstellers Ricoh. Sie gehört zum Ensemble mehrerer Büro- und Gewerbebauten, die auf dem Gelände der ehemaligen Langenhagen Barracks seit der Aufgabe der militärischen Nutzung entstanden sind.

An die Ricoh-Zentrale schließen sich im Verlauf der Vahrenwalder Straße die Verwaltung der GE-Money-Bank an sowie das verglaste Gebäude des Aufzugsherstellers Kone. Alle drei Bürobauten sind eine Projektentwicklung der hannoverschen bauwo Grundstücksgesellschaft, entworfen vom Büro Martienssen Architekten+Ingenieure, die für die bauwo auch mehrere Bürobauten an der östlichen Ausfallstraße Hannovers konzipiert haben, der Hans-Böckler-Allee.

Architektonisch erhält der Ricoh-Bau seine Dynamik nicht nur durch die runde, verglaste Ecke an der Kreuzung zum Industrieweg, sondern durch den fortgesetzten Rückschwung der Klinkerfassade. Der setzt sich im Verlauf der Vahrenwalder Straße wellenförmig bis zum zweiten Bauabschnitt, der GE Money Bank, fort.

Der drei Jahre später fertiggestellte Neubau für Kone dagegen setzt sich auch optisch deutlich ab mit seiner durch Fensterbänder klar gegliederten Fassade. Rückwärtig wird das Areal arrondiert durch ein Distributionszentrum der Ricoh-Tochtermarke Nashuatec, ein Parkhaus sowie ein Schulungszentrum für Kone, in dem Aufzugstechniker fortgebildet werden.

Die bauwo hat zudem im Jahr 2021 den Zuschlag erhalten, für die Stadt Hannover das neue Stadtarchiv mit Museums-Magazinen in unmittelbarer Nachbarschaft zu errichten. Der Neubau entsteht bis voraussichtlich 2023 auf dem nördlichsten Grundstück des Areals.

Damit sind nahezu alle Flächen auf dem ehemaligen Militärgelände neu genutzt. Bis 1994 waren auf dem 17 Hektar großen Areal Teile der britischen Rheinarmee stationiert. 2002 fiel der Ratsbeschluss zur Konversion, die kommunale HRG sollte das Gelände federführend entwickeln. Seitdem haben sich zwischen Langenhagen und dem Brinker Industriehafen am Mittellandkanal unter anderem Elektro-Großhändler Sonepar, das Reifenunternehmen Hancock, Linde-Gas sowie der Sanitär-Großhändler Wiedemann niedergelassen. Im Inneren des Gebiets hat die bauwo zudem für das Kabelunternehmen Lapp ein 17.500 Quadratmeter großes Logistikzentrum entwickelt.

If you leave Hannover to the north in the direction of the airport city of Langenhagen, you will see an office building with a winding clinker facade just before the city limits: the German headquarters of the office technology manufacturer Ricoh. It is part of the ensemble of several office and commercial buildings that have been built on the site of the former Langenhagen Barracks since it was given up for military use.

Adjacent to the Ricoh headquarters on Vahrenwalder Strasse are the administrative offices of GE Money Bank and the glazed building of elevator manufacturer Kone. All three office buildings are a project development of the Hannover-based bauwo Grundstücksgesellschaft, designed by Martienssen Architekten+Ingenieure, who also designed several office buildings for bauwo on Hannover's eastern arterial road, Hans-Böckler-Allee.

Architecturally, the Ricoh building gets its dynamism not only from the round, glazed corner at the intersection with Industrieweg, but also from the continued sweep back of the clinker facade. This continues undulating along Vahrenwalder Strasse to the second construction phase, the GE Money Bank.

The new building for Kone, completed three years later, on the other hand, is visually distinct with its clearly structured facade of window bands. To the rear, the site is rounded off by a distribution center for Ricoh's Nashuatec subsidiary, a parking garage and a training center for Kone, where elevator technicians receive further training.

In 2021, bauwo was also awarded the contract to build the new city archive with museum magazines in the immediate vicinity for the city of Hannover. The new building is expected to be constructed on the northernmost plot of the site by 2023.

This will mean that almost all the land on the former military site will have been put to new use. Until 1994, parts of the British Army of the Rhine were stationed on the 17-hectare site. In 2002, the council decided to convert the site, and the municipal HRG was to take the lead in developing it. Since then, electrical wholesaler Sonepar, tire company Hancock, Linde-Gas and sanitary wholesaler Wiedemann, among others, have settled between Langenhagen and Brinker Industriehafen on the Mittellandkanal. Inside the area, bauwo has also developed a 17,500-square-meter logistics center for the cable company Lapp.

Objekt:	Bürobauten für Ricoh und Kone
Adresse:	Vahrenwalder Straße 315/315a, 317
Architekten:	Martienssen
Bauherr:	bauwo
Baujahr:	2003/2004 sowie 2007
Fläche:	26 400 qm Büro, 2000 qm Schulungsfläche, 6900 qm Distributionshalle

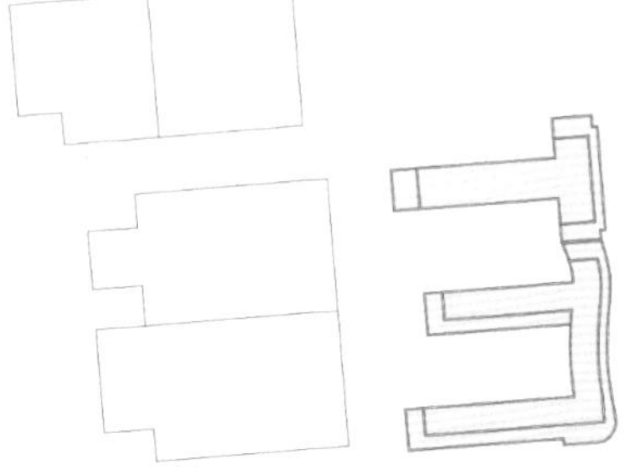

1

2

1 | Prominenter Bau an markanter Ecke: Die Zentrale von Ricoh-Deutschland an der Ausfallstraße zum Flughafen.

2 | Die runde Ecke des Gebäudes setzt sich im Verlauf der Vahrenwalder Straße mit sanftem Schwung fort.

1 | Prominent building on a prominent corner: Ricoh Germany's headquarters on the arterial road to the airport.

2 | The round corner of the building continues along Vahrenwalder Strasse with a gentle curve.

Torhaus am Aegi

Das Hängehaus am Aegi zählt zu den ungewöhnlichsten und statisch aufwendigsten Neubauten des neuen Jahrtausends in Hannover. Der vordere Teil des Glasgebäudes scheint über dem Aegidientorplatz zu schweben. Und das Faszinierende ist: Er hängt tatsächlich nur an dünnen Stahlstreben und -gelenken. Würde man sie kappen, fiele der Gebäudeteil auf den Platz.

Das „Torhaus" steht nicht nur an prominenter Stelle, sondern auch an problematischer. Unter dem Hängehaus befindet sich der Zugang zu einer der großen U-Bahnstationen der Innenstadt. Statisch ließ sich das Gebäude darauf nicht errichten, also musste eine Sonderkonstruktion her: Fünf Betonstützen an der Rückseite des Hängeteils ragen neben der U-Bahnstation 28 Meter tief in den Boden und damit es nicht kippt, ist es am Dach mit einer aufwendigen Stahlverbindung aufgehängt.

Der Entwurf für das ungewöhnliche Gebäude stammt vom hannoverschen Architekturbüro SEP|Architekten Bockelmann Klaus (damals: Storch Ehlers Partner), dessen Team es für die einst landeseigene Immobiliengesellschaft Nileg konzipierte. Die Statik wurde vom Ingenieur Hans-Jürgen Vogel (Vogel Ingenieure im Bauwesen; damals: Eilers&Vogel) berechnet. Ein kompliziertes System von Gewicht und Gegengewicht, Druck und Schubkräften hält das Hängehaus im Lot und ist dabei so flexibel, dass Bewegungen – etwa durch Temperatur oder Lastenbewegungen – aufgefangen werden, ohne dass Risse oder Brüche in der Konstruktion entstehen.

Stadträumlich ist das gläserne Gebäude ein gutes Pendant zur Zentrale der Nord/LB im weiteren Verlauf des Friedrichwalls. Es ordnet sich dem gestapelten Glasturm östlich vom Aegi zwar unter, ist aber selbst markant genug, um ihm eine starke Attraktivität entgegenzusetzen. Besonders schön ist die Perspektive aus der Achse der Georgstraße: Wer vom Kröpcke kommt und sich in Richtung Aegi bewegt, kann durch den Freiraum zwischen Haupt- und Hängebäude hindurchblicken und dabei die filigrane Stahlkonstruktion bewundern.

Das Gesamtgebäude zieht sich entlang der Sieb- bis zur Höltystraße und umfasst insgesamt 9267 Quadratmeter Bruttogeschossfläche, davon 1450 Quadratmeter im Hängehaus – insgesamt sind es dort 5039 Kubikmeter umbauter „hängender" Raum. Im Erdgeschoss sind Handelsflächen realisiert, ansonsten Büronutzungen. Die Räume im Hängeteil des Hauses über dem Aegidientorplatz zählen zu den schönsten „Büros mit Aussicht" Hannovers.

Architecture is about taking the special features of a place and using them to find a suitable response to the demands of the time. One building in which this has been very visibly achieved is the striking new building of the List Group at the corner of Vahrenwalderstrasse and Philipsbornstrasse.

The urban situation there has been characterized since 1871/74 by the concisely curved factory building of Continental AG, which winds along Philipsbornstrasse for about 300 meters. For decades, the opposite corner lot was occupied by low, rather provisional-looking post-war buildings, including a diner-restaurant.

The Berlin architect Hilde Léon developed a new building for the List Group from Nordhorn, which with convex curves is a counterpart to the Conti rounding. At the laying of the foundation stone, she spoke of a „concept of rounded triangles instead of aggressive corners."

The building rises five stories with an elaborately fragmented brick facade, below which are two levels of underground parking. The original plan to roof the staircase in front of the Werderstraße subway station with a ceiling projection above the main entrance was later dropped. The projection is now smaller, but still draws the viewer into the building.

The different window formats on the three uppermost floors require some getting used to. They help to prevent the building from appearing monotonous – although this effect is actually already achieved by the curves and the rich brick ornamentation. On the second floor, however, the wide band of windows reveals a special feature: curved panes are used, a sign that the client is not afraid of additional costs, from which the architectural quality benefits. Curved panes are considerably more expensive than straight surfaces.

On the first floor, a Rewe market with a bakery branch and a dm drugstore were won as users. The residential quarters at the inner-city end of Vahrenwalder Strasse previously lacked shopping opportunities, so the planning also closed a gap in the city's retail concept. It stipulates that, as far as possible, no one in Hannover should have to walk more than 500 meters to the nearest store selling everyday goods.

Other users include the B&B hotel chain with 150 beds on the two upper floors, and below that the Design-Offices company offers 6700 square meters of coworking office space.

The Continental ensemble (which also includes the neighboring old Continental administration building, built between 1912 and 1914 to designs by Peter Behrens) has found a worthy counterpart in the office and commercial building.

Objekt:	Torhaus am Aegi
Adresse:	Aegidientorplatz 2B
Architekten:	SEP | Architekten Bockelman, Klaus
Bauherr:	Nileg
Baujahr:	2007
Fläche:	9267 qm (davon 1450 qm im Hängeteil)

1

2

1 | Eine fünfgeschossige Glasbrücke verbindet das Bürohaus (rechts) mit dem Hängehaus am Aegi (links).

2 | Imposante Befestigung: Die Stahlstreben über der Dachkonstruktion stabilisieren den Hängeteil.

1 | A five-story glass bridge connects the office building (right) with the suspended building on the Aegi (left).

2 | Imposing attachment: The steel struts above the roof structure stabilize the suspended section.

Madsack-Medienzentrum

Auf den ersten Blick scheint die Glasfassade im Neubaubereich des Madsack-Medienzentrums „nur“ türkis zu schimmern. Wer sich dem Bauwerk aber nähert, entdeckt ein seltsames Changieren der Farben. Grund ist eine Überlagerung der Colorierung in der sogenannten Interferenz-Fassade, die von den Mailänder Designern und Architekten Alessandro und Francesco Mendini entworfen wurde.

Der Neubaubereich entlang der Langen Laube und Stiftstraße komplettiert seit 2007 das Medienzentrum von Niedersachsens größtem Verlagshaus. Historisches Herzstück ist das 1928 von Fritz Höger entworfene Anzeiger-Hochhaus mit der Kupferkuppel, das zusammen mit seinem Chile-Haus in Hamburg zu den wichtigsten Bauwerken des Backsteinexpressionismus in Norddeutschland zählt. Die Madsack-Mediengruppe hat das Quartier in den vergangenen Jahrzehnten kontinuierlich erweitert und revitalisiert. Heute sind dort außer Zeitungs- und Onlinemedien auch Radiosender und Medienagenturen wie dpa und andere Einrichtungen ansässig.

2007 beauftragte Madsack die Mailänder Designbrüder mit einem Architekturkonzept für die damals eher schlichten Nachkriegsbauten, die das Medienzentrum im Südosten des Areals arrondierten. Sie konzipierten eine fünfstöckige Glasfassade vor das Mauerwerk mit gelblich schimmernden Turmrisaliten, bekrönt von goldenen Spitzkegeln und einem umlaufenden Farbband in Orange – Postmoderne in Reinform, eine Farbschlacht der Designer, die unter anderem mit ihren Entwürfen für Alessi bekannt wurden.

Die Besonderheit aber ist die Interferenz der Fassade. Sie besteht aus zwei Glasschichten, wobei die vordere türkis bedruckt ist, die hintere mit gelben Linien. Je nach Blickwinkel schimmert die hintere Glashaut auf andere Weise hervor, was dem Baukörper eine wohltuend-irritierende Unruhe verleiht.

Die Mendini-Brüder hatten erstmals 1997 in Hannover städtebauliche Akzente gesetzt, als sie für das Nahverkehrsunternehmen Üstra eine Haltestelle am Steintor designten. 1700 gelb-schwarze Würfel prägen die Bauten, die ursprünglich als Stadtbahnhaltestelle dienten und seit einem Umbau 2018 Busstops sind. Gekrönt werden sie von goldenen Spitzkegeln – ein Motiv, das am Medienzentrum erfolgreich wieder auftaucht.

At first glance, the glass facade in the new building of the Madsack Media Center seems to "only" shimmer turquoise. But anyone approaching the building discovers a strange alternation of colors. The reason for this is a superimposition of colors in the so-called interference facade, which was designed by Milanese designers and architects Alessandro and Francesco Mendini.

Since 2007, the new building along Lange Laube and Stiftstrasse has completed the media center of Lower Saxony's largest publishing house. The historic centerpiece is the Anzeiger high-rise with its copper dome, designed by Fritz Höger in 1928, which, together with his Chile-Haus in Hamburg, is one of the most important brick expressionist buildings in northern Germany. The Madsack media group has continuously expanded and revitalized the quarter over the past decades. Today, in addition to newspaper and online media, radio stations and media agencies such as dpa and other facilities are located there.

In 2007, Madsack commissioned the Milan design brothers with an architectural concept for the then rather plain post-war buildings that rounded out the media center in the southeast of the area. They designed a five-story glass facade in front of the masonry with yellowish shimmering tower risalites, crowned by golden pointed cones and a surrounding color band in orange – postmodernism in its purest form, a color battle of the designers, who became famous among other things with their designs for Alessi.

The special feature, however, is the interference of the facade. It consists of two layers of glass, the front one printed in turquoise, the back one with yellow lines. Depending on the angle of view, the rear glass skin shimmers out in a different way, giving the building a pleasantly irritating restlessness.

The Mendini brothers first set urban accents in Hannover in 1997, when they designed a bus stop at the Steintor for the public transport company Üstra. 1700 yellow and black cubes characterize the buildings, which originally served as a light rail stop and have been bus stops since a 2018 conversion. They are crowned by golden pointed cones – a motif that successfully reappears at the media center.

Objekt:	Madsack-Medienzentrum
Adresse:	Lange Laube/Stiftstraße
Architekten:	Alessandro und Francesco Mendini
Bauherr:	Madsack-Mediengruppe
Baujahr:	2007
Fläche:	2600 qm

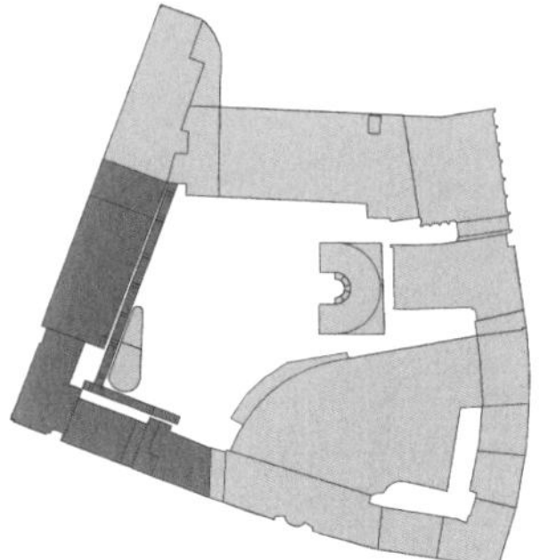

1

2

1 | Postmoderne mit goldenen Kegeln: Je nach Blickrichtung changiert der Grünton der Fassade. Der Neubau nach Entwürfen der Mendini-Brüder arrondiert das Medienzentrum an der Langen Laube.

2 | Das Motiv der goldenen Dachkegel ist die Wiederholung eines Gestaltungselements von Alessandro Mendini, das er bereits 1994 als Bekrönung der nahen Busstops am Steintor einsetzte.

1 | Postmodernism with golden cones: The green hue of the facade changes depending on the viewing direction. The new building designed by the Mendini brothers completes the media center on Lange Laube.

2 | The motif of the golden roof cones is a repetition of an element of the Üstra bus stops at Steintor, which Alessandro Mendini created in 1994.

So wohnt Hannover
This is how Hannover lives

1

Auch im Wohnungsbau hat sich viel getan im neuen Jahrtausend in Hannover. Sowohl architektonisch als auch konzeptionell hat sich die Stadt sehr gewandelt. Allerdings bis auf wenige Ausnahmen sehr bodenständig: Der Mainstream des hannoverschen Neubaus weit ist entfernt von verspielten und teils schrägen Formen, wie sie etwa in den Niederlanden und Dänemark, aber immer öfter auch in Südwestdeutschland und den deutschen Metropolen zu sehen sind. Hannover baut eher konventionell – mit Blick fürs Wesentliche, aber immer wieder mit schönen Details. Einige besondere Projekte sollen hier vorgestellt sein.

Insgesamt ist der Wohnungsmarkt vor allem in der zweiten Dekade von einem starken Nachholbedarf geprägt. Zur Weltausstellung Expo 2000 war insbesondere am Kronsberg nahe dem Messegelände noch intensiv Wohnungsbau betrieben worden. Dort wies die Stadt in den Neunzigerjahren ein besonders ökologisches Neubaugebiet mit 3150 Wohnungen aus, die zunächst überwiegend für Expo-Beschäftigte genutzt werden sollten, später für die hannoversche Bevölkerung. Auf diesem Neubaupolster ruhte sich die Stadt dann lange aus – zu lange.

Ab den 2010erjahren stieg die Bevölkerungszahl in Hannover entgegen allen Prognosen wieder stark an, vor allem durch Zuzug aus ländlichen Gebieten und Zuwanderung aus dem europäischen und außereuropäischen Ausland. Innerhalb von knapp zehn Jahren, von 2011 bis Mitte 2020, wuchs die Zahl der Einwohnerinnen und Einwohner von knapp 506.500 auf gut 540.000 – ein Plus von fast 35.000 Menschen. Die Stadt aber kam mit dem Neubau nicht hinterher. Anfangs wurden teilweise nur 250 Wohnungen pro Jahr errichtet. Daraus resultierte ein Mangel, der die Leerstandsquoten nach unten und die Suchzeiträume für Familien dramatisch nach oben trieb.

Ab 2013 begann die Stadt auf Druck der Ratsmehrheiten, Wohnungsbauförderprogramme und -offensiven aufzulegen und brachte so die Zahl der Baugenehmigungen in der Mitte des Jahrzehnts auf zunächst 1000 pro Jahr, später auf bis zu 1800 pro Jahr. Doch bis die Bauprojekte dann wirklich in großer Zahl umgesetzt wurden, dauerte es noch weitere Jahre.

Immerhin: Zum Beginn des dritten Jahrzehnts drehen sich die Kräne über der Wasserstadt Limmer, einer alten Industriebrache zwischen Kanalarmen (erster Bauabschnitt: 550 Wohnungen), und auch bei der Erweiterung des Kronsberg-Neubaugebiets mit dem Kunstnamen Kronsrode (bis zu 3500 Wohnungen) geht es inzwischen sichtbar voran.

Prägend für den Großteil dieser neuen Wohnbauprojekte ist der Backsteinstil. Uwe Bodemann, Stadtbaurat von 2008 bis 2020, forcierte ihn als Reminiszenz an die Backsteintradition der hannoverschen Architekturschule. Für die großen Neubaugebiete wie Kronsberg oder Wasserstadt ließ die Verwaltung zudem regelrechte Gestaltungshandbücher entwickeln, die vom Pflaster bis zur Sitzbank, von der Auswahl der Ziegelfarben bis zur Straßenlaterne zahlreiche Details festlegen.

A lot has also happened in residential construction in Hannover in the new millennium. Both architecturally and conceptually, the city has changed a great deal, even if the mainstream of Hannover's new construction is far removed from the playful and sometimes quirky forms that can be seen in the Netherlands and Denmark, for example, but also increasingly in southwestern Germany and the German metropolises. Hannover builds in a very down-to-earth way - with an eye for the essential, but increasingly also with pizzazz. Some special projects shall be presented here.

Overall, the housing market is characterized by a strong pent-up demand, especially in the second decade. At the time of the Expo 2000 world exhibition, intensive residential construction was still underway, especially on the Kronsberg near the exhibition grounds. In the 1990s, the city designated a particularly ecological new development area there with 3,150 apartments, which were initially to be used primarily for Expo employees, and later for the Hannoverian population. The city then rested on this new construction cushion for a long time – too long.

Starting in the 2010s, the population in Hannover rose sharply again, contrary to all forecasts, primarily due to an influx from rural areas and immigration from other European and non-European countries. Within just under ten years, from 2011 to mid-2020, the number of residents grew from just under 506,500 to a good 540,000 - an increase of almost 35,000 people. But the city did not keep up with new construction. Initially, only 250 apartments were built per year in some cases. This resulted in a shortage that drove vacancy rates down and search periods for families up dramatically.

Starting in 2013, under pressure from council majorities, the city began to launch housing development programs and offensives, bringing the number of building permits in the middle of the decade to an initial 1,000 per year, and later up to 1,800 per year. But it took several more years before construction projects were actually implemented in large numbers.

Nevertheless, at the beginning of the third decade, the cranes are turning over Wasserstadt Limmer, an old industrial wasteland between canal arms (first construction phase: 550 apartments), and the expansion of the Kronsberg new construction area with the artificial name Kronsrode (up to 3,500 apartments) is also progressing visibly in the meantime.

The brick style is characteristic for the majority of these new housing projects. Uwe Bodemann, city planning commissioner from 2008 to 2020, pushed it as a reminiscence of the brick tradition of the Hannover School of Architecture. For the large new development areas such as Kronsberg or Wasserstadt, the administration also had regular design manuals developed that specify numerous details, from paving to benches, from the choice of brick colors to street lamps.

Other construction areas, on the other hand, developed rather wildly. For example, the Ohehöfe, an urban building community with 135 residents on the banks of the Ihme. Or the new Ecovillage eco-

1 | Vielfalt im Wohnungsbau: Am Mittellandkanal hat die Wohnungsgenossenschaft Herrenhausen vier Punkthäuser unter dem Namen „Listholzer Uferblicke“ errichten lassen. Und ...

1 | Diversity in housing construction: On the Mittellandkanal, the Herrenhausen housing cooperative has had four point houses built under the name "Listholzer Uferblicke". And ...

2

Andere Baugebiete hingegen entwickelten sich eher wild. Etwa die Ohehöfe, eine urbane Baugemeinschaft mit 135 Bewohnerinnen und Bewohnern am Ihmeufer. Oder das neue Ökowohnprojekt Ecovillage (Architekten: Studiomauer und Cityförster) am Nordrand des Expo-Stadtteils Kronsberg, für das sich weit mehr als 400 Bauwillige zu einer Genossenschaft zusammengefunden haben. Dort geht es nicht nur um ökologisches Bauen, sondern vor allem auch um besondere Formen des Zusammenlebens. Suffizienz ist das Stichwort: Der persönliche ökologische Fußabdruck soll durch Flächeneffizienz minimiert werden, als Ausgleich sind große Gemeinschaftsbereiche geplant. Der Baustart allerdings ist gerade erst erfolgt.

Im Nordwesten der Stadt ist eine Holzsiedlung entstanden, bei deren Mehrfamilienhäusern nur die Keller und Treppenhäuser aus Beton sind. Am Südostrand hingegen hat das Wohnbauunternehmen Gundlach ein Recyclinghaus errichtet, bei dem fast ausschließlich wiederverwertetes Baumaterial zum Einsatz kam. Und im Nordosten sind – ebenfalls von Gundlach – die Teilerhöfe ein bemerkenswertes Projekt, in denen die Bewohner zwar separat leben, sich aber verpflichtet haben, im Alltag so viel wie möglich zu teilen, von der Bohrmaschine bis zum Auto.

Es ist also viel Bewegung im Wohnbereich. Einige der ungewöhnlichen Projekte stellen wir hier vor.

housing project (architects: Studiomauer and Cityförster) on the northern edge of the Expo district of Kronsberg, for which well over 400 people willing to build have come together to form a cooperative. There, it's not just about ecological building, but above all about special forms of living together. Sufficiency is the keyword: The personal ecological footprint is to be minimized through efficient use of space, and large communal areas are planned to compensate for this. Construction, however, has only just begun.

In the northwest of the city, a wooden housing estate has been built, with only the basements and stairwells of the apartment buildings made of concrete. On the southeastern edge, on the other hand, the residential construction company Gundlach has built a recycling house in which almost exclusively recycled building materials were used. And in the northeast – also by Gundlach – the Teilerhöfe are a remarkable project in which the residents live separately but have committed themselves to sharing as much as possible in everyday life, from the drill to the car.

So there's a lot of movement in the living area. We present some of the unusual projects here.

3

2 | … am Kronsberg wächst die Ökosiedlung Ecovillage heran, hier der Siegerentwurf der Büros Studiomauer und Cityförster.

3 | Frisches Baumaterial für die wachsende Stadt: Arbeiter im künftigen Wohnquartier Wasserstadt.

2 | … the Ecovillage eco-settlement is growing up at Kronsberg, here the winning design of the bureaus Studiomauer and Cityförster.

3 | Fresh building material for the growing city: workers in the future Wasserstadt residential district.

Am Rande der Berufsschulflächen in der Calenberger Neustadt ist in den vergangenen Jahren ein Neubauprojekt direkt am Ihme-Ufer entstanden, das ganz überwiegend von Baugemeinschaften geplant und errichtet wurde. Gewachsen ist eine fröhliche Siedlung mit dem Anspruch, anderes Zusammenleben zu praktizieren. Fast alles wurde von regionalen Architekten geplant, der Siegerentwurf im Städtebaulichen Wettbewerb allerdings stammt von Hähnig und Gemmeke (Tübingen), der erste Preis beim Fassadenwettbewerb für das Hauptgebäude ging an Roedig.Schop-Architekten (Berlin).

Das Viertel ist durch eine sehr heterogene Fassadengestaltung geprägt – von tiefroten Backsteinflächen mit weißen, geschwungenen Balkonen bis zu stark farbigen Fassaden mit verteilten Holzelementen ist alles dabei. Gelungen ist vor allem die Ausrichtung nahezu aller Wohnbereiche zum Flussufer, was durch eine fingerartige Struktur erreicht wurde.

Das Gesamtprojekt hat wegen mehrerer Verzögerungen insgesamt sieben Jahre gedauert und ist weit aus dem Kostenrahmen gelaufen. Trotzdem sind nur wenige Baugruppenmitglieder abgesprungen. Insgesamt sieben Baugemeinschaften sind an dem Projekt beteiligt gewesen sowie die Genossenschaft Selbsthilfe Linden und – für den Ankerbau und die Tiefgaragen – die kommunale Wohnbaugesellschaft Hanova.

On the edge of the vocational school area in Calenberger Neustadt, a new construction project has been built in recent years directly on the banks of the Ihme River, which was planned and built predominantly by building communities. What has grown is a cheerful settlement with the claim of practicing a different kind of living together. Almost everything was planned by regional architects, but the winning design in the urban planning competition was by Hähnig und Gemmeke (Tübingen), and first prize in the facade competition for the main building went to Roedig.Schop-Architekten (Berlin).

The neighborhood is characterized by a very heterogeneous facade design – from deep red brick surfaces with white, curved balconies to strongly colored facades with scattered wooden elements, everything is there. What is particularly successful is the orientation of almost all residential areas to the riverbank, which was achieved by a finger-like structure.

Due to several delays, the overall project took a total of seven years and ran far out of budget. Despite this, only a few building group members have dropped out. A total of seven construction communities have been involved in the project, as well as the Selbsthilfe Linden cooperative and – for the anchor structure and underground garages – the municipal housing company Hanova.

1

2

1 | Ungewöhnliches Bauprojekt: In den Ohehöfen am Ihmeufer verwirklichen sieben Baugruppen ihren Traum vom gemeinschaftlichen Wohnen.

2 | Der Ankerbau am Eingang zum Quartier zeigt weiße, gerundete Balkone auf dunkler Backsteinfassade – ein Wettbewerbserfolg für das Büro Roedig.Schop-Architekten aus Berlin.

1 | Unusual building project: In the Ohehöfe on the banks of the Ihme, seven building groups are realizing their dream of communal living.

2 | The anchor building at the entrance to the neighborhood features white, rounded balconies on a dark brick facade - a competition success for Roedig.Schop-Architekten from Berlin.

Auf einer Halbinsel zwischen Leine-Abstiegskanal und dem Stichkanal Linden wächst allmählich Hannovers zweitgrößtes Wohnungs-Neubaugebiet heran. Die Papenburg-Gruppe entwickelt das ehemalige Industrieareal, auf dem zuletzt das Unternehmen Continental Reifen hergestellt hatte, zum modernen Wohnquartier Wasserstadt Limmer. Im ersten Bauabschnitt entstehen derzeit 550 Wohnungen. Als Gesamtzahl war mit der örtlichen Bürgerinitiative 1800 ausgehandelt worden, die eine zu hohe und zu dichte Bebauung fürchtete. Hannovers neuer Baudezernent Thomas Vielhaber hält inzwischen eine höhere Zahl für denkbar.

Völlig offen ist noch der Umgang mit den letzten verbliebenen Gebäuden der historischen Industriedenkmale. Sie gelten als vergiftet mit Nitrosaminen aus der Gummiproduktion, Abrissanträge wurden aber wegen des Denkmalschutzes abgelehnt, was inzwischen auch gerichtlich bestätigt ist. Ursprünglichen Plänen zufolge sollte das Gebiet bis 2025 fertig entwickelt sein. Jetzt wird wohl 2024 erst der erste Bauabschnitt vollständig entwickelt sein.

On a peninsula between the Leine descent canal and the Linden branch canal, Hannover's second largest new residential development area is gradually growing up. The Papenburg Group is developing the former industrial site, where Continental last manufactured tires, into the modern Wasserstadt Limmer residential district. The first construction phase is currently building 550 apartments. The total number negotiated with the local citizens' initiative was 1800, which feared that the development would be too high and too dense. Hannover's new head of the building department, Thomas Vielhaber, now considers a higher number conceivable.

Still completely open is how to deal with the last remaining buildings of the historic industrial monuments. They are considered to be poisoned with nitrosamines from rubber production, but demolition applications were rejected on the grounds of monument protection, which has now also been confirmed by the courts. According to original plans, the area was to be fully developed by 2025. Now only the first construction phase will probably be fully developed in 2024.

1

1 | Die Altbauten am Kanal sind nur noch Industrieruinen – aber sie prägen den Anblick des Neubauquartiers und sollen erhalten bleiben.

2 | Eine Simulation zeigt, wie die Wasserstadt künftig aussehen soll. Rechts der Bildmitte der historische Wasserturm.

1 | The old buildings along the canal are only industrial ruins – but they characterize the appearance of the new development quarter and are to be preserved.

2 | A simulation shows what the Wasserstadt will look like in the future. To the right of the center, the historic water tower.

2

Das suffiziente Wohnen mit wenig Habe auf wenig Raum boomt international, auch als Ausdruck einer Lebensweise, die sich gegen den Hyperkonsum sperrt. Städtebaulich allerdings verschwendet das romantische Tiny-Living, wenn es in Reinform praktiziert wird, relativ viel Fläche, wenn ein bauwagenähnliches Hausgebilde auf einem möglichst naturnahen Grundstück platziert wird.

In der Roesebeckstraße in Linden-Süd hat die kommunale Wohnungsgesellschaft Hanova das Tiny-Living zu seinem urbanen Ursprung zurückgeholt. Zwischen Mehrfamilienhäusern hat sie auf einer Innenhoffläche, die wegen Abstandsgeboten ohnehin nicht hoch gebaut werden darf, einen Riegel aus vier Tiny-Wohnungen platziert. Die Fertighäuser sind Designprodukte des estländischen Unternehmens Kodasema und vollständig eingerichtet, inklusive Einbauküchen, speziellem Lichtkonzept und Terrassen. Mit Billigwohnen hat das alles aber nichts zu tun. Der Quadratmeter-Mietpreis beträgt 17,50 Euro bei 28 Quadratmetern. Die Nachfrage war trotzdem mehr als 150-fach überzeichnet.

Sufficient living with few possessions in a small space is booming internationally, also as an expression of a lifestyle that opposes hyperconsumption. In terms of urban planning, however, romantic Tiny Living, when practiced in its pure form, wastes a relatively large amount of space when a construction trailer-like house structure is placed on a plot of land that is as close to nature as possible.

In Roesebeckstrasse in Linden-Süd, the municipal housing company Hanova has brought Tiny Living back to its urban origins. Between apartment buildings, it has placed a block of four Tiny apartments on an inner courtyard area, which may not be built high anyway due to distance requirements. The prefabricated houses are design products from the Estonian company Kodasema and are fully furnished, including fitted kitchens, a special lighting concept and terraces. However, none of this has anything to do with cheap living. The rent per square meter is 17.50 euros for 28 square meters. Nevertheless, demand was more than 150 times oversubscribed.

1

1 | Ausgetüfteltes Innenleben: Die Nutzung erstreckt sich bis auf eine Galerieetage.

2 | Nachverdichtung mit Trendform: In einem Innenhof in Linden-Süd sind die Fertighäuser eingeschwebt. Die Designstücke sind nicht billig, trotzdem gab es einen Ansturm auf die Wohnform.

1 | Sophisticated interior: The use extends to a gallery floor.

2 | Redensification with a trendy form: Prefabricated houses have floated into an inner courtyard in Linden-Süd. The design pieces are not cheap, yet there has been a rush for the housing form.

2

Hier ist fast alles aus Holz: Nach Entwürfen des hannoverschen Architekturbüros Mosaik sind nahe dem Üstra-Depot Vahrenwalder Straße 139 Wohnungen und eine Kita in Niedersachsens größter zusammenhängender Holzbausiedlung entstanden. Nur die Keller und die Treppenhaus- und Aufzugkerne der Mehrfamilienhäuser sind aus Beton, alles andere ist aus dem nachwachsenden Rohstoff gefertigt. Das gilt sowohl für die Etagenböden und -decken als auch für Fassaden und Innenwände.

Die Holzbauweise soll sich positiv auf das Klima auswirken. Nach Angaben der Üstra, für deren Pensionskasse die Siedlung entstanden ist, spart sie gegenüber einer mineralischen Bauweise etwa 2150 Tonnen des Klimagases Kohlendioxid ein. Zusätzlich sollen die Gebäude durch das verwendete Holz weitere 3575 Tonnen Kohlendioxid über die Lebensdauer hinweg binden.

Die Siedlung ist mit dem Holzbaupreis 2020 ausgezeichnet worden. Die Jury lobte, dass die „Nachverdichtungsmaßnahme eines innerstädtischen Quartieres trotz ihrer Größe eine ästhetisch anspruchsvolle Architektur in Holzbauweise erreiche".

Almost everything here is made of wood: Based on designs by the Hannover-based architectural firm Mosaik, 139 apartments and a daycare center have been built near the Üstra depot on Vahrenwalder Straße in Lower Saxony's largest contiguous wooden housing development. Only the basements and the stairwell and elevator cores of the apartment buildings are made of concrete; everything else is made of the renewable raw material. This applies to the floors and ceilings as well as to the facades and interior walls.

The wooden construction is said to have a positive effect on the climate. According to Üstra, for whose pension fund the housing estate was built, it saves around 2150 metric tons of the climate gas carbon dioxide compared with a mineral construction method. In addition, the wood used in the buildings is expected to sequester a further 3575 tons of carbon dioxide over their lifetime.

The settlement has been awarded the Wood Construction Prize 2020. The jury praised the fact that the "redensification measure of an inner-city neighborhood achieves an aesthetically sophisticated architecture in timber construction despite its size."

1

2

1 | Nachwachsende Rohstoffe am Bau: Die Mosaik-Architekten haben die Siedlung für den Pensionsfonds der Üstra weitgehend aus Holz konzipiert.

1 | Renewable raw materials in construction: Mosaik architects designed the housing estate for Üstra's pension fund largely from wood.

2 | Gebaut wurde auf dem Gelände des ehemaligen Üstra-Fahrzeugdepots. Die Freiraumgestaltung stammt vom Büro Grünplan.

2 | The building was erected on the site of the former Üstra vehicle depot. The open space was designed by the Grünplan office.

Direkt am grünen Ihme-Ufer ist auf dem Gelände der ehemaligen Hautklinik ein Wohn- und Arbeitsquartier entstanden, bei dessen Entstehung die Bewohnerinnen und Bewohner mitreden konnten – von den Grundrissen bis zur Gesamtgestaltung. 13.000 Quadratmeter Wohn- und Nutzfläche sind so bis zum Bezugsjahr 2014 entstanden, die Quadratmeter-Gesamtkosten bewegten sich zwischen 2000 und 2700 Euro.

Für die Projektentwicklung waren der Architekt Gert Meinhof und die kommunale HRG mit Dirk Felsmann eine Kooperation eingegangen. Sie erwarben das aufgegebene Klinikgelände mit den weitgehend heruntergewirtschafteten Bauten. Durch geringfügigen Abriss einiger Gebäudeteile gelang es ihnen, das Quartier besser zum Stadtteil zu öffnen. Zugleich verdichteten sie das Ensemble mit dem Neubau von drei Punkt-Gebäuden, ohne in den parkartigen Baumbestand einzugreifen.

Die weißen Putzfassaden bringen Ruhe in das von viel Grün durchzogene Ensemble. Von zahlreichen Balkonen aus lässt sich der Blick auf den innerstädtischen Fluss genießen. Entstanden ist ein Quartier mit fast 100 Wohnungen in besterschlossener Lage sowie mehr als einem Dutzend Büros, Ateliers und Praxen, das den alten Gebäudebestand genutzt und weiterentwickelt hat.

Directly on the green banks of the Ihme, a living and working quarter has been created on the site of the former dermatology clinic, in the creation of which the residents had a say – from the floor plans to the overall design. By 2014, the reference year, 13,000 square meters of living and working space had been created, with total costs per square meter ranging from 2,000 to 2,700 euros.

For the project development, the architect Gert Meinhof and the municipal HRG had entered into a cooperation with Dirk Felsmann. They acquired the abandoned clinic site with the largely rundown buildings. By slightly demolishing some parts of the buildings, they succeeded in opening up the neighborhood better to the city district. At the same time, they densified the ensemble with the construction of three new point buildings without interfering with the park-like tree population.

The white plaster facades bring calm to the ensemble, which is interspersed with greenery. The view of the inner-city river can be enjoyed from numerous balconies. The result is a quarter with almost 100 apartments in a prime location, as well as more than a dozen offices, studios and practices, which has used and further developed the old building stock.

1

1 | So sieht die beste Architektur Deutschlands aus: Für diese Backsteinsiedlung mit einem Mix aus integrativem und geförderten Mietkonzept und Eigentumswohnungen ...

2 | ... erhielt Bauträger Gerlach zusammen mit dem Architekten Andreas Quednau (SMEQ) zunächst den Niedersächsischen Staatspreis 2020, dann den Deutschen Architekturpreis 2021.

3 | Die Wohnungen verfügen über großzügige Balkone, aber vor allem dürfen die Bewohnerinnen und Bewohner die Freiflächen gemeinsam nutzen.

1 | This is what Germany's best architecture looks like: For this brick housing estate with a mix of integrative and subsidized rental concept and condominiums ...

2 | ... developer Gerlach, together with architect Andreas Quednau (SMEQ), first received the Lower Saxony State Prize 2020, then the German Architecture Prize 2021.

3 | The apartments have spacious balconies, but above all the residents are allowed to share the open spaces.

2

3

1

Beim Quartier „Vier“ des Wohnungsbauunternehmens Gundlach auf dem Gelände der ehemaligen Pelikan-Werke ist schon der Planungsprozess ungewöhnlich gewesen. Zehn siebengeschossige Punkthäuser gruppieren sich um einen Hof, aber sowohl die Fassaden wie auch das Innere der 166 Wohnungen sind völlig unterschiedlich. Vier verschiedene Architekturbüros haben die Aufgaben interpretiert und sich in einem sehr aufwendigen, zweistufigen Wettbewerbsprozess durchgesetzt, die mit ungewöhnlichen Grundrissen und Einrichtungen für Vielfalt der Lebensstile in einem Quartier sorgen sollen. (Architekten: BKSP Grabau, Leiber, Obermann und Partner, Hannover; Kellner, Schleich, Wunderling (KSW), Hannover; Gruppeomp, Bremen und Ludes Generalplaner, Berlin).

Am ungewöhnlichsten kommt das Gebäude der BKSP-Architekten daher, das mit seinen goldenen Fensterauskragungen vor dunkler Backsteinfassade von den Architekten liebevoll „Pickel-Johnny“ genannt wird. Aber auch alle anderen Gebäude haben ihre Raffinessen und sollen vier verschiedene Lebensstilwünsche erfüllen. Es gibt ungewöhnliche Raumaufteilungen mit loftartigen Grundrissen, Galerien, große Dachterrassen und Balkone. Andere Wohnungen dagegen weisen einen funktionalen Grundriss auf einer Ebene auf. Ein weiteres Modell bietet eine Ausstattung mit nachwachsenden Rohstoffen wie Bambusparkett und ökologische Oberflächen wie Lehmputz. Alle Wohnungen waren lange vor Fertigstellung 2015 vergeben.

Das Projekt erhielt 2016 den ersten Platz beim Fiabci Prix d'Excellence Germany und 2017 dann sogar die Silber-Auszeichnung beim FIABCI World Prix d'Excellence. 2017 erlangte „Vier“ zudem den ersten Platz beim Immobilienmanager-Award in der Kategorie Projektentwicklung.

In the case of Quartier "Vier" by housing developer Gundlach on the site of the former Pelikan-Werke, even the planning process has been unusual. Ten seven-story point buildings are grouped around a courtyard, but both the facades and the interiors of the 166 apartments are completely different. Four different architectural firms interpreted the tasks and prevailed in a very elaborate, two-stage competition process, using unusual floor plans and amenities to provide diversity of lifestyles in a neighborhood. (Architects: BKSP Grabau, Leiber, Obermann and Partners, Hannover; Kellner, Schleich, Wunderling (KSW), Hannover; Gruppeomp, Bremen; and Ludes Generalplaner, Berlin).

The most unusual is the building by BKSP architects, which, with its golden window projections against a dark brick facade, is affectionately called "Pickel-Johnny" by the architects. But all the other buildings have their refinements, too, and are designed to fulfill four different lifestyle desires. There are unusual room layouts with loft-like layouts, galleries, large roof terraces and balconies. Other apartments, however, feature a functional layout on one level. Another model offers fittings with renewable raw materials such as bamboo parquet and ecological surfaces such as clay plaster. All apartments were spoken for long before completion in 2015.

The project won the first place at the Fiabci Prix d'Excellence Germany in 2016 and then even the silver award at the FIABCI World Prix d'Excellence in 2017. In 2017, "Vier" also won first prize in the Immobilienmanager Award in the project development category.

2

1 | Wohnen auf dem ehemaligen Pelikan-Werksgelände: Mit einem besonderen Architektenwettbewerb fand die Wohnbaugesellschaft Gundlach zu diesem ungewöhnlichen Ensemblemix.

2 | Das „Vier"-Ensemble aus der Hof-Ansicht: Die Gebäude gruppieren sich abwechslungsreich um die Freifläche.

1 | Living on the former Pelikan factory site: With a special architectural competition, the Gundlach residential development company found this unusual ensemble mix.

2 | The "Four" ensemble as seen from the courtyard: The buildings are grouped in a varied way around the open space.

3

4

3 | Aufregend anders: Das von den Architekten „Pickel-Johnny“ genannte Wohnhaus der BKSP-Architekten mit seinen ausdrucksstarken Balkonen und Loggien.

4 | Vier Lebensstile von nachhaltig bis hedonistisch: Die Siedlung im Norden des alten Pelikan-Areals ist ein Experiment.

3 | Excitingly different: The residential building by BKSP architects called "Pickel-Johnny" with its expressive balconies and loggias.

4 | Four lifestyles from sustainable to hedonistic: The housing development in the north of the old Pelikan site is an experiment.

Direkt am grünen Ihme-Ufer ist auf dem Gelände der ehemaligen Hautklinik ein Wohn- und Arbeitsquartier entstanden, bei dessen Entstehung die Bewohnerinnen und Bewohner mitreden konnten – von den Grundrissen bis zur Gesamtgestaltung. 13.000 Quadratmeter Wohn- und Nutzfläche sind so bis zum Bezugsjahr 2014 entstanden, die Quadratmeter-Gesamtkosten bewegten sich zwischen 2000 und 2700 Euro.

Für die Projektentwicklung waren der Architekt Gert Meinhof und die kommunale HRG mit Dirk Felsmann eine Kooperation eingegangen. Sie erwarben das aufgegebene Klinikgelände mit den weitgehend heruntergewirtschafteten Bauten. Durch geringfügigen Abriss einiger Gebäudeteile gelang es ihnen, das Quartier besser zum Stadtteil zu öffnen. Zugleich verdichteten sie das Ensemble mit dem Neubau von drei Punkt-Gebäuden, ohne in den parkartigen Baumbestand einzugreifen.

Die weißen Putzfassaden bringen Ruhe in das von viel Grün durchzogene Ensemble. Von zahlreichen Balkonen aus lässt sich der Blick auf den innerstädtischen Fluss genießen. Entstanden ist ein Quartier mit fast 100 Wohnungen in besterschlossener Lage sowie mehr als einem Dutzend Büros, Ateliers und Praxen, das den alten Gebäudebestand genutzt und weiterentwickelt hat.

Directly on the green banks of the Ihme, a living and working quarter has been created on the site of the former dermatology clinic, in the creation of which the residents had a say – from the floor plans to the overall design. By 2014, the reference year, 13,000 square meters of living and working space had been created, with total costs per square meter ranging from 2,000 to 2,700 euros.

For the project development, the architect Gert Meinhof and the municipal HRG had entered into a cooperation with Dirk Felsmann. They acquired the abandoned clinic site with the largely rundown buildings. By slightly demolishing some parts of the buildings, they succeeded in opening up the neighborhood better to the city district. At the same time, they densified the ensemble with the construction of three new point buildings without interfering with the park-like tree population.

The white plaster facades bring calm to the ensemble, which is interspersed with greenery. The view of the inner-city river can be enjoyed from numerous balconies. The result is a quarter with almost 100 apartments in a prime location, as well as more than a dozen offices, studios and practices, which has used and further developed the old building stock.

1

1 | Vorne die Stadtbahn, hinten der Fluss: Das ehemalige Klinikgelände hat eine echte Lagegunst. Das Team um Dirk Felsmann und Gert Meinhof hat aus dem herabgewirtschafteten Areal ein attraktives Wohngebiet entwickelt.

2 | Klare Formen: Die Wohnsiedlung Ihmeauen ist auf dem Gelände der alten Hautklinik Linden entstanden und vereint Weiter- und Neubau.

1 | The light rail in front, the river behind: The former clinic site has a real locational advantage. The team led by Dirk Felsmann and Gert Meinhof has developed an attractive residential area from the run-down site.

2 | Clear forms: The Ihmeauen housing development was built on the site of the old Linden dermatology clinic and combines further development and new construction.

2

Zu den frühen und damals innovativen Wohnungsbauprojekten des Jahrtausends in Hannover zählt das Gilde-Carré der Wohnungsgenossenschaft Ostland. Auf dem Gelände einer stillgelegten Brauerei im Herzen Lindens entwickelte das Unternehmen ab 2001 ein Quartier mit 66 Stadthäusern, die als Kettenhäuser mitten im quirligen Gründerzeitstadtteil Linden platziert sind (Architekten: Hübotter+Stürken+Dimitrova). Damals, als Hannovers Bevölkerungszahlen noch schrumpften, ging es darum, die Stadtflucht zu stoppen und jungen Familien eigene vier Wände mit Garten zu bieten. Ostland ergänzte das Quartier als Blockrandbebauung mit der eigenen Verwaltung, Angeboten für Servicewohnen und auch Eigentumswohnungen.

Das Quartier mit seinen niedrigen Wohnhäusern wirkt zwar wie ein Webfehler mitten in einem dicht bebauten Gründerzeitstadtteil, gehört aber zu den sehr nachgefragten Adressen im Szenestadtteil Linden. Mitten im Kiez und trotzdem Wohnen mit Garten – das ist sonst kaum irgendwo möglich in der Großstadt.

Das Gilde-Carré schaffte es in die Engere Wahl des Niedersächsischen Staatspreises für Architektur 2006.

One of the early and then innovative housing projects of the millennium in Hannover is the Gilde-Carré of the Wohnungsgenossenschaft Ostland. On the site of a disused brewery in the heart of Linden, the company developed a neighborhood of 66 townhouses starting in 2001, placed as chain houses in the middle of the lively Gründerzeit district of Linden (architects: Hübotter+Stürken+Dimitrova). At that time, when Hannover's population was still shrinking, the aim was to stop the urban exodus and offer young families their own four walls with a garden. Ostland supplemented the neighborhood as a perimeter block development with its own administration, offers for service living and also condominiums.

The quarter with its low-rise apartment buildings may seem like a weaving mistake in the middle of a densely built-up Gründerzeit district, but it is one of the highly sought-after addresses in the trendy Linden neighborhood. In the middle of the neighborhood and yet living with a garden – that is hardly possible anywhere else in the big city.

The Gilde-Carré was shortlisted for the 2006 Lower Saxony State Prize for Architecture.

1

1 | Das Wohngebiet auf dem aufgegebenen Gelände der Lindener Brauerei (später. Gilde-Brauerei) wirkt wie ein Webfehler mitten in der dicht bebauten Stadt, ist aber weiterhin hoch begehrt und eine Bereicherung für den Wohnungsmarkt.

2 | Kettenhäuser mitten in einem urbanen Kernstadtteil: Die Wohnungsgenossenschaft Ostland wollte mit diesem Konzept den Wegzug junger Familien aus der Stadt bremsen.

1 | The residential area on the abandoned site of the Linden brewery (later. Gilde brewery) looks like a weaving mistake in the middle of the densely built-up city, but it is still highly sought-after and an enrichment for the housing market.

2 | Chain houses in the middle of an urban core district: With this concept, the housing cooperative Ostland wanted to slow down the exodus of young families from the city.

2

Der „neue Altbau" Arnswaldtstraße

Für die meisten Architekten ist es Eklektizismus – aber im Warmbüchenviertel direkt neben der Innenstadt haben sich zwei Bauherinnen etwas getraut und gewissermaßen einen Altbau neu gebaut. Oder genauer: Sie haben ihn ziemlich stilecht weitergebaut.

An der Straßenecke von Arnswaldt- und Warmbüchenstraße stand bis zum Krieg eine reich verzierte, zweigeschossige Villa mit reichhaltigem Dachaufbau. In den Bombennächten von 1943 wurde sie schwer getroffen. Anschließend erhielt sie einen sehr reduzierten Dachaufbau und stand jahrzehntelang etwas verloren zwischen den Hochgeschossern der Nachbarschaft.

2008 kauften zwei Frauen aus einer hannoverschen Architektenfamilie – Mutter und Tochter – die heruntergekommene Villa und ließen zunächst die Architekten Pax Brüning, später den Architekten Steve Chudzinski aus dem Büro ASP Konzepte für ein Aufstocken in altem Stil entwerfen. Das Ziel war, aus dem Zweigeschosser einen Viergeschosser entstehen zu lassen, der die Bauweise der Ursprungsepoche aufgreift und ungebrochen fortsetzt.

Das ist gelungen. Die untere Fassadenhälfte ist liebevoll restauriert. In der oberen Hälfte sind die Fassadenapplikationen mit eigens gefrästen Bauteilen der Firma Caparol ergänzt und wirken nicht aufgesetzt. Nur bei den Balkonanbauten, dem Zinkdach und dem Eingangsbereich wollten die Bauherrinnen Aktualität zeigen. Dadurch wirkt es so, als sei ein Originalbau der Jahrhundertwende mit modernen Mitteln ergänzt worden, wie man es vielerorten in einer Stadt sieht.

Statt der niedrigen Villa mit 650 Quadratmetern Nutzfläche steht dort jetzt ein typisches Gründerzeit-Mehrfamilienhaus mit rund 1000 Quadratmetern. Das (junge) Alter sieht man ihm nicht an. Eigentlich ist das nicht ungewöhnlich: Jahrhundertelang haben Architekten Bauwerke weitergebaut oder alte Baustile kopiert. Heute ist das eine Seltenheit geworden – aber hier hat es sich einmal jemand getraut.

For most architects, it's eclecticism – but in the Warmbüchen district right next to the city center, two builders have dared to do something and, in a sense, rebuilt an old building. Or to be more precise: they have continued to build it in a rather stylish way.

At the corner of Arnswaldtstrasse and Warmbüchenstrasse stood a richly decorated, two-story villa with a rich roof structure until the war. It was badly hit during the nights of bombing in 1943. Subsequently, it received a very reduced roof structure and stood for decades somewhat lost between the high-rise buildings of the neighborhood.

In 2008, two women from a Hannoverian family of architects – mother and daughter – bought the dilapidated villa and had first the architects Pax Brüning, and later the architect Steve Chudzinski from the ASP office, design concepts for an old-style addition. The goal was to turn the two-story building into a four-story structure that would pick up on the original style and continue it unbroken.

This has been achieved. The lower half of the facade has been lovingly restored. In the upper half, the facade applications have been supplemented with specially milled components from the Caparol company and do not appear imposed. Only in the balcony extensions, the zinc roof and the entrance area did the builders want to show actuality. This makes it look as if an original building from the turn of the century has been supplemented with modern means, as can be seen in many places in a city.

Instead of the low villa with 650 square meters of floor space, there is now a typical Wilhelminian style apartment building with around 1000 square meters. You can't see its (young) age. Actually, this is not unusual: For centuries, architects have continued to build buildings or copied old architectural styles. Today, this has become a rarity – but here, for once, someone dared to do it.

1 | Ungewöhnlicher Bau: Nur die beiden unteren Etagen sind Original an der Ecke von Arnswaldt- und Warmbüchenstraße. Der Rest ist frisch aufgestockt. Was aussieht wie ein Gründerzeitgebäude, ist in Wahrheit erst 2017 vollendet worden.

2 | Die historische Postkarte von 1910 zeigt, wie die zweigeschossige Villa ursprünglich ausgesehen hat, bevor im Krieg das reich dekorierte Dachgeschoss zerstört wurde.

3 | So sah das Gebäude 2014 aus, als die Pläne reiften, auf dem Grundstück mehr Wohnraum zu schaffen und den Altbau dafür – statt ihn abzureißen – einfach weiterzubauen.

1 | Unusual building: Only the two lower floors are original at the corner of Arnswaldtstrasse and Warmbüchenstrasse. The rest has been freshly added on. What looks like a Gründerzeit building was actually only completed in 2017.

2 | The historic postcard from 1910 shows how the two-story villa originally looked before the richly decorated attic was destroyed in the war.

3 | This is how the building looked in 2014, when plans matured to create more living space on the site and – instead of demolishing the old building – simply continue to build on it.

2

3

1

1

Im Seelhorster Garten, der ehemaligen Obstplantage für Bahlsens Marmeladenkekse, hat sich das hannoversche Unternehmerpaar Gerd und Jutta Pape den Traum eines sehr individuell konzipierten Eigenheims verwirklicht. Auf rund 450 Quadratmetern Fläche sind Wohnlandschaften entstanden, die fast vollständig ohne Türen ineinander übergehen – nur Arbeits- und Schlafzimmer sowie Küche und Bad sind separiert.

Zwei Jahre lang wurde gemeinsam mit dem Architekten Edgar Schirmer von Leonard Schirmer Meyer (LSM) an den Entwürfen gearbeitet, dann zwei Jahre gebaut, bevor das Haus 2001 bezugsfertig war. Mit Schirmer hatte Gerd Pape kurz zuvor bereits die Firmenzentrale seines Unternehmens Pape-Entsorgung in Misburg geplant, dadurch waren beide ein eingespieltes Team. Sein Ziel: In diesem Haus sollte „nichts von der Stange“ sein. An der Einrichtung wirkte auch der Langenhagener Messebauer Udo Röhl mit.

Das Gebäude gliedert sich in einen zweigeschossigen Haupt-

In the Seelhorster Garten, the former orchard for Bahlsen's jam cookies, the Hannoverian entrepreneur couple Gerd and Jutta Pape have realized their dream of a very individually designed home. On an area of around 450 square meters, living landscapes have been created that merge almost completely without doors – only the study and bedroom as well as the kitchen and bathroom are separate.

The designs were worked on for two years with architect Edgar Schirmer of Leonard Schirmer Meyer (LSM), then two years of construction before the house was ready for occupancy in 2001. Gerd Pape had already planned the headquarters of his company Pape-Entsorgung in Misburg with Schirmer shortly before, so the two were a well-coordinated team. His goal was that nothing in this building should be "off the peg". Udo Röhl, an exhibition stand builder from Langenhagen, was also involved in the interior design.

The building is divided into a two-story main body, adjoined at the side by a cube measuring 8 by 8 by 8 meters. In its center, a fire-

1 | Traum erfüllt: Das private Wohnhaus im Seelhorster Garten.

2 | Links vom Hauptgebäude streckt sich der 8 mal 8 mal 8 Meter große Anbau empor. In der Mitte ragt der Kaminabzug durchs Dach – ringsherum befindet sich die Dachterrasse.

1 | Dream come true: The private residence in the Seelhorst garden.

2 | To the left of the main building, the 8 by 8 by 8 meter annex stretches upwards. In the center, the chimney flue protrudes through the roof – all around is the roof terrace.

2

körper, an den sich seitlich ein Kubus mit den Maßen 8 mal 8 mal 8 Meter anschließt. In dessen Zentrum hängt ein Kamin frei schwebend von der Decke über dem schachbrettgemusterten Boden aus rosafarbenem und dunkelgrünem Granit. Die Rückwand im Erdgeschoss wird von einem Bücherregal aus in sich drehbaren Elementen abgeschlossen. Dominantes Element im Obergeschoss ist der Esstisch mit einer Platte aus amerikanischer Myrte, die mit Ebenholz eingefasst ist, das sich auch in der Wendeltreppe zum Obergeschoss findet. Für die Ornamentik des Tischfundaments hat Pape Keith-Haring-Männchen als Vorbild genommen. Für das Design der Küche stand Piet Mondrain Pate. „Ich habe überall geklaut", sagt Pape augenzwinkernd. Anregungen geholt, könnte man auch sagen.

place hangs free-floating from the ceiling above the checkerboard-patterned floor of pink and dark green granite. The back wall on the first floor is closed by a bookcase made of elements that rotate in themselves. The dominant element on the upper floor is the dining table with a top of American myrtle edged with ebony, which is also found in the spiral staircase leading to the upper floor. For the ornamentation of the table's foundation, Pape used Keith Haring men as models. For the kitchen design, Piet Mondrain was the inspiration. "I stole from everywhere," Pape says with a wink. Fetched inspiration, you could also say.

3 | Kupfer und Holz, Glas und Stahl: Architekt Edgar Schirmer (LSM) hat die Materialien behutsam kombiniert.

3 | Copper and wood, glass and steel: Architect Edgar Schirmer (LSM) has carefully combined the materials.

4

5

6

4 | Die Küche hat der Bauherr Piet Mondrian nachempfunden.

5 | Der Esstisch mit schwerer Platte aus amerikanischer Myrte und einer Unterkonstruktion, die an die Keith-Haring-Männchen erinnert.

6 | Abends strahlt das Haus Ruhe aus.

4 | The client modeled the kitchen on Piet Mondrian.

5 | The dining table with a heavy top of American myrtle and a substructure reminiscent of the Keith Haring men.

6 | In the evening, the house radiates tranquility.

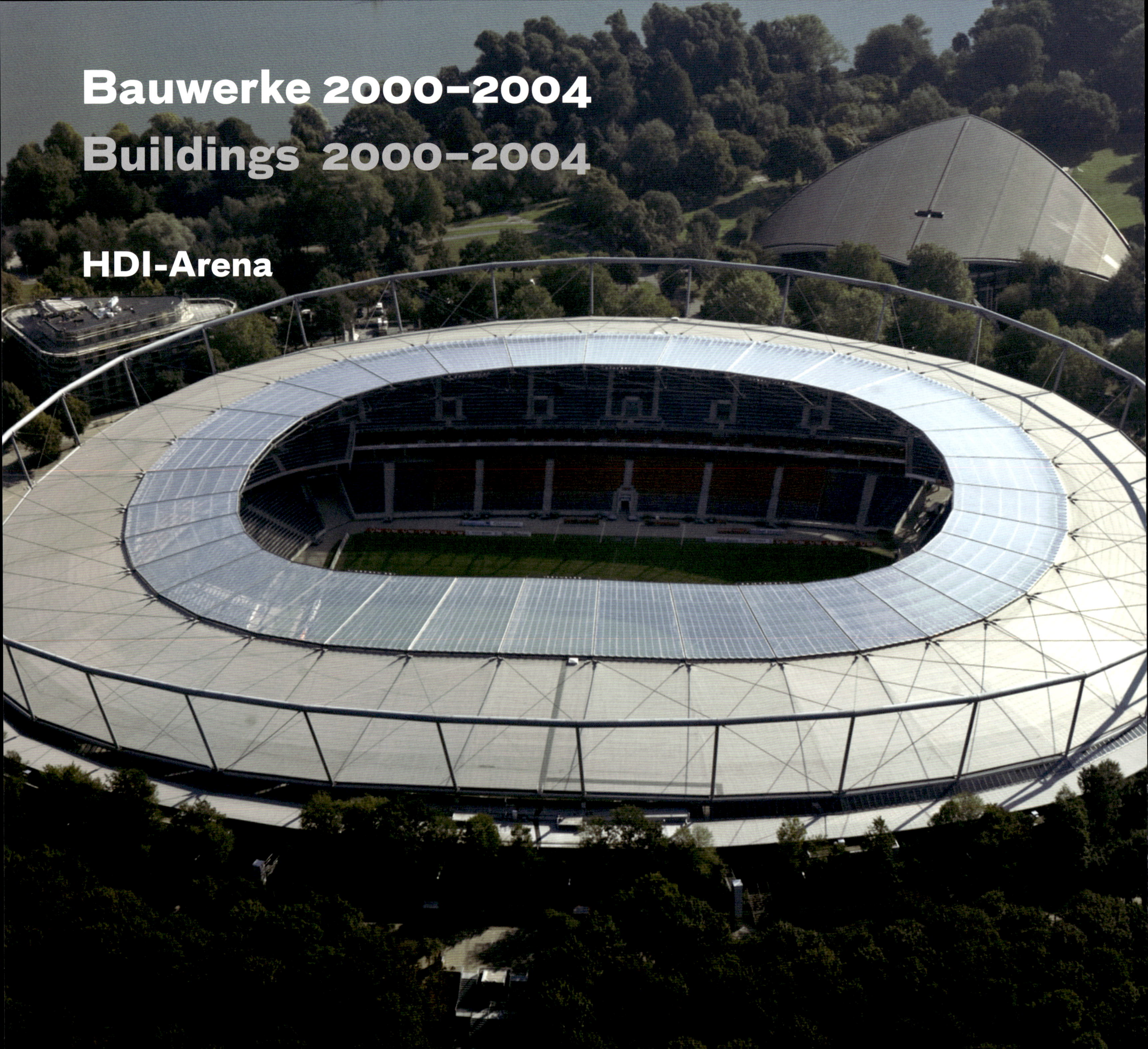
Bauwerke 2000–2004
Buildings 2000–2004
HDI-Arena

11.000 Quadratmeter transparente Folie überspannen Hannovers Fußballstadion, damit zwar die Plätze überdacht sind, der Rasen aber trotzdem wachsen kann. Die ungewöhnliche Dachkonstruktion stammt vom Braunschweiger Architekturbüro Schulitz – und wurde von dessen Team nach hannoverschem Vorbild später auch beim Neubau des WM-Stadions im brasilianischen Salvador erneut umgesetzt.

Kernstück ist die Konstruktion eines Speichenradprinzips, die das ringförmige Dach trägt, sobald der Dachring geschlossen ist. Im äußeren Bereich ist es mit Trapezblechen bedeckt. Im Inneren lastet eine einlagige Ethylen-Tetrafluorethylen-Folie auf seilverspannten Luftstützen – das gibt der Architektur Leichtigkeit und lässt Licht einfluten. Leider lockt die Transparenzfolie auch immer wieder Krähen an. Wenn sich unter der Folie Insekten sammeln, picken sie von oben darauf herum – zuweilen tropft es dann in die Zuschauerränge.

Nicht nur beim Dach, sondern auch beim Stadion selbst, das für die Fußball-WM 2006 fast vollständig neu gebaut wurde, musste das Architekturbüro zu Kniffen greifen. Der Wall der alten Westtribüne, nach dem Zweiten Weltkrieg aus Trümmerschutt für das damalige Niedersachsenstadion angehäuft, ist flacher geneigt als heute üblich und als es in der (neu gebauten) Osttribüne angewandt wird. Schulitz federte die unterschiedliche Neigung über die Form der Nord- und Südkurve hinter den Toren ab, die mit ihren Radien einen Ausgleich schaffen.

Viele Fans trauern noch heute dem alten Niedersachsenstadion nach, das allerdings ein Multifunktionsstadion war, sodass sich die Fußballturniere wegen der Leichtathletik-Laufbahn in größerer Entfernung von den Zuschauenden abspielten. Zur Eröffnung 1954 galt es mit 86.656 Plätzen als das zweitgrößte Stadion Deutschlands nach dem Olympiastadion in Berlin. Heute bietet die HDI-Arena bis zu 49.200 überdachte Plätze.

Kurz nach dem Stadion wurde neben dem Haupteingang 2005 auch der Hannover-96-Sport- und Business-Park fertiggestellt, ein Büro- und Ärztehaus mit Fanshop im Erdgeschoss. Das Bauwerk mit ovalem Grundriss beherbergt außer Hannover 96 auch Ärzte und Physiotherapeuten sowie Anwälte. Für Entwurf und Bau kooperierte das Büro Schulitz mit dem hannoverschen Architekturbüro sp.a von Claus Peter Schulze; Bauherr ist der Unternehmer und aktuelle 96-Gesellschafter Gregor Baum.

2019 errichtete der Verein Hannover 96 zusätzlich an der Stadionbrücke ein großes Vereinssportzentrum für den Breiten- und Spitzensport. Der mit hellem Klinker verblendete Neubau an der Stammestraße zeichnet sich durch schlanke Fensterformate am Eingang und umlaufende Fensterbänder in den beiden Hallenbereichen aus. Der Entwurf stammt erneut vom Büro sp.a Schulze & Partner Architektur in Kooperation mit Martin Müller Architekten. Der helle Neubau (3100 Quadratmeter Bruttogeschossfläche) umfasst im Inneren außer zwei Hallen auch Kurs- und Fitnessflächen sowie Gastronomie. Außen wird er durch einen Soccer-Court, ein Beachvolleyballfeld und eine 1200 Quadratmeter große Multifunktionsfläche ergänzt.

11,000 square meters of transparent foil cover Hannover's soccer stadium so that the seats are roofed over but the grass can still grow. The unusual roof construction was designed by the Schulitz architectural office in Braunschweig – and was later implemented again by their team on the basis of the Hannoverian model for the new World Cup stadium in Salvador, Brazil.

The core element is the construction of a spoke wheel principle that supports the ring-shaped roof as soon as the roof ring is closed. In the outer area, it is covered with trapezoidal sheets. Inside, a single-layer ethylene tetrafluoroethylene film rests on cable-tensioned aerial supports – giving the architecture lightness and allowing light to flood in. Unfortunately, the transparency film also keeps attracting crows. When insects gather under the film, they peck at it from above – sometimes it's dripping into the auditorium.

The architects had to resort to tricks not only for the roof, but also for the stadium itself, which was almost completely rebuilt for the 2006 World Cup. The embankment of the old west stand, piled up after World War II from rubble for the then Niedersachsenstadion, has a flatter slope than is usual today and than is applied in the (newly built) east stand. Schulitz cushioned the difference in slope via the shape of the north and south curves behind the goals, which create a balance with their radii.

Many fans still mourn the old Niedersachsenstadion, which was, however, a multifunctional stadium, so that the soccer tournaments took place at a greater distance from the spectators because of the athletics track. When it opened in 1954, its 86,656 seats made it the second largest stadium in Germany after the Olympic Stadium in Berlin. Today, the HDI Arena offers 49,200 covered seats – slightly fewer at international matches because standing room is eliminated at them.

Shortly after the stadium, the Hannover 96 Sports and Business Park, an office and medical center with a fan store on the first floor, was completed next to the main entrance in 2005. The building (4500 square meters gross floor area) with an oval floor plan accommodates not only Hannover 96 but also doctors and physiotherapists as well as lawyers. Schulitz's office cooperated with Claus Peter Schulze's Hannover-based architecture firm sp.a for the design and construction; the client is entrepreneur and current 96 shareholder Gregor Baum.

In 2019, the Hannover 96 club additionally built a large club sports center for popular and professional sports at the stadium bridge. The new building on Stammestraße, faced with light-colored clinker brick, is characterized by slim window formats at the entrance and circumferential window bands in the two hall areas. The design is again by sp.a Schulze & Partner Architektur in cooperation with Martin Müller Architekten. In addition to two halls, the bright new building (3100 square meters of gross floor area) also includes course and fitness areas as well as gastronomy inside. Outside, it is complemented by a soccer court, a beach volleyball court and a 1200-square-meter multifunctional area.

Auszeichnung:
Ingenieurbaupreis 2006
Preis des Deutschen Stahlbaus 2006

Objekt:	**HDI-Arena**
Adresse:	**Robert-Enke-Straße 3**
Architekten:	**Schulitz**
Bauherr:	**Hannover 96 Arena (Eigentümerin: Hannover 96 Sales & Service)**
Baujahr:	**2004**
Fläche:	**15 000 qm**

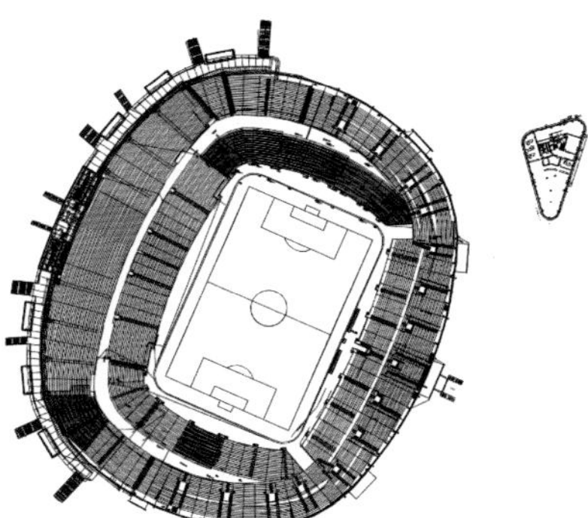

1 | Imposante Dachkonstruktion: Die HDI-Arena am Maschsee, für die ab 2022 ein neuer Namenssponsor gesucht wird. Links dahinter das 2005 fertiggestellte 96-Geschäftshaus, rechts das Stadionbad.

1 | Imposing roof structure: The HDI Arena on the Maschsee, for which a new name sponsor will be sought from 2022. Behind it on the left is the 96 business building completed in 2005, on the right the stadium pool.

2

3

4

2 | Das Vereinssportzentrum für den Breiten- und Spitzensport entstand 2019 an der Stadionbrücke nach Plänen von sp.a Schulze & Partner und Martin Müller.

3 | Außer zwei Hallen sowie Kurs- und Fitnessflächen gehört auch Gastronomie zum Neubau.

4 | Bereits 2005, also kurz nach Fertigstellung des Stadions, entstand am Haupteingang das Geschäftshaus 96-Sport- und Business-Park nach Plänen der Architekten Schulitz und sp.a.

2 | The club sports center for amateur and professional sports was built in 2019 at Stadionbrücke according to plans by sp.a Schulze & Partner and Martin Müller.

3 | In addition to two halls and course and fitness areas, the new building also includes catering facilities.

4 | As early as 2005, i.e. shortly after completion of the stadium, the 96-Sport- und Business-Park commercial building was built at the main entrance according to plans by architects Schulitz and sp.a.

Nord/LB-Zentrale

1 | Der imposante Turmaufbau der Nord/LB am Aegi war ursprünglich gar nicht Teil des Wettbewerbssieges.

1 | The imposing tower structure of the Nord/LB am Aegi was not originally part of the competition win at all.

Mehr als 83 Meter hoch ragt seit 2002 der Glasbau der Norddeutschen Landesbank (Nord/LB) zwischen Neuem Rathaus und Aegidientorplatz empor. Kaum ein Gebäude hat seit der Jahrtausendwende in Hannover so polarisiert. Die einen finden es schrecklich, protzig und unförmig. Die anderen finden, dass es in Hannover einen wichtigen Akzent setzt. Eine Bereicherung für die Architekturvielfalt ist es in jedem Fall.

Die Landesbank mit Hauptsitz in Hannover gilt im Vergleich zu anderen Landesbanken zuweilen als eher bieder (was den Vorteil hat, dass sie sich in der Finanzkrise nicht ganz so sehr verzockte wie manch andere, obwohl auch ihr einige Schiffskredite schwer im Magen liegen). Nach dem Krieg hatte sie sich 1957 einen zeittypischen Zentralbau am Aegi errichten lassen (Architekt: Hanns Dustmann; stilvoll modernisiert 2006 von den ASP-Architekten). In den Neunzigerjahren aber genügte das Gebäude den Anforderungen der Banker zunehmend nicht mehr: Sowohl was den Raumbedarf betraf als auch die Repräsentation, sollte ein Neubau her.

Den Wettbewerb gewann 1996 das Büro Behnisch Architekten aus Stuttgart mit einem fraktal geprägten Gebäudekörper. Der Innenhof zeigt Glastunnel und schräge Ebenen, der Turm besteht aus unregelmäßig gestapelten Glaskästen, wohingegen aber die Basisgeschosse nach außen von rechtwinkeligen Glaswänden mit den Maßen 100 mal 150 Meter eingefasst sind. Bereits 1997 hatte Behnisch für die BW-Bank in Stuttgart (damals: Landesgirokasse am Bollwerk) einen Glasbau konzipiert, der zahlreiche Elemente der Nord/LB vorwegnahm, allerdings ohne Hochhausturm.

Rückblickend mag es kurios wirken, dass auch der ursprüngliche Wettbewerbsentwurf von Behnisch, mit dem sich das Büro gegen elf Mitbewerber aus Deutschland, Lugano und Chicago durchsetzte, keinen Hochhausteil enthielt. Während etwa Walter Brune (Düsseldorf) einen schmalen, kreisrunden Glasturm auf die Basisgeschosse platzierte und Schweger und Partner (Hannover) gleich zwei (allerdings sehr kubische) Hochgeschosser in das Ensemble plante, brachte Behnisch sein Bürokonzept in den sechs Hauptgeschossen unter.

Erst nach Wettbewerbsende, in der Überarbeitung, kamen die Turmetagen hinzu. Erstens, weil Behnisch sich nicht ganz an die geforderte Bruttogeschossfläche gehalten hatte. Und zweitens, weil der Vorstand sich nun doch zum Umzug in das neue Zentralgebäude entschloss. Hannovers Skyline veränderte sich nachhaltig durch den skulpturalen Turm. Nicht nur in der Totalen: Der ungewöhnliche Bau ist auch von zahlreichen Straßenschluchten im Innenstadtkern zu sehen.

Der in Form und Statik sehr eigenwillige Turm misst eigentlich nur etwa 60, wird aber durch eine gut 20 Meter hohe Stahlskulptur auf 83,52 Meter überhöht. Einem ungeschriebenen Gesetz zufolge baut in Städten niemand höher, als der Turm der Hauptkirche misst. Daran hat sich auch die Nord/LB gehalten. Die Marktkirche bringt es auf 97,26 Meter. Höher ist nur zwar das Neue Rathaus (97,73

Since 2002, the glass building of the Norddeutsche Landesbank (Nord/LB) has towered more than 83 meters between the New City Hall and Aegidientorplatz. Hardly any other building has polarized Hannover so much since the turn of the millennium. Some find it awful, ostentatious and shapeless. Others think it sets an important accent in Hannover. In any case, it is an enrichment for the architectural diversity.

The Landesbank, headquartered in Hannover, is sometimes considered rather staid compared to other Landesbanks (which has the advantage that it did not gamble itself away in the financial crisis quite as much as some others, although some ship loans are also weighing heavily on its stomach). After the war, it had a period-typical central building erected on the Aegi in 1957 (architect: Hanns Dustmann; stylishly modernized in 2006 by ASP architects). In the nineties, however, the building increasingly failed to meet the bankers' requirements: a new building was needed, both in terms of space and representation.

The competition was won in 1996 by Behnisch Architekten from Stuttgart with a fractal-shaped building structure. The inner courtyard features glass tunnels and sloping levels, the tower consists of irregularly stacked glass boxes, whereas the base floors are enclosed on the outside by rectangular glass walls measuring 100 by 150 meters. As early as 1997, Behnisch had designed a glass building for the BW Bank in Stuttgart (at that time: Landesgirokasse am Bollwerk) that anticipated numerous elements of the Nord/LB, albeit without a high-rise tower.

In retrospect, it may seem odd that Behnisch's original competition design, with which the office prevailed against eleven competitors from Germany, Lugano and Chicago, did not include a high-rise section either. While Walter Brune (Düsseldorf), for example, placed a narrow, circular glass tower on top of the base floors and Schweger und Partner (Hannover) planned two (albeit very cubic) high-rise buildings in the ensemble, Behnisch accommodated his office concept on the six main floors.

The tower floors were added only after the end of the competition, during the revision phase. First, because Behnisch had not quite kept to the required gross floor area. And secondly, because the board decided to move into the new central building after all. Hannover's skyline was permanently changed by the sculptural tower. Not only in the long shot: The unusual building can also be seen from numerous street canyons in the city center.

The tower, which is very unconventional in terms of shape and statics, actually only measures about 60, but is raised to 83.52 meters by a steel sculpture that is a good 20 meters high. According to an unwritten law, no one in cities builds higher than the tower of the main church. Nord/LB has also adhered to this. The Marktkirche is 97.26 meters high. Only the New City Hall is higher (97.73 meters), but it is therefore a good thing that the Marktkirche has a weathercock on its spire. Including it, it towers

Objekt:	Nord/LB: Zentrale
Adresse:	Friedrichswall 10
Architekten:	Behnisch, Behnisch & Partner heute: Behnisch Architekten
Bauherr:	Norddeutsche Landesbank
Baujahr:	2002
Fläche:	71 600 qm

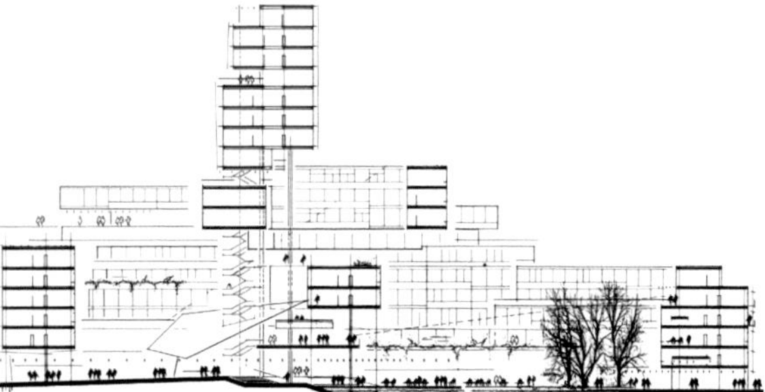

1

2

3

4

2 | Reine Geometrie: Im Innenhof der Nord/LB-Zentrale zeigt sich die spektakuläre Architektur besonders gut.

3 | Durchblick: Gläserne Röhre als Verbindungssteg zwischen Blockrand- und Turmgebäude in der Nord/LB-Zentrale.

4 | Blick von oben: Aus den Turmetagen sehen die Menschen winzig aus.

2 | Pure geometry: In the courtyard of the Nord/LB headquarters, the spectacular architecture shows particularly well.

3 | View through: Glass tube as a connecting bridge between the block edge and tower building at the Nord/LB headquarters.

4 | View from above: From the tower floors, people look tiny.

Meter), aber deshalb ist es gut, dass die Marktkirche auf ihrer Turmspitze einen Wetterhahn sitzen hat. Ihn eingerechnet ragt sie 98 Meter hoch auf. Die Nord/LB jedenfalls bleibt sichtbar darunter.

Und trotzdem ist diese Architektur aus Hannovers Innenstadt nicht mehr wegzudenken. Der stolze Bau ist ein beliebtes Fotomotiv von Touristen und Einheimischen. Vor allem in den Abendstunden, wenn sich an der Fassade Lichter- und Farbenspiele ergeben. Die Glaswände der Turmetagen etwa sind blaugelb beschichtet und verändern ihre Farbe je nach Lichtintensität und Blickwinkel. Das Treppenhaus und die aufgesetzte Turmskulptur sind nachts mit blau schimmernden LED-Elementen beleuchtet: Wer den Friedrichswall bei Dunkelheit entlangfährt, hat den Eindruck einer bläulichen Lichtwolke am Himmel.

Zu den prominentesten Kunst-am-Bau-Objekten der Nord/LB-Zentrale zählt die fünfgeschossige Pixelwand „Pacific Rim Round and Sideways Up“ von Angela Bulloch. Ursprünglich gehörte auch ein eigens gefertigtes Jeff-Koons-Werk („Celebration Tulips“) zur Kunstausstattung im Innenhof der Bank. Das etwa vier Tonnen schwere Pop-Werk wurde allerdings 2012 zugunsten der Kunst- und Kulturstiftung der Nord/LB verkauft.

In der Stadtwirkung ist das Gebäude mehr als ein Bankhaus. Das Erdgeschoss zum Friedrichswall säumen Geschäfte und Gastronomie. An der Flanke zum Maschpark befindet sich die hauseigene Kunstgalerie. Der Innenhof ist von zwei Seiten begehbar und bietet grandiose Einblicke in eine sehr ungewöhnliche Architektur. Und seit man nach jahrelanger Fehlersuche endlich auch die Dachhaut der Tiefgarage erfolgreich abgedichtet hat, können die Wasserlandschaften des Innenhofs wieder befüllt werden.

Die exzentrische Gebäudehülle hat im Baugrund zahlreiche Sondersicherungen erfordert. So ist etwa die Bodenplatte in der Regel ein bis zwei Meter dick, aber unter den Aufzugsanlagen des Turms drei Meter stark. Weil aber der sehr unterschiedliche Lastabtrag von Turm- und Blockrandbebauung trotzdem Verwerfungen in der dicken Platte ausgelöst hätte, die auf Kies- und Tonschichten liegt, stützen darunter 194 Pfähle bis zu 20 Meter tief die Last ab. Und damit der Innenhof nicht hochknickt, wurden unter ihm zusätzlich in den Grund Zugpfähle installiert.

Natürlich hat der Bau ein ausgeklügeltes energetisches System. Unter anderem sind an den Block-Außenfassaden separate Glaswände vorgehängt, wobei mechanische Lüftungsklappen regeln, dass sie von Frischluft hinterströmt werden können. In den ersten Jahren berichteten Mitarbeiter, dass das System störanfällig und schwer zu kalibrieren sei – inzwischen scheinen diese Kinderkrankheiten aber gelöst.

14.000 Scheiben sind am Glasbau der Nord/LB regelmäßig zu putzen. Insgesamt bringt die Glasfläche es auf etwa 40.000 Quadratmeter. Atemberaubend schön ist der Blick aus den Turmgeschossen. Wer hinauf will, kann in dem vollverglasten Aufzug fahren – dafür aber sollte man schwindelfrei sein.

98 meters high. In any case, the Nord/LB remains visibly below it.

And yet it is impossible to imagine Hannover's city center without this architecture. The proud building is a popular photo motif for tourists and locals alike. Especially in the evening hours, when the facade displays a play of lights and colors. The glass walls of the tower floors, for example, are coated in blue-yellow and change color depending on the intensity of the light and the viewing angle. The staircase and the tower sculpture on top are illuminated at night with shimmering blue LED elements: Anyone driving along Friedrichswall in the dark has the impression of a bluish cloud of light in the sky.

Among the most prominent art-on-building objects at the Nord/LB headquarters is the five-story pixel wall "Pacific Rim Round and Sideways Up" by Angela Bulloch. Originally, a custom-built Jeff Koons work ("Celebration Tulips") was also part of the art-in-the-works in the bank's courtyard. However, the pop work, which weighs about four tons, was sold in 2012 for the benefit of Nord/LB's Art and Culture Foundation.

In terms of urban impact, the building is more than a bank. Stores and restaurants line the first floor facing Friedrichswall. On the flank facing the Maschpark is the building's own art gallery. The inner courtyard can be accessed from two sides and offers magnificent views of a very unusual architecture. And since the roof of the underground parking garage was finally successfully sealed after years of troubleshooting, the water landscapes of the inner courtyard can be filled again.

The eccentric building envelope required numerous special safeguards in the foundation soil. For example, the floor slab is typically one to two meters thick, but three meters thick under the tower's elevators. But because the very different load transfer from the tower and perimeter block development would still have triggered faults in the thick slab, which lies on layers of gravel and clay, 194 piles underneath it support the load to a depth of up to 20 meters. And to prevent the courtyard from buckling up, additional tension piles were installed in the ground below it.

Naturally, the building has a sophisticated energy system. Among other things, separate glass walls are curtained on the block exterior facades, with mechanical ventilation flaps regulating that fresh air can flow behind them. In the early years, employees reported that the system was prone to failure and difficult to calibrate – but these teething problems now seem to have been resolved.

14,000 panes of glass have to be cleaned regularly at the Nord/LB glass building. In total, the glass area covers around 40,000 square meters. The view from the tower floors is breathtakingly beautiful. If you want to get up there, you can ride in the fully glazed elevator – but you should not suffer from vertigo.

5

6

5 | Ausgeklügeltes Energiesystem: Solarspiegel lenken das Sonnenlicht um, eine zweite Glashaut regelt die Temperatur.

6 | Nicht nur Glas und Stahl: Teile der Dachflächen sind begrünt.

5 | Sophisticated energy system: Solar mirrors redirect sunlight, a second glass skin regulates the temperature.

6 | Not only glass and steel: Parts of the roof surfaces are greened.

7

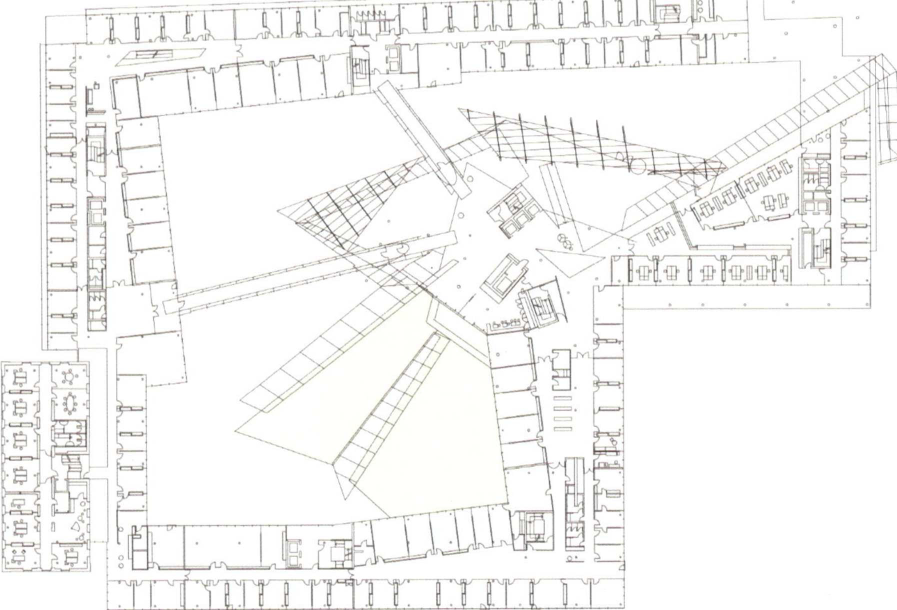

8

7 | Wasserlandschaft: Anfangs gab es viele Probleme mit der Dichtigkeit.

8 | Fraktale Formen: Der Grundriss des 1. Obergeschosses.

9 | Eigener Akzent: Die Nord/LB-Zentrale zwischen dem Theater am Aegi (links, Baujahr 1953, Fassade 1978 verändert) und dem Neuen Rathaus (Baujahr 1913).

10 | An Platz herrscht kein Mangel: Der Empfang der Nord/LB-Zentrale.

7 | Waterscape: Initially there were many problems with tightness.

8 | Fractal shapes: The floor plan of the 1st floor.

9 | Its own accent: The Nord/LB headquarters between the Theater am Aegi (left, built in 1953, facade changed in 1978) and the New City Hall (built in 1913).

10 | No shortage of space: The reception area of the Nord/LB headquarters.

9

10

Hannovers Nahverkehrsunternehmen Üstra kümmert sich nicht nur um den Transport von Menschen in der Region, sondern auch um das Stadtbild. Das zeigt sich exemplarisch an den zwölf künstlerischen Busstops namhafter Designer, die bis 1994 entstanden und unter anderem von Jasper Morrison (Aegi), Heike Mühlhaus (Sprengel-Museum), den Mendini-Brüdern (Steintor) und Frank O. Gehry (Braunschweiger Platz) stammen, oder an den immer neuen Designs der Stadtbahnen. Aber auch in der Architektur.

Ende der Neunzigerjahre beauftragte die Üstra den US-Stararchitekten Frank O. Gehry mit dem Entwurf für einen turmartigen Neubau in Nachbarschaft zur Unternehmenszentrale am Steintor. Herausgekommen ist ein verdrehtes Solitär mit neun Stockwerken, das dank gebürsteter Edelstahlfassaden dem sonst eher umstrittenen Steintorviertel Glanz verleiht.

Die Konstruktion windet sich mit leichtem Schwung in die Höhe, sodass die Traufkante an der am stärksten verdrehten Stelle um 2,50 Meter vom Erdgeschossgrundriss abweicht. Die 2800 geschliffenen Edelstahlpanele sind dabei nicht nur Schmuck, sondern Teil der Statik: Sie sind auch Tragwerk des Gebäudes.

Wie bei Gehry üblich, hat er den Turm als Modell in seinem Büro im kalifornischen Santa Monica entworfen, anschließend wurde die Skulptur für die Planbearbeitung abgescannt. Als ausführendes Architekturbüro fungierte die Archimedes Bauplanungsgesellschaft aus Bad Oeynhausen.

Die äußere Form der in sich geschwungenen Skulptur setzt sich im Inneren fort, was die Nutzung dem Vernehmen nach nicht immer einfach macht. Gehry selbst entwickelte auch die Möblierung der Innenräume, Veränderungen sind nicht erwünscht. Die Üstra selbst nutzt das Gebäude nicht. Es dienst als Anlage für ihre Pensionskasse und ist vollständig als Büro- und Veranstaltungszentrum vermietet.

Hannover's local transport company Üstra not only takes care of the transportation of people in the region, but also of the cityscape. This is exemplified by the twelve artistic bus stops by renowned designers, which were created until 1994 and include works by Jasper Morrison (Aegi), Heike Mühlhaus (Sprengel Museum), the Mendini brothers (Steintor) and Frank O. Gehry (Braunschweiger Platz), or by the ever-changing designs of the light rail vehicles. But also in architecture.

At the end of the 1990s, Üstra commissioned the U.S. star architect Frank O. Gehry to design a tower-like new building adjacent to the company headquarters at Steintor. The result is a twisted solitaire with nine stories that, thanks to brushed stainless steel facades, lends glamor to the otherwise rather controversial Steintor district.

The structure winds upwards with a slight curve, so that the eaves edge deviates by 2.50 meters from the first floor plan at the most twisted point. The 2800 polished stainless steel panels are not just decoration, but part of the structural design: they are also the supporting structure of the building.

As customary with Gehry, he designed the tower as a model in his office in Santa Monica, California, after which the sculpture was scanned for plan processing. Archimedes Bauplanungsgesellschaft from Bad Oeynhausen acted as the executing architectural firm.

The outer form of the sculpture, which curves in on itself, continues inside, which by all accounts does not always make it easy to use. Gehry himself also developed the furnishings for the interior, and changes are not welcome. Üstra itself does not use the building. It serves as an investment for its pension fund and is fully leased as an office and event center.

Objekt:	Gehry-Tower
Adresse:	Goethestraße 13A
Architekten:	Frank O. Gehry (ausführend: Archimedes Bauplanungsgesellschaft)
Bauherr:	Üstra Hannoversche Verkehrsbetriebe
Baujahr:	2001
Fläche:	8300 qm

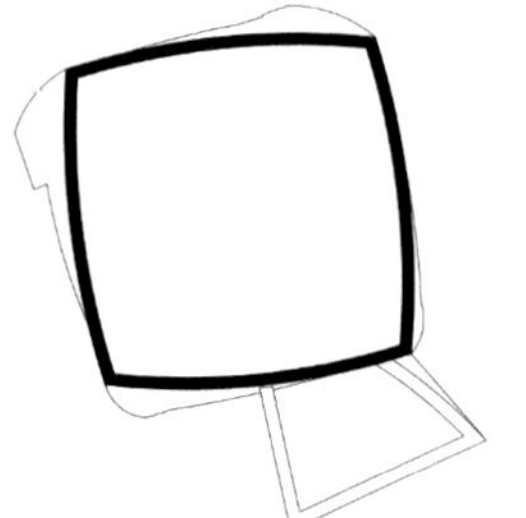

1 | Gedrehter Edelstahlturm: US-Stararchitekt Frank O. Gehry plante den Büroturm für die Üstra.

1 | Turned stainless steel tower: US star architect Frank O. Gehry planned the office tower for Üstra.

1

Wenn die Architektur eines Gebäudes in Hannover eindrucksvoll zeigt, worum es im Inneren geht, dann ist es der Bau der Hirnklinik INI im Groß-Buchholzer Medical-Parc, das International-Neuroscience-Institut von Prof. Madjid Samii.

Mitte 2000 fertiggestellt, zeigt der 38 Meter hohe Bau eindrucksvoll die abstrahierte Form des menschlichen Gehirns. Auf einem rechteckigen, 2,80 Meter hohen Sockelgeschoss erhebt sich mit elliptischem Grundriss eine skulpturale Form, die schmal beginnt und in der Mittelhöhe (5. Geschoss) ihre volle Breite von 68 mal 47,20 Metern entwickelt, bevor sie sich zur Spitze hin wieder verjüngt.

Drei mehr als 42 Meter hohe Treppenhauskerne durchdringen das Gebäude, um dessen Zentrum sich streng orthogonal Operations- und Vortragssäle, Technik- und Patientenräume sortieren.

Die Generalplanung lag bei den Asklepios-Kliniken, ausführender Architekt war das Münchener Architekturbüro Siat, als Generalunternehmer fungierte eine Arbeitsgemeinschaft der Philipp Holzmann AG und der Siemens-Gebäudetechnik. Dem hannoverschen Vorbild folgend wurden inzwischen Kopien des Gebäudes in Peking und Teheran errichtet, wobei die im Jahr 2016 eröffnete iranische Klinik um ein Mehrfaches größer ist als die hannoversche.

Hirnforscher Prof. Samii gilt als weltweit gefragter Neurochirurg. Seine Kliniken sind nicht nur Operationsorte auf Spitzenniveau, sondern auch interdisziplinäre Forschungseinrichtungen. Etwa die Hälfte der rund 1500 Patienten im hannoverschen INI kommt aus dem Ausland. Behandelt werden sie unter anderem wegen schwerer Hirntumore, Rückenmarksverletzungen, Missbildungen oder Lähmungen im zentralen Nervensystem.

Immer wieder gab es Kritik, weil sich auch Despoten aus weltweiten Unrechtregimen in den INIs operieren lassen. Gründersohn Amir Samii, der inzwischen der Klinikleitung angehört, sagte dazu, der hippokratische Eid fordere von Ärzten, jedem Kranken zu helfen. Das INI rückte umgekehrt auch in den Fokus von Terroristen, etwa 2009 in einem Drohvideo, das damals Al-Quaida und den Taliban zugeschrieben wurde.

Architektonisch ist das INI zwar kein Unikat mehr, dafür aber ein echter Exportschlager für Hannover.

If the architecture of a building in Hannover impressively shows what it is all about inside, then it is the construction of the brain clinic INI in the Groß-Buchholzer Medical-Parc, the International Neuroscience Institute of Prof. Madjid Samii.

Completed in mid-2000, the 38-meter-high building impressively displays the abstracted shape of the human brain. On a rectangular, 2.80-meter-high base floor, a sculptural form rises with an elliptical ground plan that begins narrowly and develops its full width of 68 by 47.20 meters at mid-height (5th floor) before tapering again toward the top.

Three staircase cores more than 42 meters high penetrate the building, around the center of which operating and lecture theaters, technical and patient rooms are arranged strictly orthogonally.

The Asklepios clinics were responsible for the general planning, the Munich-based architectural firm Siat was the executive architect, and a joint venture of Philipp Holzmann AG and Siemens-Gebäudetechnik acted as general contractor. Following the Hannoverian model, copies of the building have since been erected in Beijing and Tehran, with the Iranian clinic, which opened in 2016, several times larger than the Hannoverian one.

Brain researcher Prof. Samii is considered a neurosurgeon in demand worldwide. His clinics are not only top-level surgical sites, but also interdisciplinary research facilities. About half of the approximately 1500 patients at the Hannover INI come from abroad. Among other things, they are treated for severe brain tumors, spinal cord injuries, deformities or paralysis of the central nervous system.

Time and again, there has been criticism because despots from unjust regimes around the world have undergone operations at the INI. Founder son Amir Samii, who is now a member of the clinic's management, said that the Hippocratic Oath requires doctors to help every sick person. Conversely, the INI has also become the focus of terrorists, for example in 2009 in a threatening video that was attributed to Al-Qaeda and the Taliban at the time.

Architecturally, the INI is no longer unique, but it is a real export hit for Hannover.

Objekt:	International-Neuroscience-Institut
Adresse:	Rudolf-Pichlmayr-Straße 4
Architekten:	Siat (Generalplaner: Arge Philipp Holzmann und Siemens Gebäudetechnik)
Bauherr:	International-Neuroscience-Institut
Baujahr:	2000
Fläche:	19 000 qm

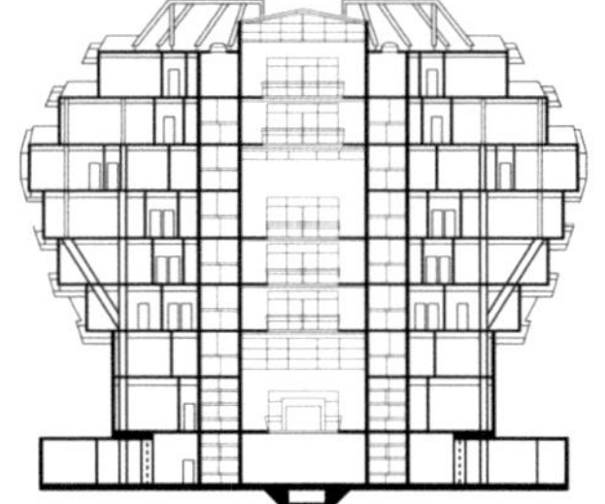

1 | Hier zeigt die Architektur, worum sich im Inneren alles dreht: Die Internationale Neuroscience-Klinik.

1 | Here, the architecture shows what everything inside is all about: The International Neuroscience Clinic.

1

Im Gespräch: Sechs Architekten über das Planen und Bauen in Hannover

In conversation: Six architects about planning and building in Hannover

1

Wo steht Hannover architektonisch? Können wir weiterbauen wie bisher, oder müssen wir angesichts von Klimawandel und Innenstadtkrise über einen anderen Umgang mit unseren Immobilien nachdenken? Was läuft schief bei Architektenwettbewerben, warum dauern Baugenehmigungen oft weiterhin so lange? Ein Diskurs über das gebaute Hannover in Gegenwart und Zukunft mit sechs sehr unterschiedlichen Architektinnen und Architekten.

Where does Hannover stand architecturally? Can we continue to build as before, or do we need to think about a different way of dealing with our real estate in view of climate change and the inner city crisis? What goes wrong in architectural competitions, why do building permits often continue to take so long?
A discourse on built Hannover in the present and future with six very different architects.

Conrad von Meding: Sprechen wir über die Stadt. Wie hat sich Hannover in den vergangenen Jahren entwickelt?

Claus Peter Schulze: Ich hätte mir vor zwölf Jahren, als wir die Weltwirtschaftskrise hatten, nicht annähernd vorstellen können, dass es so derartig vorangeht mit der Immobilienentwicklung.

Dilek Ruf: Ich kam 2006 aus Frankfurt nach Hannover. Anfangs habe ich mich, wenn ich durch die Stadt gelaufen bin, über die Leere im Stadtraum gewundert. Seitdem hat sich die Reparatur der Innenstadt wirklich sehr gut entwickelt, etwa die Bebauung der leeren Räume am Klagesmarkt und am Marstall, vor allem aber am Hohen Ufer. Dort sieht man, dass Städtebau im Sinne einer europäischen Stadt gut funktioniert, wenn man den öffentlichen Raum nutzt und gestaltet.

Meding: Stichwort Hohes Ufer: Da ist ja viel geplant, aber noch nicht alles realisiert worden ...

Karin Kellner: Ja, das Entscheidende fehlt dort noch (lacht). Die obere Uferpromenade ist zwar fertig, am Beginenturm und am Marstall sind Gebäude entstanden, aber die Umgestaltung der anderen Uferseite steht noch aus. Dort rauscht der Verkehr vierspurig wie auf einer Schnellstraße mitten durch die Stadt. Die tradierte Verbindung zwischen Altstadt und Calenberger Neustadt, die wir mit einer Furt symbolisieren wollten, ist noch nicht wieder hergestellt. Daran zeigt sich: Hannover hat enorme Potenziale. Und die müssen wir angesichts der globalen Herausforderungen wie Klimawandel, Mobilität und Nutzungsmix zwingend aktivieren. Vor allem in der Innenstadt. Denn das Herz dieser Stadt schlägt noch immer nicht im Zentrum.

Hilde Léon: Ich bin zur Expo im Jahr 2000 nach Hannover gekommen. Das war mein erstes Semester an der Leibniz-Universität und Hannover lag jahrelang in einem totalen Dornröschenschlaf. Da passierte gar nichts. Auch für mich war die Stadt immer sehr leer, außer im Bahnhof. Aber es hat sich in den letzten Jahren bemerkenswert viel getan. Es wird viel mehr gebaut, es wird auch viel mehr diskutiert – und darin liegt eine

Conrad von Meding: Let's talk about the city. How has Hannover developed in recent years?

Claus Peter Schulze: Twelve years ago, when we had the global economic crisis, I couldn't have imagined that real estate development would make such progress.

Dilek Ruf: I came to Hannover from Frankfurt in 2006. At first, when I walked through the city, I wondered about the emptiness of the urban space. Since then, the repair of the city center has really developed very well, for example the development of the empty spaces at Klagesmarkt and Marstall, but especially am Hohen Ufer. There you can see that urban development in the sense of a European city works well if you use and design the public space.

Meding: Speaking of Hohes Ufer: A lot has been planned there, but not everything has been realized yet ...

Karin Kellner: Yes, the most important thing is still missing there (laughs). The upper promenade has been completed, and buildings have been erected at the Beginenturm and Marstall, but the other side of the river has yet to be redesigned. There, traffic rushes through the middle of the city in four lanes like on an expressway. The traditional connection between the old town and Calenberger Neustadt, which we wanted to symbolize with a ford, has not yet been restored. This shows that Hannover has enormous potential. And it is imperative that we activate it in view of global challenges such as climate change, mobility and the mix of uses. Especially in the city center. Because the heart of this city still doesn't beat in the center.

Hilde Léon: I came to Hannover for the Expo in 2000. That was my first semester at Leibniz University, and Hannover had been in a total slumber for years. Nothing was happening. For me, too, the city was always very empty, except for the train station. But a remarkable amount has happened in recent years. Much more is being built, much more is being discussed – and therein lies an opportunity. It started with the Hannover-City-2020

Chance. Es begann mit dem Projekt Hannover-City-2020 von Stadtbaurat Uwe Bodemann, an dem ich beteiligt war, später kamen Konzepte von Studierenden hinzu. Heute stehen wir einer neuen Krise gegenüber durch den Leerstand der großen Kaufhäuser. Diese Krise bietet aber auch die große Chance, die Innenstadt nicht nur als einen einzigen großen Einkaufsladen zu betrachten, sondern als ein künftig wieder gemischtes Gebiet, wo Menschen wohnen, arbeiten und natürlich weiterhin auch gut einkaufen können. Auch dazu entwickeln wir derzeit Konzepte mit Studierenden.

Robert Marlow: Auch ich kann auf die letzten beiden Dekaden betrachtet sagen: Hannover hat sich wirklich qualitativ anspruchsvoll weiterentwickelt. Hannover ist interessant geworden, auch für Außenstehende. Ich bin seit 1979 in Hannover. Inzwischen muss ich nicht mehr nur auf Eilenriede und Maschsee verweisen, wenn ich über Hannovers Qualitäten spreche, sondern kann auch wirklich gute neue Architektur zeigen. Da hat nicht zuletzt das Projekt Hannover-City-2020 richtig etwas bewegt. Das ist etwas, was mir Spaß macht in Hannover.

Gert Meinhof: Als ich 1969 nach Hannover kam, habe ich das Zentrum als gesichtslos erlebt. Viele Klötze wo man einkaufen konnte, aber kein Ort zum Wohlfühlen. In den Stadtteilen ging mir das anders: Linden, Nordstadt, Oststadt. Dort habe ich dann aber erlebt, wie Quartiere abgerissen wurden. In dem Moment dachte ich: Jetzt muss man auf die Barrikaden gehen. Ich habe dann ziemlich schnell gemerkt, dass man in unserer Gesellschaft mit Hausbesetzungen nicht weit kommt, sondern dass es besser ist, statt Besetzer Besitzer zu sein. Ich kümmere mich seitdem nicht nur um Architektur, sondern auch um Recht, Steuerrecht, Finanzierungsmöglichkeiten und habe für mich realisiert: Wenn ich etwas machen will, dann mache ich das. So habe ich zahlreiche große Projekte umgesetzt, vom Ahrbergviertel in Linden-Süd über das Henriettenviertel in Groß-Buchholz, das Dragonerquartier, die Ihmeauen und vieles mehr. Dabei ging es immer um Erneuerung im Bestand. Mein Fazit: Vielleicht müssen wir nicht immer nur appellieren, sondern wir müssen die Leute, die Ideen haben, zusammenbringen mit den Leuten, die das Geld haben. Damit kann man eine ganze Menge bewirken. Tatsächlich ist ja genug Geld da, und es kostet wenig.

project by city building councilor Uwe Bodemann, in which I was involved, and later concepts by students were added. Today we are facing a new crisis due to the vacancy of the large department stores. However, this crisis also offers a great opportunity to look at the city center not just as a single large department store, but as a mixed area again in the future, where people can live, work and, of course, continue to shop well. We are currently developing concepts with students for this as well.

Robert Marlow: Looking at the last two decades, I can also say that Hannover has really developed in a qualitatively sophisticated way. Hannover has become interesting, even for outsiders. I have been in Hannover since 1979. In the meantime, I no longer have to refer only to Eilenriede and Maschsee when I talk about Hannover's qualities, but can also show really good new architecture. The Hannover City 2020 project has really made a difference here. That's something I enjoy about Hannover.

Gert Meinhof: When I came to Hannover in 1969, I experienced the city center as faceless. Many blocks where you could shop, but no place to feel good. I felt differently in the neighborhoods: Linden, Nordstadt, Oststadt. But then I saw how neighborhoods were being torn down. At that moment, I thought: Now you have to go on the barricades. I quickly realized that squatting doesn't get you very far in our society, and that it's better to be an owner than a squatter. Since then, I have not only been concerned with architecture, but also with law, tax law, financing options, and I have realized for myself: If I want to do something, I do it. That's how I've implemented numerous large projects, from the Ahrbergviertel in Linden-Süd to the Henriettenviertel in Groß-Buchholz, the Dragonerquartier, the Ihmeauen and much more. The focus was always on renewal of existing buildings. My conclusion: Maybe we don't always have to appeal, but we have to bring together the people who have ideas with the people who have the money. You can achieve a lot with that. In fact, there is enough money, and it costs little.

Karin Kellner (*1962) hat in Hannover Architektur studiert und 1992 mit Partnern das Büro Kellner Schleich Wunderling kswarchitekten + stadtplaner gegründet. 1994 wurde sie in den Bund Deutscher Architekten berufen, 2011 in die Deutsche Akademie für Städtebau und Landesplanung (DASL), beriet Wolfenbüttel und Bielefeld sowie aktuell auch Braunschweig in Gestaltungsberiräten, lehrte 2017/18 Entwerfen und Gebäudelehre an der Universität Kassel und ist seit 2018 Vorstandsmitglied der Architektenkammer Niedersachsen.

Karin Kellner (*1962) studied architecture in Hannover and founded the office Kellner Schleich Wunderling kswarchitekten + stadtplaner with partners in 1992. In 1994 she was appointed to the Association of German Architects, in 2011 to the German Academy for Urban and Regional Planning (DASL), advised Wolfenbüttel and Bielefeld and currently also Braunschweig in design advisory boards, taught design and building theory at the University of Kassel in 2017/18 and has been a board member of the Chamber of Architects of Lower Saxony since 2018.

Der Hannover-City-2020-Dialog

Der Stadtdialog Hannover-City2020 war 2009/10 ein spektakulärer, einjähriger Diskussionsprozess, in dem Hannovers Stadtgesellschaft intensiv über neue Funktionen in der Innenstadt nachgedacht hat. Bis zu 800 Teilnehmende gleichzeitig haben bei Abendveranstaltungen im Sprengel-Museum mitgewirkt. Daraus entstand das Konzept einer Nachverdichtung mehrerer Stadtplätze, die bis dahin weitgehend als Autoparkflächen genutzt wurden. 2017 wurde der erste Bauabschnitt am Klagesmarkt mit Wohn- und Bürohäusern fertiggestellt, 2019 die Bebauung am Marstall mit Wohn- und Geschäftshäusern und einem dazwischenliegenden Minipark. 2020 war die Umgestaltung des oberen Teils am Hohen Ufer als Flaniermeile abgeschlossen. Doch der Umbau des anderen, grünen Ufers steht ebenso noch aus wie die Neubebauung des Theodor-Lessing-Platzes.

The Hannover City2020 dialog

In 2009/10, the Hannover-City2020 urban dialog was a spectacular, year-long discussion process in which Hannover's urban society intensively considered new functions in the city center. Up to 800 participants at a time took part in evening events at the Sprengel Museum. This resulted in the concept of a redensification of several city squares, which until then had largely been used as car parking areas. In 2017, the first construction phase at Klagesmarkt with residential and office buildings was completed, followed in 2019 by the development at Marstall with residential and commercial buildings and a mini-park in between. In 2020, the redevelopment of the upper section on am Hohen Ufer as a promenade was completed. But the conversion of the other, green bank is still pending, as is the new development of Theodor-Lessing-Platz.

1

1 | Die Furt am Hohen Ufer: Im großen Innenstadtwettbewerb City2020 hatte das Büro KSW den ersten Platz für das Altstadtufer der Leine errungen mit dem Vorschlag, die historische Furt durch eine ganz flache Brücke über den Fluss zu symbolisieren. Daneben sollte auf der Seite der Calenberger Neustadt ein Bauwerk entstehen, um die Lücke zwischen Altstadt und Calenberger Neustadt zu schließen, die durch den Abriss der Leineinselbebauung und die Anlage einer vierspurigen Straße entstanden ist. Die Pläne werden derzeit aber nicht weiterverfolgt.

1 | The ford on the am Hohen Ufer: In the major downtown competition City2020, the KSW office had won the first prize for the old town bank of the Leine with the proposal to symbolize the historic ford by a very flat bridge across the river. In addition, a structure was to be built on the Calenberger Neustadt side to close the gap between the old town and the Calenberger Neustadt, which was created by the demolition of the Leineinselbebauung and the construction of a four-lane road. However, the plans are not being pursued at present.

Marlow: Diese Diskussion mit breiter öffentlicher Beteiligung war großartig. Die Diskussionsabende waren fruchtbar und anschließend haben wir tolle Wettbewerbe erlebt für eine neue Nutzung von Freiflächen in der Stadt. Aber nachdem die Wettbewerbe entschieden waren, schien für die Verwaltung dieser Teil des Arbeitsauftrags erfüllt. Für die Fachabteilungen ging es an die Umsetzung, und der Diskussionsfaden riss ab. Das ist schade. Und trotzdem lässt sich rückblickend sagen: Insgesamt ist dieser Prozess sehr gut gewesen.

Ruf: Der Aspekt der Nutzungsdurchmischung, auch mit Innenstadtwohnen, den wir damals diskutiert haben, der wird jetzt immer aktueller. Es hat zuvor einige Fehlentscheidungen gegeben. Dazu zählt aus meiner Sicht etwa, mitten in der Stadt die Ernst-August-Galerie als große Shoppingmall zu bauen. Ich fand den Innenstadtdialog sehr gut – aber eine wesentliche Frage ist dort nicht nachhaltig beantwortet worden: Was ist die künftige Aufgabe der Innenstadt neben dem Handel, wie gehen wir mit Flächenkonkurrenz um?

Marlow: Da möchte ich widersprechen. In dem Prozess war ganz klar auch die Frage, wie wir das Wohnen in die Stadt zurückholen und die Innenstadt wieder durchmischen.

Ruf: Aber man hat das danach nicht konsequent platziert, man hat es nur in Teilen umgesetzt.

Kellner: Was richtig ist: Nachdem die Ernst-August-Galerie mit ihren riesigen Handelsflächen in der Innenstadt installiert war und erkennbar war, dass die Innenstadt durch den Cityring von den Nachbarstadtteilen abgeschnitten ist, da hat der Rat sich die Frage gestellt, wie wir es schaffen, der Innenstadt nicht das Wasser abzugraben. Das geht nur über Durchmischung und entkommerzialisierte, zum Aufenthalt einladende Freiräume und eine bessere Anbindung weiterer Stadtquartiere an die Innenstadt. Da haben Politik, Verwaltung, Architektinnen und Architekten, Stadtplanerinnen und Stadtplaner einen echt guten Job gemacht. Das ist etwas, worauf man jetzt weiter aufbauen muss.

Marlow: This discussion with broad public participation was great. The discussion evenings were fruitful and afterwards we saw great competitions for a new use of open spaces in the city. But once the competitions were decided, for the administration, that part of the work order seemed fulfilled. For the departments, it was on to implementation, and the thread of discussion snapped. That is a pity. And yet, in retrospect, it can be said that this process was very good overall.

Ruf: The aspect of mixed use, including inner-city living, which we discussed at the time, is now becoming increasingly topical. There have been a number of wrong decisions before. In my view, one of them was to build the Ernst-August-Galerie as a large shopping mall in the middle of the city. I thought the downtown dialog was very good – but one essential question was not answered there in the long term: What is the future task of the city center besides retail, how do we deal with competition for space?

Marlow: I would like to disagree with that. The process clearly included the question of how we can bring housing back into the city and mix up the city center again.

Ruf: But after that, they didn't place it consistently, they only implemented it in parts.

Kellner: Which is correct: After the Ernst-August-Galerie with its huge retail space was installed in the city center and it became apparent that the city center was cut off from the neighboring districts by the City-ring, the Council asked itself how we could manage stifle the city center. The only way to do this is through mixing and decommercialized open spaces that invite people to spend time there, and a better connection of other city quarters to the city center. Politicians, administrators, architects and urban planners have done a really good job here. That's something we now have to build on.

Schulze: I think everything that was discussed in the City 2020 concept is right and good. But the question is always: Who is going to pay for

Claus Peter Schulze (*1958) vom Büro spa hat in Hildesheim Architektur studiert. Seit 1994 betreibt er als selbstständiger Architekt sein Büro schulze & partner. architektur in Hannover. 2005 wurde in den Bund Deutscher Architekten berufen. 2015 veröffentlichte er die Publikation „Builder", 2019 „Fünf+Zwanzig – 2,5 Jahrzehnte Architektur sp.a aus allen Blickwinkeln".
Claus Peter Schulze (*1958) from the spa office studied architecture in Hildesheim. Since 1994 he has been running his office schulze & partner. architektur in Hannover as an independent architect. In 2005 was appointed to the Association of German Architects. In 2015 he published the publication "Builder", 2019 "Five+Twenty – 2.5 decades of architecture sp.a from all angles".

Schulze: Ich finde alles richtig und gut, was beim Konzept City-2020 diskutiert wurde. Aber die Frage ist immer: Wer bezahlt denn das Ganze? Man darf nicht vergessen: Damals hat uns die weltpolitische Lage in die Karten gespielt. Nach der Weltwirtschaftskrise wollte der Bund die Konjunktur retten. Wir hatten niedrige Zinsen und Rahmenbedingungen, die stimmten. Die Investoren waren gewillt, einige der Planungen und Projekte aus City-2020 umzusetzen, weil sie entsprechende Renditeerwartungen hatten. Wie sich aber die Konjunktur jetzt nach der Corona-Krise entwickeln wird, das werden wir erst in einigen Jahren wissen.

Ruf: Aber genau das ist ja die Herausforderung. Die Erkenntnis ist, dass solche Prozesse sich eher in Dekaden abspielen. Der aktuelle Boom wird zwar wahrscheinlich enden. Aber trotzdem müssen wir an unseren Städten weiterarbeiten. Mit dem, was wir heute tun, stellen wir die Weichen für die nächsten zehn Jahre – auch im Sinne der wirtschaftlichen Wettbewerbsfähigkeit.

Muss das Bauen immer teuer werden?

Meding: Dann definieren Sie doch mal: Was ist genau die Rolle der Architektinnen und Architekten dabei? Sie sagen: Politik und Verwaltung müssen mehr in Dekaden planen, alle gemeinsam müssen die Stadt weiterdenken – aber was genau ist die Funktion Ihrer Zunft in diesem Prozess?

Meinhof: Wir müssen nicht nur in Dekaden denken, sondern vor allem auch über den Tellerrand hinaus. Bei Architektur geht es ja um mehr als Fassadengestaltung. Wir dürfen uns nicht nur darüber unterhalten, ob wir klinkern oder verputzen. Wir müssen uns vor allem Gedanken darüber machen, was mit den Gebäuden passiert. Aktuell erleben wir, wie die Innenstädte ausgezehrt werden. Aber so etwas ist ja nicht neu. Es fallen Nutzungen weg, weil sich die Bedürfnisse ändern. Das haben wir früher bei Fabriken erlebt, aktuell erleben wir es zum Beispiel auch bei Kirchen. Wir bauen gerade die dritte Kirche für neue Nutzungen um und es werden noch mehrere kommen. Wir Architekten müssen uns immer über Nutzungen Gedanken machen und darüber, wie sie finanziert werden können. Auch das gehört zwingend dazu. Denn ich erlebe in den letzten zehn Jahren, wie die Preise explodieren: Obwohl der Zins Richtung Null geht, wird das Bauen immer teurer. Ich will an einem Beispiel zeigen, dass das nicht sein muss. Wir haben aktuell ein Projekt in Goslar, wo wir Kasernen gekauft, aber nicht abgerissen haben. Umgerechnet auf den Quadratmeter Substanz waren das 200 Euro. Investiv kommen da 1500 bis 1600 Euro drauf, sodass ich im Endeffekt bei um die 2000 Euro pro Quadratmeter für einen wirklich Hightech-modernisierten Wohnraum liege. Wir finanzieren das mit KfW-Mitteln, also 0,75 Prozent, da kann man sich ausrechnen, was da an Belastungen herauskommt. Da entstehen uns Zinskosten von knapp über einem Euro pro Quadratmeter und Monat. Natürlich kommt da noch Tilgung dazu und irgendetwas müssen wir am Ende auch verdienen. Aber ich will damit klarmachen: Es geht durchaus, Immobilien einer neuen

the whole thing? We must not forget: At the time, the global political situation played into our hands. After the global economic crisis, the federal government wanted to rescue the economy. We had low interest rates and conditions that were right. Investors were willing to implement some of the plans and projects from City-2020 because they had corresponding expectations of returns. But we won't know for a few years how the economy will develop now that the Corona crisis is over.

Ruf: But that is precisely the challenge. The realization is that such processes tend to take place over decades. The current boom will probably end. But we still have to keep working on our cities. With what we are doing today, we are setting the course for the next ten years – also in terms of economic competitiveness.

Does building always have to be expensive?

Meding: Then define: What exactly is the role of architects in this? You say that politics and administration have to plan more in decades, everyone together has to think ahead about the city – but what exactly is the function of your profession in this process?

Meinhof: We have to think not only in decades, but above all see beyond the end of our nose. After all, architecture is about more than facade design. We can't just talk about whether we should use clinker or render. Above all, we have to think about what happens to the buildings. At the moment, we are seeing inner cities being eroded. But this is nothing new. Uses are disappearing because needs are changing. We experienced this in the past with factories, and we are currently experiencing it with churches, for example. We are currently converting the third church for new uses, and there will be several more. We architects always have to think about uses and how they can be financed. That is also an imperative. Because I've seen prices skyrocket in the last ten years: Although interest rates are heading toward zero, building is becoming more and more expensive. Let me give you an example to show that this doesn't have to be the case. We currently have a project in Goslar, where we bought barracks but did not demolish them. Converted to the square meter of substance, that was 200 euros. In terms of investment, we add 1,500 to 1,600 euros, so that I end up with around 2,000 euros per square meter for a really high-tech, modernized living space. We are financing this with KfW funds, i.e. 0.75 percent, so you can work out what the costs will be. We incur interest costs of just over one euro per square meter and month. Of course, there's also the repayment, and we have to earn something in the end. But I want to make it clear: It is certainly possible to put real estate to a new use that makes sense – in this example, affordable housing. We have to be creative in this way when it comes to redefining the city center.

Meding: But Goslar is not Hannover.

Meinhof: That's true. But the example is certainly transferable. For example, the former state women's clinic in the northern part of the city,

Nutzung zuzuführen, die sinnvoll ist – in diesem Beispiel preiswerter Wohnraum. Solche kreativen Wege müssen wir auch bei einer Neubestimmung für die Innenstadt wagen.

Meding: Nun ist Goslar aber nicht Hannover.

Meinhof: Das stimmt zwar. Aber das Beispiel ist durchaus übertragbar. Etwa auf die ehemalige Landesfrauenklinik in der Nordstadt, die jetzt zu Wohnungen umgebaut wird und zwar zu sehr teuren Wohnungen. Das war eine Liegenschaft in öffentlicher Hand, die leider meistbietend an Investoren verkauft wurde – zum Dreifachen des Schätzpreises, der etwa 5,5 Millionen Euro betrug. Jetzt werden die Eigentumswohnungen teils für 7500 Euro pro Quadratmeter verkauft.

Schulze: Die werden sie aber zum Teil nur sehr schwer los. Die Investoren kommen aus Hamburg, und sie haben wohl geglaubt, sie könnten in Hannover auch ein Hamburger Preisniveau durchsetzen.

Meinhof: Tatsächlich dümpelt das alles vor sich hin und scheint schwer verkäuflich zu sein. Der Punkt ist aber: Wenn die öffentliche Hand das an Projektentwickler gegeben hätte, die dort eine kreative Entwicklung zu niedrigen Preisen ermöglicht hätten, dann wären wir bei Kosten unter 3000 Euro gelandet – damit wäre eigentlich allen gedient gewesen. Natürlich kann man argumentieren, dass es gut ist, dass die öffentliche Hand nun ein paar Millionen mehr in die Kasse bekommen hat. Aber der gesellschaftliche Nutzen wäre sicherlich größer, wenn dort Wohnraum entstanden wäre, der für die Mittelschicht erschwinglich wäre.

Ruf: Das wäre Quartiersentwicklung im besten Sinne gewesen.

Kellner: Das zeigt: Wir müssen mehr zu Konzeptvergaben kommen statt zu Bieterverfahren mit Höchstpreisen.

Meinhof: Genauso ist es bei der Freiherr-von-Fritzsch-Kaserne in Bothfeld. Mir tränen die Augen, wenn ich daran vorbeifahre. Vor zehn Jahren wäre das Areal mit seinen Gebäuden zu retten gewesen. Aber die Bundesimmobilienanstalt hat erst an einen Investor verkauft, der die Altlastensituation möglicherweise falsch eingeschätzt hat, dann durfte die Polizei mit ihren Antiterroreinheiten die intakten Immobilien für Einsatzübungen mit Sprengstoff nutzen und jetzt ist alles kaputt. Dabei waren da 25.000 Quadratmeter gute, stabile Substanz, die man hätte umbauen können, nach gleichem Modell wie in Goslar.

Schulze: Aber in einer Stadt wie Hannover muss das Segment Luxuswohnungen auch darstellbar sein. Und ich bin sicher: Wenn teure Wohnungen gebaut werden, dann hilft das auch den Menschen, die geförderte Wohnungen benötigen. Wenn die Mittelschicht sich verändern will und ein Interesse hat, in teurere Wohnungen zu ziehen, dann werden für die, die weniger haben, ja auch wieder preiswertere Wohnungen frei. Ich will damit sagen: Wir sollten zwar nicht nur Luxuswohnungen bauen, aber wir dürfen es bitte auch nicht verteufeln.

Marlow: Ich sehe noch ganz andere Aufgaben, die wichtig sind. Das sind der Klimawandel und die Auseinandersetzung mit klimagerechtem Bauen. Eine Art Bauwende wird nötig sein, die dazu führt, dass wir den Bestand mehr schätzen lernen. Wir müssen die CO_2-Thematik immer mit einpreisen, wenn es um Abriss oder Neubau geht, also die Graue Energie immer berücksichtigen. Für Architekten wird es eine der großen Aufgaben

which is now being converted into apartments, and very expensive apartments at that. This was a publicly owned property that was unfortunately sold to investors at the highest bid – at three times the estimated price, which was about 5.5 million euros. Now, some of the condominiums are being sold for 7500 euros per square meter.

Schulze: But some of them are very difficult to get rid of. The investors come from Hamburg, and they probably believed that they could also achieve a Hamburg price level in Hannover.

Meinhof: In fact they seem to be difficult to sell. But the point is: If the public sector had given it to project developers who would have enabled creative development there at low prices, we would have ended up with costs under 3,000 euros – which would actually have served everyone. Of course, one can argue that it is good that the public sector now has a few million more in its coffers. But the social benefit would certainly have been greater if housing had been created there that was affordable for the middle class.

Ruf: That would have been neighborhood development in the best sense.

Kellner: That shows: We need to move more toward tender processes instead of bidding procedures with maximum prices.

Meinhof: It's the same with the Freiherr von Fritzsch barracks in Bothfeld. My eyes water when I drive past it. Ten years ago, the area and its buildings could have been saved. But the Federal Real Estate Agency first sold it to an investor who may have misjudged the contamination situation, then the police and their anti-terrorist units were allowed to use the intact real estate for operational exercises with explosives, and now everything is ruined. Yet there were 25,000 square meters of good, stable substance that could have been converted, following the same model as in Goslar.

Schulze: But in a city like Hannover, the luxury housing segment must also be presentable. And I'm sure that if expensive apartments are built, that will also help the people who need subsidized housing. If the middle class wants to change and is interested in moving into more expensive apartments, then cheaper apartments will become available again for those who have less. What I'm trying to say is that we shouldn't just build luxury housing, but we shouldn't demonize it either, please.

Marlow: I see completely different tasks that are important. These are climate change and dealing with climate-friendly construction. A kind of building turnaround will be necessary, which will lead to us learning to value existing buildings more. We always have to factor in the CO_2 issue when it comes to demolition or new construction, in other words, we always have to take gray energy into account. One of the major tasks for architects will be to raise awareness there and to prove that it is even more economical to maintain some buildings and not to demolish them if you include CO_2 and consider a building over its entire lifetime, from construction to operation to demolition. So far, our laws only look at operation.

Dilek Ruf (*1974) hat in Darmstadt Architektur studiert und 2012 in Hannover das Büro BBU-Projekt Architekten BDA gegründet. Sie ist Vorsitzende der Bezirksgruppe des Bunds Deutsches Architekten (BDA) Hannover, hat ab 2018 im „Bündnis für bezahlbaren Wohnraum" Hannover mitgearbeitet, die Stadt Hannover ab 2019 bei der Bewerbung zur Europäischen Kulturhauptstadt beraten und sitzt im Beirat Stadtgestaltung Bielefeld.
Dilek Ruf (*1974) studied architecture in Darmstadt and founded the office BBU-Projekt Architekten BDA in Hannover in 2012. She is chairwoman of the district group of the Association of German Architects (BDA) Hannover, has worked in the "Alliance for Affordable Housing" Hannover from 2018, advised the city of Hannover from 2019 on the application for the European Capital of Culture and sits on the Advisory Board Urban Design Bielefeld.

Eine Art Bauwende wird nötig sein. Robert Marlow

A kind of construction turnaround will be necessary. Robert Marlow

sein, dort zu sensibilisieren und nachzuweisen, dass es sogar wirtschaftlicher ist, manche Gebäude zu erhalten und nicht abzureißen, wenn man das CO_2 mitrechnet und ein Gebäude über die gesamte Lebensdauer betrachtet, von der Erstellung über den Betrieb bis hin zum Abriss. Bisher wird in unseren Gesetzen nur der Betrieb betrachtet. Die Gebäude sind aber für 40 Prozent des CO_2-Ausstoßes verantwortlich. Nur die Hälfte davon sind Betrieb, aber die andere Hälfte wird überhaupt nicht kontrolliert heutzutage. Dabei sind das 20 Prozent der Gesamt-CO_2-Bilanz. Wir brauchen eine Lebenszyklusbetrachtung, auch beim Neubau. Das ist ein Thema, mit dem wir Architektinnen und Architekten am Anfang eines Projektes unsere Bauherrn, ob öffentlich oder privat, konfrontieren und bestenfalls auch begeistern müssen.

Braucht Hannover einen Ort für Architekturdebatten?

Unter Stadtbaurat Uwe Bodemann wurde der Gestaltungsbeirat abgeschafft, in dem Architekturinteressierte jahrzehntelang als sogenannter Kollegialkreis wichtige Stadtentwicklungsfragen diskutiert hatten. Braucht es solch ein Gremium wieder? Oder einen Ort, an dem Stadtentwicklung im Zentrum erfahrbar wird und Bürger zum Mitdiskutieren anregt?

Marlow: Ich glaube, dass wir Architektinnen und Architekten uns generell mehr einmischen müssen. So, wie wir das in Allianz von Kammer und BDA bei der Kulturhauptstadtbewerbung gemacht haben: Ideen reingeben, wie zum Beispiel der Cityring bespielt werden kann. Da waren tolle Konzepte dabei. Es ist zwar schade, dass aus der Kulturhauptstadtbewerbung nichts geworden ist. Umso mehr müssen wir uns auch weiter einbringen. Dafür muss man aus seinem Büro raus und mal zu Veranstaltungen gehen.

Ruf: Wir machen das ja eigentlich alle: Dass wir uns einmischen, über unsere Verbände und Organisationen. Das ist relativ mühsam. Aber wir sehen, dass es zumindest ein stückweit Bewegung auslöst. Wir spüren, dass wir mit Diskussionen wie dem Einrichten eines Beirats zur strategischen Stadtentwicklung oder der Debatte um Flächenkonkurrenzen durchaus durchdringen. Wir müssen zeigen, dass es in der Architektenschaft und in der Gesellschaft einen großen Konsens gibt, was Zukunftsthemen und Zukunftsfragen sind. Wir können da durchaus einen großen Beitrag zu leisten.

Léon: Ich habe in Hannover den Eindruck, dass die Position des Baudezernenten mit zu vielen anderen Funktionen vollgestopft ist, sodass viel zu wenig Raum bleibt für Stadtgestaltung und Stadtentwicklung. Da wäre ein Gestaltungsbeirat als Unterstützung für die Verwaltung, aber auch als Kreativpool für Ideen ganz wichtig. Das ist eine Schnittstelle zwischen Fachwelt und Öffentlichkeit, da kann man sehr viel kommunizieren.

Kellner: Bestimmt findet man einen besseren Begriff als Gestaltungsbeirat. Es geht uns ja darum, dass wir Konzepte entwickeln, Ideen finden. Es geht nicht nur um die Fassaden, um die architektonische Ausprägung von Projekten, sondern vor allem um das kreative Potenzial der Nutzung von Räumen. Aktuell zum Beispiel um die Frage, was eigentlich auf

But buildings are responsible for 40 percent of CO_2 emissions. Only half of them are in operation, but the other half is not controlled at all these days. That is 20 percent of the total CO_2 footprint. We need a lifecycle approach, also for new construction. This is a topic that we architects must confront our clients with, whether public or private, with at the beginning of a project and, at best, also inspire them.

Does Hannover need a place for architectural debates?

Under Uwe Bodemann, the city's head of construction, the design advisory board was abolished. For decades, people interested in architecture had discussed important urban development issues in this so-called collegial group. Do we need such a body again? Or a place where urban development can be experienced in the center and where citizens are encouraged to join in the discussion?

Marlow: I think that we architects generally have to get more involved. Just as we did in the alliance of the Chamber and the BDA for the Capital of Culture application: We had to come up with ideas on how to use the Cityring, for example. There were some great concepts. It's a shame that nothing came off the Capital of Culture application. That's all the more reason for us to continue to get involved. To do that, you have to get out of your office and go to events.

Ruf: Actually, we all do that: We get involved through our associations and organizations. It's relatively tedious. But we see that it at least triggers some movement. We feel that we are making inroads with discussions such as the establishment of an advisory board for strategic urban development or the debate about competition for land. We have to show that there is a great consensus in the architectural community and in society as to what the issues and questions of the future are. We can definitely make a major contribution to this.

Léon: In Hannover, I have the impression that the position of the head of the building department is crammed with too many other functions, leaving far too little room for urban design and development. A design advisory board would be very important as a support for the administration, but also as a creative pool for ideas. It's an interface between experts and the public, and you can communicate a lot there.

Kellner: I'm sure you could find a better term than design advisory board. For us, it's about developing concepts and finding ideas. It's not just about the facades, about the architectural character of projects, but above all about the creative potential of the use of spaces. At the moment, for example, the question is what should actually happen on the site of the old post office or with the Ihme Center.

Léon: There was an interesting master's thesis on the post office area by Lea Frenz, who investigated what could be done there without tearing everything down, as is currently planned.

Kellner: What's missing in Hannover is a centrally located place where such work can be presented to the public.

Marlow: In Kiel, City Planning Director Doris Grondke has created

dem Areal des alten Postcheckamts oder mit dem Ihme-Zentrum passieren müsste.

Léon: Zum Postareal gab es eine interessante Masterthesis von Lea Frenz, die untersucht hat, was man dort machen kann, ohne alles abzureißen, wie es derzeit geplant ist.

Kellner: Was in Hannover fehlt, ist ein zentral gelegener Ort, an dem man solche Arbeiten mal öffentlichkeitswirksam präsentieren kann.

Marlow: In Kiel hat Stadtbaurätin Doris Grondke einen Bereich geschaffen, in dem Diskussionen über Projekte stattfinden, wo Bürger hingehen und sich informieren können, was grad Neues passiert. Da kann man dann einen Zettel schreiben, was einem gefällt und was nicht. Wir sind dazu aktuell im Gespräch mit Thomas Schwark, dem Direktor des Historischen Museums, der für so etwas sehr offen wäre. Weil das Museum ein Ort wäre, an dem über Stadtentwicklung nachgedacht werden kann, aber nicht nur zurückgerichtet, sondern auch nach vorne. Das fand er großartig.

Ruf: Mit dem neuen Innenstadtdialog soll Hannover so etwas bekommen. Da soll es Experimentierräume in der Innenstadt geben und Orte des Austausches. Das ist zwar nur temporär, aber diese Diskussion hat übergeordnet für die gesamte Stadt eine Sinnhaftigkeit. Da diskutieren wir am öffentlichen Ort über den öffentlichen Raum, das ist maximal gut.

Léon: Hierzu bieten sich auch die derzeit leerstehenden Kaufhäuser an. Sie sind mitten in der Stadt. Es macht schon einen Unterschied, ob man den Bürgern Diskussionsangebote dort macht oder in der Eingangshalle des Stadtplanungsamts. Dorthin gehen ja nur die, die sowieso müssen. Es gibt ja durchaus nutzbare Räume in der Stadt. Zum Beispiel im ehemaligen Hofcafé im Hauptbahnhof, wo während der Corona-Krise ein Testzentrum eingerichtet wurde. Dort könnte man künftig anhand von Stadtmodellen aktuelle Entwicklungen, Pläne, Konzeptionen vorstellen und diskutieren. Andere Städte haben so etwas. In Bremen zum Beispiel ist das Stadtplanungsamt sehr zentral am Bahnhof gelegen, da kommt man einfach eher mal vorbei.

Wie sich Wettbewerbe ändern

Zum Selbstverständnis freischaffender Architekten gehört es, dass sie sich untereinander dem Wettbewerb stellen. Um die beste Lösung für eine Bauaufgabe zu entwickeln, bieten sie den Auftraggebenden an, Konzeptentwürfe zu liefern, wenn die Bauherrenschaft im Gegenzug die Regeln eines Architektenwettbewerbs mit dem Auftragsversprechen einhält. Aus dem guten Ansatz ist inzwischen aber ein hochbürokratischer Prozess geworden, mit einer Planungstiefe, die sich viele Büros gar nicht mehr leisten können. In Hannovers Architekturszene gab es zuletzt häufig auch Unmut, weil zu den Wettbewerben oft nur ein kleiner Kreis von Büros eingeladen wurde. Die Ursprungsidee, Kreativität durch Wettbewerb zu ermöglichen, wurde so konterkariert – und häufig gewannen Büros mit wohlklingenden Namen aus dem Rest der Republik.

an area where discussions about projects take place, where citizens can go and find out what's new. You can then leave a note about what you like and don't like. We're currently talking to Thomas Schwark, the director of the History Museum, who would be very open to something like this. Because the museum would be a place to think about urban development, but not just looking back, but also looking forward. He thought that was great.

Ruf: Hannover is to get something like that with the new inner city dialog. There are to be experimental spaces in the city center and places for exchange. It's only temporary, but this discussion makes sense for the entire city. We are discussing public space in a public place, which is good to the maximum.

Léon: The currently vacant department stores also lend themselves to this. They are in the middle of the city. It makes a difference whether you make discussion offers to the citizens there or in the entrance hall of the city planning office. Only those who have to go there anyway go there. There are certainly usable rooms in the city. For example, in the former courtyard café in the main train station, where a test center was set up during the Corona crisis. In the future, current developments, plans and concepts could be presented and discussed there using city models. Other cities have something like this. In Bremen, for example, the city planning office is very centrally located at the train station, so people are more likely to drop by.

How competitions change

It is part of the self-image of freelance architects that they face competition among themselves. In order to develop the best solution for a building task, they offer to deliver conceptual designs to the client in return for the client's promise to comply with the rules of an architectural competition. In the meantime, however, this good approach has turned into a highly bureaucratic process, with a depth of planning that many offices can no longer afford. In Hannover's architectural scene, there has also been frequent resentment recently because often only a small circle of offices has been invited to the competitions. The original idea of enabling creativity through competition was thus thwarted – and often offices with well-sounding names from the rest of the country won.

Schulze: Gibt es eigentlich Überlegungen bei Kammer und BDA, jungen Büros die Möglichkeit zu eröffnen, an Wettbewerben teilzunehmen? Damit junge Entwurfstalente die Gelegenheit bekommen, sich tatsächlich in Wettbewerben zu beweisen. Wenn ich mir die Teilnahmelisten anschaue, und das gilt speziell in Hannover, dann haben die jungen Architekten eigentlich überhaupt keine Chance. Ich finde es grausam.

Ruf: Da kann ich Ihnen beipflichten. Bei den geladenen Wettbewerben, die ja grundsätzlich eine legitime Form sind, ist das Anforderungsprofil an die Büros oft absurd. Das ist oft kein Wettbewerb mehr, sondern eine abgeschlossene Phase 2 mit auf jeden Fall Anteilen der Phase 3. Da muss man sich fragen: Was mutet man eigentlich den Büros zu, egal ob etabliert oder jung oder mittelalt. Beim Wettbewerbswesen müssen wir die Hürden so gestalten, dass wieder eine Bandbreite ermöglicht wird und es geöffnet wird.

Schulze: Zum Beispiel die Feuerwache. Da dürfen nur die mitmachen, die schon fünf Feuerwachen gebaut haben. Wie soll man denn da jemals mitmachen?

Ruf: Genau. Und wir sehen das auch bei Schulbauten. Wenn wir da den Blick in Länder richten, wo wirklich offene Wettbewerbe noch stattfinden, etwa Dänemark oder Kroatien: Dort wird wirklich konzeptionell weitergedacht. Wenn man aber vorschreibt, dass nur die mitmachen dürfen, die schon fünf Schulen gebaut haben, dann wird man wenig Impulse bekommen. So erstickt man Innovation und gesunden Wettbewerb im Keim.

Marlow: Die Kammer trägt wie ein Mantra vor sich her, dass sich junge Büros an Wettbewerben beteiligen können. Das geht in nicht-offenen Verfahren oft nur darüber, dass man die Zugangsschwelle niedrig ansetzt und, wenn erforderlich, einen Teil der teilnehmenden Büros auslost. Bei privaten Auslobern und auch Kommunen ist jedoch in der Mehrzahl wenig Bereitschaft vorhanden, das mit jungen Büros zu machen. Vorbildlich war aber zum Beispiel, dass es beim Wettbewerb für den Steintorplatz eine Wildcard für junge Büros gab.

Kellner: Also, in der Schweiz kannst du auch als Student an offenen Wettbewerben teilnehmen, und das ist richtig so. Wenn die Studierenden sich an Wettbewerben beteiligen, dann fördert das ihr Selbstverständnis, als Generalisten aktiv zu werden und zugleich Einfluss zu nehmen auf gesellschaftliche Entwicklungen.

Marlow: Kleiner Widerspruch. Also, ich meine, Bauherrn sollte man vor Teilnehmerinnen und Teilnehmern ganz ohne Praxiserfahrung schützen. Deshalb macht es schon aus Gründen des Verbraucherschutzes Sinn, die Kammereintragung als Eingangsvoraussetzung zu setzen.

Léon: Es wäre ja schon etwas, wenn wir die jungen eingetragenen Büros für die Wettbewerbe gewinnen könnten, was ja auch über Einladungen möglich wäre.

Schulze: Auf jeden Fall müssen wir davon ab, immer auf die Etablierten zu setzen. Und es stellt sich die Frage, wie man das regelt. Dazu ein ganz kurzes Beispiel: Ich habe einen Bauherrn, der vor einigen Jahren einen schönen Wettbewerb ausgelobt hat. Der Stadtbaurat wollte 15 Teilnehmer. Der Bauherr war gewillt, davon sechs Büros auf die Liste zu setzen, die zwar Kammermitglieder waren, die aber keiner kannte. Aber dann kam die Liste aus dem Baudezernat zurück und fast alle sechs waren raus-

2

Schulze: Are the Chamber and the BDA actually considering giving young offices the opportunity to participate in competitions? So that young design talents get the opportunity to actually prove themselves in competitions. When I look at the participation lists, and this is especially true in Hannover, the young architects actually have no chance at all. I think it's cruel.

Ruf: I can agree with you on that. In the invited competitions, which are basically a legitimate form, the requirements profile for the offices is often absurd. It's often no longer a competition, but a completed phase 2 with, in any case, parts of phase 3. You have to ask yourself: What do we actually expect of the offices, whether they are established or young or middle-aged? In the competition system, we have to design the hurdles in such a way that a wide range is made possible again and it is opened up.

Schulze: Take the fire station, for example. Only those who have already built five fire stations are allowed to participate. How are you ever supposed to participate in that?

Ruf: Exactly. And we also see this with school buildings. If we look at countries where truly open competitions still take place, such as Denmark or Croatia, we see that they really do think ahead. But if you stipulate that only those who have already built five schools are allowed to participate, then you won't get much impetus. This nips innovation and healthy competition in the bud.

Marlow: The Chamber is repeating almost like a mantra that young offices can participate in competitions. In non-open procedures, this is often only possible by setting the entry threshold low and, if necessary, drawing lots for some of the participating offices. However, the majority of private awarding bodies and municipalities are not very willing to do this with young offices. But it was exemplary, that there was a wild card for young offices in the competition for Steintorplatz.

... die jungen Architekten haben eigentlich überhaupt keine Chance. Ich finde es grausam. Claus Peter Schulze

... the young architects actually have no chance. I find it cruel. Claus Peter Schulze

2 | Die Stele am Steintor: Im großen Wettbewerb für die Neugestaltung des Steintorplatzes hat sich das junge Berliner Büro Grieger Harzer durchgesetzt mit dem Vorschlag, den Platz völlig neu zu gestalten und mittig eine große Leuchtstele zu platzieren. An der genauen Ausformulierung der Stele arbeiten Grieger Harzer noch gemeinsam mit der Kunstdozentin Ina Weise aus Dessau. Die Pläne sollen realisiert werden.

2 | The Stele at the Steintor: In the major competition for the redesign of the Steintorplatz, the young Berlin office Grieger Harzer prevailed with its proposal to completely redesign the square and to place a large illuminated stele in the center. Grieger Harzer is still working on the exact formulation of the stele together with art lecturer Ina Weise from Dessau. The plans are to be realized.

gestrichen und die Liste ergänzt durch…

(hier vervollständigt einer der Gesprächsteilnehmer den Satz mit „…durch Leute, die er kennt. So geht das eben nicht." Die Passage wurde aber später leider herausgestrichen.)

Ruf: Aber wir waren ja eben an dem Punkt, dass man gar nicht zugelassen wird zu Wettbewerb, wenn man nicht schon fünf Feuerwachen gebaut hat. Das führt die gesamte Wettbewerbslogik ad absurdum. Es geht nicht einzig um junge Büros, sondern generell um die Zulassungshürden, um in einem Wettbewerb ein möglichst breites Feld zu öffnen. Die Hürden sind mittlerweile so absurd hoch gehängt, dass man in dieses Feld nicht reinkommt, selbst wenn man ein etabliertes großes Büro ist. Wenn man die fünf Feuerwachen nicht gebaut hat, dafür aber zehn tolle Museen, sogar dann kommt man da nicht hinein.

Léon: Das zu ändern wird schwierig sein, wenn man einen Wettbewerb mit privaten Investoren macht. Da ist es ja schon eine Herausforderung, überhaupt einen Wettbewerb durchzuführen. Bei den kommunalen Wettbewerben sollte sich die Kammer entschieden für eine Beteiligung junger Büros einsetzen.

Schulze: Aber mein Beispiel, das war ein privater Investor. Ich glaube, die sind sehr froh, wenn sie frische Ideen bekommen. Wenn man mit denen vernünftig redet, dann sind die willens und in der Lage.

Marlow: Und man kann ja dafür sorgen, dass die Gewinnerbüros, wenn sie wenig Erfahrung haben, für die Ausführung mit einem erfahrenen Büro kooperieren. Ein viel größeres Problem aber sind die VgV-Verfahren (Verordnung über die Vergabe öffentlicher Aufträge), die angewandt werden, wenn öffentliche Auftraggeber ab einer gewissen Summe europaweit offene Vergabeverfahren machen müssen. Da ist die Schwelle meistens hoch. Da komme ich bei einem Grundschulprojekt nur rein, wenn ich schon eine Schule gebaut habe in den letzten drei Jahren.

Kellner: Eher: Fünf Schulen und mit Nennung der Umsätze der letzten drei Jahre – weil das auch so unglaublich entwurfsrelevant ist (lacht).

Marlow: Und noch schwieriger sind Public-Private-Partnership-Verfahren. Das sind ja im Prinzip auch öffentliche Vergabeverfahren, wo Architekten mit Bauunternehmen, die das Geld bezahlen, den Entwurf im Prinzip bis Leistungsphase 5 bearbeiten. Der öffentliche Auftraggeber lässt das vom privaten Investor vorfinanzieren, obwohl kein anderer Geld so günstig am Kreditmarkt bekommt wie eine Kommune. Für die Gesellschaft wird es dadurch aber teurer.

Kellner: Jeder versucht doch nur noch, sich abzusichern. Das ist ein grundsätzliches Problem unserer Gesellschaft: Es fehlt der Mut. Das hat man jetzt auch bei Corona erkannt: Wir brauchen mehr Mut. Wir brauchen Risikobereitschaft. Wir wissen doch, dass Innovation nicht regelkonform ist. Die Riege sitzt hier am Tisch. Wir müssen uns aus diesem starren Korsett von Regeln befreien.

Marlow: Das Ganze aber auch mit Transparenz und Information.

Léon: Vielleicht ist die Krise, die auf uns zurollt, dafür wirklich auch eine Chance. Veränderungen lassen sich in harten Krisen immer eher angehen als in einem saturierten Zustand. Wir sollten nicht nur jammern.

Kellner: Well, in Switzerland you can also participate in open competitions as a student, and that's right. When students participate in competitions, it promotes their self-image of being active as generalists and at the same time influencing social developments.

Marlow: That's a bit of a contradiction. Well, I think that building owners should be protected from participants with no practical experience at all. That's why it makes sense, if only for reasons of consumer protection, to set chamber registration as an entry requirement.

Léon: It would already be something if we could win over the young registered offices for the competitions, which would also be possible via invitations.

Schulze: In any case, we have to move away from always relying on the established ones. And there is the question of how to regulate this. Let me give you a very brief example: I have a builder who offered a nice competition a few years ago. The city building council wanted 15 participants. The client was willing to put six of them on the list, who were chamber members, but no one knew them. But then the list came back from the building department and almost all six were cut out and the list was completed by …

(here one of the interviewees completes the sentence with "… by people he knows. That's just not how it should work." Unfortunately, the passage was later deleted).

Ruf: But we were just at the point that you are not admitted to the competition if you have not already built five fire stations. That makes the entire logic of the competition absurd. It's not just about young offices, but about the hurdles to admission in general, in order to open up a field as broad as possible in a competition. The hurdles are now set so absurdly high that you can't get into this field, even if you are an established large office. If you haven't built the five fire stations, but have built ten great museums, even then you can't get in.

Léon: It will be difficult to change that if you compete with private investors. In that case, it's already a challenge to hold a competition at all. In the case of municipal competitions, the Chamber should strongly advocate the participation of young offices.

Schulze: But my example, that was a private investor. I think they are very happy if they get fresh ideas. If you talk to them sensibly, they are willing and able.

Marlow: And you can make sure that the winning bureaus, if they have little experience, cooperate with an experienced bureau for the execution. A much bigger problem, however, are the VgV procedures (Ordinance on the Award of Public Contracts), which are applied when contracting authorities have to conduct open award procedures throughout Europe above a certain sum. The bar is usually set high. I can only get in for a primary school project if I have already built a school in the last three years.

Kellner: Well, it's more like five schools, and you have to mention the turnover in the last three years – because that is also so incredibly relevant to design (laughs).

Marlow: And even more difficult are public-private partnerships. In principle, these are also public procurement procedures, with architects working on the design up to service phase 5 with construction companies

Das ist ein grundsätzliches Problem unserer Gesellschaft: Es fehlt der Mut. Karin Kellner

This is a fundamental problem of our society: there is a lack of courage. Karin Kellner

Ist Hannover innovativ genug?

Der Grünen-Oberbürgermeister Belit Onay will Hannovers Innenstadt weiter modernisieren – und erhält viel Gegenwind für seine Forderung, dafür auch den Autoverkehr zu reduzieren. Bei Stadtplanerinnen und Stadtplanern dagegen erfährt er vielfach Unterstützung.

Ruf: Wir müssen den Blick auch mal nach außen wenden und fragen: Was kann man zum Beispiel vom Times Square in New York lernen? Wenn wir die Innenstadt einem Wandel zuführen wollen und sie für den Verkehr sperren, dann führen wir hier immer die Diskussion darüber, dass der Handel in der Innenstadt dann möglicherweise sterbe. Wenn wir aber zum Times Square blicken, dann sehen wir, dass die Verkaufszahlen sich dort vervier– oder verfünffacht haben. Wir Architekten sind es, die solche Qualitäten beobachten, diskutieren und in die Stadtentwicklung hineintragen müssen, die dann auch einen wirtschaftlichen Erfolg nach sich ziehen. Das müssen wir leisten.

Marlow: Dabei brauchen wir gar nicht die vierfache Verkaufsmenge – ich will die Stadt weiterbringen. Ich möchte die Verkehrsspuren ein bisschen reduzieren, damit wir qualitätsvolle Bereiche schaffen zum Flanieren, zum Pause machen, zum sich regenerieren.

Ruf: Der Flächenbedarf für den Handel wird geringer werden. Deshalb müssen wir die Erdgeschosse auch für teilöffentliche Nutzungen öffnen, ob das dann Verkauf ist oder Hochschulnutzungen, Kultur, Forschung und so weiter. Das kann durchaus auch wirtschaftlich sein. Und dann müssen wir das Wohnen in die Innenstadt zurückbringen. Wenn das alles floriert, dann werden auch die Immobilienpreise stabil sein. Im Moment haben wir da ein leerstehendes Karstadt-Kaufhaus, und es gibt offenbar kein Konzept für eine Nachnutzung.

Schulze: Aber nochmal: Es baut kein Investor, wenn er keine Rendite hat. Das dürfen wir nie vergessen. Da können wir so idealistisch sein, wie wir wollen. Und wenn auch die öffentliche Hand infolge der Corona-Krise kein Geld mehr übrig hat, dann stehen wir da wie Pik Sieben.

Meinhof: Viele begreifen nicht, dass man mit ungewöhnlicher Architektur auch Geld verdienen kann. Tatsächlich zeigt der Markt: Mit unkonventionellen Immobilien habe ich trotzdem auf neun Wohnungen 800 Anfragen, etwa in einer Kirche oder in einer alten Fechthalle, sogar mit ganz atypischen Grundrissen, wo viele Bauherren erstmal sagen, Mensch, biste verrückt, das nimmt dir keiner ab. Bei vielen Investoren fehlt die Phantasie. Deshalb ist meine Lebenserfahrung: Dann muss man es eben selbst machen.

Léon: Ja, aber was Sie machen, ist ein Zweig dessen, was Architekten leisten: eben Projektentwicklung. Das ist gut so. Aber im Moment diskutieren wir, was für Möglichkeiten wir in der Innenstadt haben. Und wir wissen: Mit Investoren und neuen Ideen ist es in Deutschland eher schwer. Jeder beruft sich auf das Machbare, aber irgendwann kommen neue Ideen dann doch an. Nehmen Sie nur mal das Loftwohnen oder das Coworking: Wie viele Studentenarbeiten gab es zu diesen Themen, wo alle gedacht haben: Das ist nicht umsetzbar, dafür gibt es keinen Markt. Oder Konzepte

that pay the money. The public client has this prefinanced by the private investor, although no one else can get money on the credit market as cheaply as a municipality. But this makes it more expensive for the company.

Kellner: Everyone is just trying to hedge their bets. That is a fundamental problem in our society: there is a lack of courage. This has now also been recognized at Corona: We need more courage. We need a willingness to take risks. We know that innovation does not comply with the rules. The squad is sitting here at the table. We have to free ourselves from this rigid corset of rules.

Marlow: But we also need transparency and information.

Léon: Perhaps the crisis that is heading our way really is an opportunity for this. Changes are always easier to tackle in tough crises than in a saturated state. We shouldn't just complain.

Is Hannover innovative enough?

The Green Party mayor Belit Onay wants to further modernize Hannover's city center – and is facing a lot of headwind for his demand to reduce car traffic as well. Urban planners, on the other hand, are giving him a lot of support.

Ruf: We also have to look outward and ask: What can we learn from Times Square in New York, for example? If we want to bring change to downtown and close it to traffic, we'll always have the discussion here that downtown commerce might then die. But if we look to Times Square, we see that sales there have quadrupled or quintupled. We architects are the ones who have to observe and discuss such qualities and bring them into urban development, which will also lead to economic success. That's what we have to do.

Marlow: But we don't need four times the sales volume – I want to move the city forward. I want to reduce the traffic lanes a bit so that we create quality areas for strolling, for taking a break, for regenerating.

Ruf: The amount of space needed for retail will decrease. That's why we need to open up the first floors for semi-public uses, whether that's retail or university uses, culture, research and so on. That can be quite economical as well. And then we need to bring residential back to the downtown. If all of that flourishes, then real estate prices will also be stable. At the moment, we have a vacant Karstadt department store there, and there is apparently no concept for a subsequent use.

Schulze: But again: No investor will build if he doesn't have a return on investment. We must never forget that. We can be as idealistic as we

Bei vielen Investoren fehlt die Phantasie.
Gert Meinhof

Many investors lack imagination. Gert Meinhof

für Flussbäder – inzwischen sind solche Projekte erfolgreich umgesetzt.

Marlow: Wohnen auf Parkhäusern oder Parkhäuser umnutzen, das sind auch so Themen, an die anfangs niemand geglaubt hat.

Léon: Oder Kindertagesstätten auf Parkhäusern, das ist grade ein Thema dieses Semesters. Natürlich werden nicht alle Ideen realisiert – aber wichtig ist ja, dass wir solche Ideen erstmal überhaupt denken und dafür architektonische Konzepte entwickeln.

Schulze: Völlig richtig. Da haben wir ja auch so ein Beispiel in Hannover, mit dem man sich so wahnsinnig schwergetan hat: die Leinewelle. Ich glaube, das wird ein großer Pluspunkt für Hannover und die Innenstadt. Jetzt soll sie endlich kommen. Aber ich frage mich: Wie kann man darüber acht Jahre lang diskutieren und das fünf Jahre verzögern?

Meinhof: Manchmal laufen Prozesse so schrecklich zäh, daran hapert es. Aber das kann man tatsächlich politisch beeinflussen, bis hin zu Bauämtern, die hier manchmal ein Jahr brauchen, um eine Baugenehmigung zu erteilen. In anderen Städten geht das teilweise deutlich schneller.

Müssen Baugenehmigungen schneller gehen?

Schulze: Einmal müssen wir auch noch über die Bauordnung in der Stadtverwaltung sprechen, und da gucke ich auch nochmal in Richtung Kammer. Mich ärgert, dass nach öffentlicher Kritik an zu langen Bearbeitungszeiten von Bauanträgen teilweise den Architekten die Schuld gegeben wurde. Unsere Branche sei zu schlecht, wir könnten keine prüffähigen Bauanträge einreichen. Das ist fehlender Respekt gegenüber den freischaffenden Architekten. Wir wurden de facto vom damaligen Stadtbaurat als dumm hingestellt.

Marlow: Das ist heute noch ein Reflex bei vielen öffentlichen Verwaltungen und die Kammer ist dem schon immer entgegengetreten.

Schulze: Aber da fehlt mir so ein bisschen das Gegenhalten der Kammer, für unseren Berufsstand. Weil ich nicht glaube, dass wir zu schlecht sind. Ich glaube, es fehlen feste Regeln. Auch für die Leute im Bauamt. Ein Beispiel: Seit über einem Jahr gilt die Regel, dass keine Bauanträge mehr bearbeitet werden, wenn sie nicht vollständig eingereicht sind. Die übliche Praxis ist also abgeschafft, dass man die Statik problemlos vier Wochen später einreichen kann. So lange die Statik nicht eingereicht ist, wird der Bauantrag nicht bearbeitet. Aber wenn wir dann unsere Bauanträge vollständig, umfassend, kompakt und nach bestem Wissen und Gewissen einreichen – was passiert dann? Dann geht der Sachbearbeiter nicht am gleichen Tag hin und verteilt die Unterlagen an die Brandschutzabteilung, das Tiefbauamt, die Feuerwehr und beteiligt alle sofort am Verfahren und fordert innerhalb von vier Wochen intern die Stellungnahmen. Wir können jetzt ja am neuen Ampelverfahren sehen, wie unterschiedlich das gehandhabt wird.

Marlow: Was wir brauchen sind eigentlich Fristen für eine Eingangsbestätigung, auf der die Vollständigkeit vermerkt ist, und für den Bearbeitungszeitraum, in dem die Genehmigung erteilt werden soll. Dazu sind wir in intensivem Austausch mit dem Gesetzgeber und den kommunalen Spitzenverbänden. Aber es wird sich ändern mit dem digitalen Bauantrag. Bald like. And if the public sector also runs out of money as a result of the Corona crisis, we will end up with egg on our faces.

Meinhof: Many people don't realize that you can also earn money with unusual architecture. In fact, the market shows that with unconventional properties, I still have 800 inquiries for nine apartments, for example in a church or in an old fencing hall, even with very atypical floor plans, where many developers first say, "Man, you're crazy, no one will buy that. Many investors lack imagination. That's why my life experience is: Then you have to do it yourself.

Léon: Yes, but what you do is a branch of what architects do: project development. That's a good thing. But right now we're discussing what kind of opportunities we have downtown. And we know: It's rather difficult with investors and new ideas in Germany. Everybody is concerned with what's feasible, but at some point, new ideas do arrive. Just take loft living or coworking: How many student papers have there been on these topics where everyone thought: That's not feasible, there's no market for it. Or concepts for river pools – in the meantime, such projects have been successfully implemented.

Marlow: Living on top of parking garages or repurposing parking garages are also topics that no one believed in at the beginning.

Léon: Or daycare centers on parking garages, that's one of the topics of this semester. Of course, not all ideas are realized – but it's important that we think of such ideas in the first place and develop architectural concepts for them.

Schulze: That's absolutely right. We also have an example in Hannover that was so difficult to deal with: the Leinewelle. I think that will be a big plus for Hannover and the city center. Now it's finally supposed to come. But I ask myself: How can you discuss this for eight years and delay it for five years?

Meinhof: Sometimes processes run so terribly tenaciously, that's what's wrong. But you can actually influence that politically, right down to building authorities, which sometimes take a year to issue a building permit here. In other cities, this sometimes happens much faster.

Do building permits have to be issued more quickly?

Schulze: For once, we also have to talk about the building regulations in the city administration, and here I'm also looking again in the direction of the chamber. I'm annoyed that after public criticism of the long processing times for building applications, the architects were partly blamed. Our industry is too bad, we can't submit verifiable building applications. That is a lack of respect for freelance architects. We were de facto made out to be stupid by the then city building council.

Marlow: That is still a reflex in many public administrations today, and the Chamber has always opposed that.

Schulze: But that's where I miss a bit of the Chamber's countering,

Robert Marlow (*1959) hat in Hannover Architektur studiert und ist seit 1989 mit Partnern Inhaber/Geschäftsführer bei Mosaik-Architekten BDA in Hannover. Von 2015 bis 2019 war er Vorsitzender der BDA-Bezirksgruppe Hannover. Seit 2018 ist er Präsident der Architektenkammer Niedersachsen.
Robert Marlow (*1959) studied architecture in Hannover and has been owner/managing director with partners at Mosaik-Architekten BDA in Hannover since 1989. From 2015 to 2019 he was chairman of the BDA district group Hannover. Since 2018 he has been president of the Chamber of Architects of Lower Saxony.

Gert Meinhof (*1949) hat in Hannover Architektur studiert und 1976 mit Partnern das Büro Agsta – Arbeitsgemeinschaft für Stadt- und Altbauerneuerung gegründet. Ab 2008 trieb er seine Projekte alleine voran. 2013 gründete er gemeinsam mit Dirk Felsmann die Dr. Meinhof und Felsmann GBS, die sich landesweit um die Projektentwicklung von Altbauten, Denkmälern, Kirchen, Kliniken und Kasernen kümmert.

Gert Meinhof (*1949) studied architecture in Hannover and founded the office Agsta - Arbeitsgemeinschaft für Stadt- und Altbauerneuerung with partners in 1976. In 2013, together with Dirk Felsmann, he founded Dr. Meinhof und Felsmann GBS, which takes care of project development for old buildings, monuments, churches, clinics and barracks throughout the country.

muss der Bauantrag digital abgegeben werden, und dann werden die Baugesuche parallel zu allen beteiligten Stellen geschickt – dann werden wir wirklich eine spürbare zeitliche Verbesserung haben.

Léon: Diese Parallelität finde ich gut und richtig. Wichtig ist aber trotzdem, dass man eine Kommunikationsebene zwischen Planern und Bauamt pflegt. Wir haben die besten Erfahrungen gemacht, wenn vorher Gespräche gelaufen sind. Dann kennen die Beteiligten im Bauamt das Projekt, und man kann viele Konfliktpunkte schon vorneweg besprechen.

Schulze: Ja, früher hatten wir die sogenannte Bauantragskonferenz. Vor großen Bauvorhaben war die Stadt willens, sich mit den Architekten und den Fachplanern zusammenzusetzen und im Vorfeld über die Thematik zu sprechen. Das lief. Heute werden solche Gespräche vielfach verweigert.

Meinhof: Wir hatten ein Projekt, da standen an der Straße ein paar junge Bäume. Da hieß es: Die Äste könnten wachsen, sodass die Feuerwehr mit ihrer Drehleiter irgendwann nicht mehr durchkommen und am Haus anleitern kann. Deshalb wurde der Bauantrag abgelehnt. Das hat ein Jahr Verzögerung gebracht, weil die Bauordnung nicht in der Lage war, mit dem Grünflächenamt zu klären, dass diese Bäume vielleicht regelmäßig zurückgeschnitten werden. Wir haben angeboten, dass wir die selbst zurückschneiden. Als alles nichts half, haben wir einen neuen Bauantrag geschrieben, eher 08/15. Die Kreativität ist im Bauamt gleich Null oder darunter.

Schulze: Dazu mal die Zahlen von 2018 von zurzeit gültigen Baunormen zur Beachtung beim Einreichen eines Bauantrags: 3700. Das waren 800 mehr als 10 Jahre zuvor. Wir brauchen nicht jedes Jahr neue Normen, wir brauchen Deregulierung.

Ruf: Vom BDA aus sind wir im Gespräch mit der Leitung der Bauordnung. Wir haben da zwei Themen. Zum einen ist es schwierig, dass viel davon abhängt, an welchen Bearbeiter man gerät: Der Wille, im Vorfeld Themen zu klären, ist entweder da oder nicht. Damit ist es dem Zufall überlassen, ob ein Projekt durchläuft oder stockt. Und dann haben wir angeregt, dass man die Bauantragskonferenz bei größeren Projekten wieder

for our profession. Because I don't think we're too bad. I think there is a lack of fixed rules. Also for the people in the building office. One example: for more than a year now, the rule has been that no building applications are processed unless they are submitted in full. So the usual practice has been abolished that you can easily submit the structural analysis four weeks later. As long as the structural analysis is not submitted, the building application is not processed. But if we then submit our building applications completely, comprehensively, compactly and to the best of our knowledge – what happens? Then the clerk doesn't go on the same day and distribute the documents to the fire protection department, the civil engineering department, the fire department and immediately involve everyone in the process and request comments internally within four weeks. We can now see from the new traffic light procedure how differently this is handled.

Marlow: What we actually need are deadlines for an acknowledgement of receipt, on which the completeness is noted, and for the processing period in which the permit is to be issued. We are in intensive exchange with the legislator and the municipal umbrella organizations on this. But things will change with the digital building application. Soon, the building application will have to be submitted digitally, and then the building applications will be sent in parallel to all the agencies involved – then we will really have a noticeable improvement in terms of time.

Léon: I think this parallelism is good and right. But it is still important to maintain a level of communication between planners and the building authority. We have had the best experience when discussions have taken place beforehand. Then those involved in the building department know the project, and many points of conflict can be discussed in advance.

Schulze: Yes, we used to have the so-called building application conference. Before large construction projects, the city was willing to sit down with the architects and the specialist planners and talk about the issue in advance. That worked. Today, such talks are often refused.

Meinhof: We had a project where there were a few young trees along the road. We were told that the branches could grow so that at some point the fire department would no longer be able to get through with its turntable ladder and ladder up to the house. That's why the building application was rejected. That caused a year's delay because the building regulations were unable to clarify with the parks department that these trees might be cut back regularly. We offered to cut them back ourselves. When everything didn't help, we wrote a building application in a rather common way. The creativity is zero or below in the building department.

Schulze: Look at the 2008 numbers of current building standards you have to consider when submitting a building application: 3,700. That was 800 more than 10 years before. We don't need new standards every year, we need deregulation.

Ruf: From the BDA, we're in conversation with the head of the building code. We have two issues there. One is that it's difficult, that a lot depends on which processor you get to: the willingness to clarify issues up front is either

einführen sollte, weil das die Abläufe vereinfacht. Das zweite große Thema ist die Nutzung der Ermessensspielräume, insbesondere beim Bestand, die die NBauO eigentlich zulässt. Davon wird kaum Gebrauch gemacht. Was passiert eigentlich, wenn wir in der Innenstadt künftig Leerstand haben und Nutzungsänderungen durchführen müssen? Wenn die beim Bestand anfangen, Abstandsflächen neu zu prüfen und beim Schallschutz, und alles wie einen Neubau behandeln, dann können wir diesen Bestand abreißen – das bedeutet Vernichtung Grauer Energie und wertvoller Ressourcen. Und das betrifft dann letztlich sowohl die Diskussion um Klimawandel wie auch Wirtschaftlichkeit. Wenn wir dem Bestand mit zu wenig Toleranz begegnen, dann werden wir es nicht schaffen, in dieser Stadt die Immobilien vernünftig weiterzuentwickeln. Die NBauO lässt viele Ermessensspielräume zu. Aber die Verwaltung muss sie nutzen.

Wie weiter mit Ihme-Zentrum und ex-Maritim?

Gegenüber vom Rathaus lahmt der Umbau des ehemaligen Maritim-Grandhotels, in der Innenstadt steht das große Karstadt-Haus seit mehr als einem Jahr leer und auch beim Ihme-Zentrum gibt es viel Skepsis, ob die Revitalisierung mit dem aktuellen Investor gelingen wird. Agiert Hannover bei diesen sehr unterschiedlichen Problemimmobilien agil genug?

Meinhof: Es war falsch von der Stadt, dass sie die Gewerbeareale des Ihme-Zentrums bei der Zwangsversteigerung nicht selbst für 16,5 Millionen Euro erworben hat. Sie sitzt dort mit den Stadtwerken und etlichen Behörden selbst drin. Sie hätten ihre Miete auf die Hälfte reduzieren können, und die Einnahmen hätten trotzdem gereicht für die Finanzierung. Den Rest der Flächen hätten sie einfach unters Volk werfen können.

Kellner: Das hätte viel kreatives Potenzial freigesetzt: Viele Menschen hätten dort wohnen und arbeiten können.

Schulze: Also, mein Büro ist ja mit der Revitalisierung des Ihme-Zentrums unter dem Vorinvestor teilweise mit befasst gewesen, bis ich gesagt habe: Leute, macht euren Mist alleine. Das ist ein Thema, wo sich die Stadt nicht mit Ruhm bekleckert hat. Bei dem Gebäude ist wirklich alles zum Verzweifeln.

Meinhof: Wenn das Ihme-Zentrum nicht mein Feindbild gewesen wäre, hätte ich es kaufen und weiterentwickeln müssen. Das wäre schaffbar gewesen. Für die Stadt gibt es im Grunde eine ähnliche Chance bei Karstadt: Wenn in der Innenstadt mal die Preise ein bisschen fallen, warum sollte dann nicht zum Beispiel das Planungsamt ins Karstadt-Gebäude ziehen. Im Erdgeschoss ein Bürgerforumsbereich, wo Menschen Anregungen geben können, ganz oben könnte man wohnen.

Ruf: Ein ähnliches Drama ist es mit dem ehemalige Maritim-Grandhotel in direkter Nachbarschaft zur Architektenkammer. Es ist eine städtische Immobilie, wir reden alle davon, dass wir hier keinen Wohnraum ha-

there or it's not. This leaves it up to chance whether a project goes through or falters. And then we suggested that the construction application conference should be reintroduced for larger projects, because that simplifies the processes. The second big issue is the use of discretionary powers, especially with existing buildings, which the NBauO actually allows. Hardly any use is made of this. What actually happens when we have vacancies in the inner city in the future and have to implement changes of use? If they start re-examining clearance areas and sound insulation for existing buildings and treat everything like a new building, then we can demolish this existing building – which means destroying gray energy and valuable resources. And that then ultimately affects both the discussion of climate change and economic efficiency. If we treat existing buildings with too little tolerance, we will not be able to develop real estate in this city in a sensible way. The NBauO allows for a great deal of discretion. But the administration must use them.

How to proceed with the Ihme Center and ex-Maritim?

Across the city hall, the conversion of the former Maritim Grand Hotel is limping along; in the city center, the large Karstadt building has been vacant for more than a year; and there is also a lot of skepticism about whether the revitalization of the Ihme Center will succeed with the current investor. Is Hannover acting agilely enough with these very different problem properties?

Meinhof: It was wrong of the city not to acquire the commercial areas of the Ihme Center itself for 16.5 million euros at the forced auction. It sits there itself with the municipal utilities and several authorities. They could have reduced their rent to half, and the revenue would still have been enough to finance it. They could have just sold the rest of the space.

Kellner: That would have released a lot of creative potential: Many people could have lived and worked there.

Schulze: Well, my office was partly involved in the revitalization of the Ihme Center under the pre-investor, until I said: Listen, have it your own way! This is an issue where the city has not covered itself with glory. With this building, everything is really desperate.

Meinhof: If the Ihme Center hadn't been my bogeyman, I would have had to buy it and develop it further. That would have been feasible. For the city, there's basically a similar opportunity with Karstadt: If prices fall a bit in the city center, why shouldn't the planning office, for example, move into the Karstadt building. On the first floor, a citizens' forum area where people can make suggestions and space for people to live at the very top.

Ruf: It's a similar drama with the former Maritim Grand Hotel in the immediate vicinity of the Chamber of Architects. It's a municipal property, we all talk about how we have no housing here in the cities, and the thing has been empty for years. You could repurpose it and also consider opening up the first floor and creating passageways so it's no longer a barrier on this important downtown axis.

ben in den Städten, und das Ding steht seit Jahren leer. Man könnte es neu nutzen und dabei auch überlegen, das Erdgeschoss zu öffnen und Durchgänge zu schaffen, damit es nicht mehr als Barriere auf dieser wichtigen Innenstadtachse steht.

Léon: Das ist aktuell das Thema einer Masterarbeit. Studierende sind so kreativ, werden aber viel zu wenig wahrgenommen. Ich war vor ein paar Jahren in der Jury für eine neue Fassade. Danach passierte nichts und der Komplex wurde mehrfach, sicherlich profitabel, weiterverkauft.

Ruf: Ich glaube, das wäre schon eine politische Aufgabe gewesen: Wie entwickeln wir unsere Stadt dort weiter? Wir werden ohne Politik und Verwaltung nicht vorankommen. Es gibt eben auch nicht am laufenden Band Investoren, die lokal Verantwortung tragen.

Schulze: Jetzt nähern wir uns in den Positionen (lacht).

Meinhof: Es läuft immer wieder darauf hinaus, dass die Idee und das Geld auseinanderfallen.

Ruf: Aber die Frage ist: Wie bekommt man das zusammengeführt.

Schulze: Da ist man dann bei der Frage, was Architekten leisten können und wo sie vielleicht auch noch gut sind. Da müsste eine kommunale Verwaltung auch mal über ihren Schatten springen und zum Beispiel beim Ihme-Zentrum von vornherein sagen, dass sie das nicht alleine entscheiden könne, sondern sich ein paar Fachleute dazuholen müsse. Wir können an der Stelle beraten, was machbar und was illusorisch war von dem, was die Investoren vorgegaukelt haben. Das war doch alles sehr schnell zu durchblicken. Nur: Wenn der Wille nicht da ist, und das gilt ja für viele andere Bereiche hier in Hannover auch, dann ist das schwierig.

Kellner: Beim ehemaligen Maritim-Hotel gab es einen Erbbaurechtsvertrag. Den hätte die Stadt nicht verlängern müssen. Aber die Stadt kommuniziert in solchen Fragen nicht offen. Das würde ich mir anders wünschen. Unsere Städte haben sich im 18. und 19. Jahrhundert durch eine erstarkende Bürgerschaft weiterentwickelt. Deshalb sollten im Rat starke Vertreterinnen und Vertreter der Bürgerschaft sitzen, die offen und transparent kommunizieren und sagen: Leute, so weit und nicht weiter. Das passiert hier nicht. In Hannover genauso wenig wie in vielen anderen Städten auch. Aber wenn bei solchen stadtrelevanten Fragen transparent kommuniziert würde, dann könnten sich engagierte Fachleute und eine interessierte Bürgerschaft auch einbringen – und man könnte gemeinsam bessere Projekte machen.

Ruf: Meine Erfahrung aus den letzten Jahren Verbandsarbeit, wo wir eng mit Politik und Verwaltung verknüpft sind: Es gibt da viele mit einem großen Willen. Und Stadtbaurat Thomas Vielhaber zeigt ja auch, dass er den Austausch mit uns, mit den anderen Verbänden und mit der Kammer will. Auch in der Politik ist das da. Die Frage ist nur: Wie viel kritische Masse braucht man, damit sich sowas nicht noch einmal ereignet. Beim ehemaligen Maritim wird es jetzt wahrscheinlich noch auf Jahre Stillstand geben. Aber es wird zahlreiche weitere Themen geben, die auf die Stadt zukommen.

Schulze: Aber ganz ehrlich: Hat sich die Kammer oder der BDA an irgendeiner dieser Stellen mal deutlich positioniert? Also, ich habe nichts gehört.

Marlow: Die Frage ist ja, ob es die Kammer ist, die sich beim ehe-

Léon: That's currently the topic of a master's thesis. Students are so creative, but they get far too little notice. I was on the jury for a new facade a few years ago. After that, nothing happened and the complex was resold several times, certainly profitably.

Ruf: I think that would have been a political task: How do we develop our city there? We won't make any progress without politics and administration. There are also not always investors who bear local responsibility.

Schulze: Now, we are finding some common ground (laughs).

Meinhof: It always comes down to the idea and the money falling apart.

Ruf: But the question is: How do you get that together?

Schulze: That brings us to the question of what architects can do and what they might be good at. A municipal administration would have to take a leap of faith and, in the case of the Ihme Center, for example, say from the outset that it could not decide on this alone, but would have to bring in a few experts. At this point, we can discuss what was feasible and what was illusory in terms of what the investors had presented. It all became clear very quickly. But if the willingness is not there – and which also applies to many other areas here in Hannover – then it is difficult.

Kellner: In the case of the former Maritim Hotel, there was a leasehold agreement. The city did not have to extend it. But the city does not communicate openly on such issues. I would wish for that to be different. Our cities developed further in the 18th and 19th centuries thanks to a strengthening citizenry. That's why there should be strong representatives of the citizenry on the council who communicate openly and transparently and say: folks, this far and no further. That is not happening here. In Hannover just as little as in many other cities. But if there were transparent communication on such city-relevant issues, committed experts and an interested citizenry could also get involved – and better projects could be made together.

Ruf: My experience from the last few years of association work, where we are closely linked to politics and administration: There are many people with a great willingness. And Thomas Vielhaber, the city's building inspector, has shown that he wants to exchange ideas with us, with the other associations and with the chamber. This is also the case in politics. The only question is: How much critical mass do you need so that something like this doesn't happen again? With the former Maritim, there will probably be a gridlock for years to come now. But there will be numerous other issues that the city will have to deal with.

Schulze: But quite honestly: Has the Chamber or the BDA ever taken a clear position on any of these issues? So, I haven't heard anything.

Marlow: The question is, after all, whether it is the Chamber that has to take a position on the former Maritim Hotel. Could we make a difference in this case with a public statement? I have my doubts about that.

Schulze: Well, at least you can have an opinion. You could also go

Prof. Hilde Léon (*1953) hat an der TU Berlin Architektur studiert. 1983 gründete sie mit einem Partner ihr Architekturbüro, das heute unter Léonwohlhage firmiert. Seit 2000 ist sie Professorin am Institut für Entwerfen und Gebäudelehre der Gottfried Wilhelm Leibniz Universität Hannover, bis 2021 wirkte sie dort auch als Dekanin der Fakultät für Architektur und Städtebau.

Prof. Hilde Léon (*1953) studied architecture at the TU Berlin. In 1983, she founded her architectural practice with a partner, which today operates under the name Léonwohlhage. Since 2000, she has been a professor at the Institute for Design and Building Theory at the Gottfried Wilhelm Leibniz University of Hannover, where she also served as Dean of the Faculty of Architecture and Urban Planning until 2021.

maligen Maritim-Hotel positionieren muss. Könnten wir in diesem Fall mit einer öffentlichen Äußerung etwas bewirken? Ich habe da so meine Zweifel.

Schulze: Naja, zumindest kann man ja eine Meinung haben. Damit könnte man ja auch mal in die Öffentlichkeit gehen und sagen, das gefällt uns nicht.

Marlow: Die Frage ist, welche Rolle die Kammer in solch einem Problemfall hat.

Schulze: Dann vielleicht der BDA?

Ruf: Möglicherweise werden wir dazu in Kürze berichten können, auch öffentlich.

Kellner: Ich glaube, dass wir alle an vielen Punkten politischer werden müssen. Das ist ganz wesentlich. Wir müssen uns in öffentliche Diskussionen einbringen. Und dazu gehört auch, dass die Kammer aktiv werden muss, wenn beim Nachbargebäude der Kammer etwas nicht ordentlich läuft. Das sehe ich für den BDA genauso.

Meinhof: Ich fände es auch legitim, wenn jeder, der hier aktiv ist, ob in Kammer oder Verband, Stellung nimmt zu den Dingen, die hier schieflaufen, und kritische Fragen stellt. Unsere Aufgabe ist nicht nur die Fassadengestaltung, sondern zum Beispiel auch die Diskussion über Verfügbarkeitsmodelle, über Finanzierungsmodelle. Ich bin früher angefeindet worden als linker Spinner aus Linden, der ja nur Revolution machen will. Heute spinne ich immer noch, aber den größten Teil meiner Spinnerei habe ich realisiert. Deshalb sage ich: Leute spinnt und macht was.

Wie geht es weiter in Hannover?

Kellner: Der Stadtkörper, der in seiner architektonischen Ausprägung manifest ist, ist nicht das kreative Potenzial. Wir müssen gucken: Wie können wir unsere Stadt so umbauen, dass wir junge Leute mit ihrer Kreativität hier halten, um die Stadt weiterentwickeln zu können. Das ist unser Ziel. Da bin ich ganz beim Ökonomen Nico Paech: Wir müssen uns ein stückweit zu Lebensstilberatern entwickeln, die ihr kreatives Potenzial zum Erhalt unserer Lebensbedingungen beisteuern. Dabei spielt, wie es in Teilen hier ja auch gesagt wird, das Geld eine wesentliche Rolle für das wirtschaftliche Weiterkommen. Aber verdammt nochmal: Dieses Denken hat uns in eine riesige ökologische Krise gebracht, die uns den Karren an die Wand fahren lässt. Wir müssen Antworten finden: Wie arbeiten wir als Menschen besser zusammen, wie stellen wir die Menschen mit ihrem Beziehungsgeflecht in den Mittelpunkt unseres Denkens, damit sich Städte und Räume zum Wohle aller und der Natur entwickeln. Da muss ich die Gesellschaft als Ganzes packen. Ein kreativer Berufsstand wie unserer ist für diese Diskussion sehr wichtig.

Marlow: Das möchte ich gerne bestärken. Wir müssen auch gucken: Was macht die Stadt attraktiv für die jüngere Generation? Dafür ist es einerseits wichtig, die Hochschulen zu fördern, es ist wichtig, Experimentierräume zu schaffen für junge Leute wie zum Beispiel das Platzprojekt. Deshalb unterstützen wir von der Kammer das Platzprojekt und die Büros, die sich dort engagieren. Ein Effekt ist: Die sagen uns, dass sie nicht nach Berlin zu gehen brauchen, weil wir hier das Platzprojekt haben. Solche Experimente brauchen wir an allen Ecken. Das klingt vielleicht, als ginge es etwas

out in public and say that we don't like it.

Marlow: The question is, what role does the chamber have in such a problem case?

Schulze: Then perhaps the BDA?

Ruf: Possibly we will be able to report on this shortly, also publicly.

Kellner: I think we all have to become more political at many points. That is quite essential. We have to get involved in public discussions. And that also includes that the chamber has to become active if something is not going properly at the chamber's neighboring building. I feel the same way about the BDA.

Meinhof: I also think it would be legitimate for everyone who is active here, whether in the chamber or the association, to take a stand on the things that are going wrong here and ask critical questions. Our task is not only to design the facade, but also, for example, to discuss availability models, financing models. I used to be attacked as a left-wing nut from Linden who only wanted to make a revolution. Today I'm still crazy, but I've realized most of my craziness. That's why I say: people go crazy and do something.

What's next for Hannover?

Kellner: The urban body, which is manifest in its architectural form, is not the creative potential. We have to look: How can we transform our city in such a way that we keep young people here with their creativity, so that we can develop the city further. That is our goal. I'm right there with economist Nico Paech: We have to develop into lifestyle consultants who contribute their creative potential to maintaining our living conditions. As some of you have said here, money plays an essential role in economic progress. But listen, this kind of thinking has brought us into a huge ecological crisis that is getting us into a mess. We need to find answers: How do we work better together as humans, how do we put people and their web of relationships at the center of our thinking so that cities and spaces develop for the good of all and nature. That's where I have to address society as a whole. A creative profession like ours is very important for this discussion.

Marlow: I would like to support that. We also have to consider: What makes the city attractive for the younger generation? On the one hand, it's important to support universities, and on the other hand, it's important to create experimental spaces for young people, such as the Platz project. That's why we at the Chamber support the Platz Project and the offices that are involved there. One effect is: they tell us that they don't need to go to Berlin because we have the Platzprojekt here. We need more experiments like that. That may sound like it's moving away from architecture a bit. But we need such creative potential as a basis for what we do.

Léon: Hannover is a university city and therefore has a lot of creative potential on site. Unfortunately, the state of Lower Saxony does not have a good university policy. We would have to be much more proactive and see the universities as an opportunity for Hannover to attract young people. In contrast to many other federal states, Lower Saxony is running a cost-cutting program at universities. I think that's completely wrong. It's becoming a struggle for the best minds. So we should lead the fight in the sense

Wir steigen in eine neue Zeit ein. Hilde Léon

We are entering a new era. Hilde Léon

weg von der Architektur. Aber solch kreatives Potenzial brauchen wir als Basis unseres Tuns.

Léon: Hannover ist eine Hochschulstadt und hat deshalb viel kreatives Potenzial vor Ort. Leider betreibt das Land Niedersachsen keine gute Universitätspolitik. Wir müssten viel offensiver sein und die Hochschulen als eine Chance sehen, dass Hannover junge Leute anzieht. Im Gegensatz zu vielen anderen Bundesländern läuft in Niedersachsen die Sparnummer an Universitäten. Das finde ich völlig falsch. Es wird ein Ringen um die besten Köpfe. Wir sollten also die Auseinandersetzung im Sinne der besten Qualität auf allen Ebenen führen. Natürlich wird es coronabedingt viele Umstrukturierungen geben: die Innenstadt, aber auch die ganze Hotellerie, der Messestandort Hannover, der im Moment schwer leidet, aber in Zukunft vielleicht anders gehandhabt wird als bisher. Die Stadt ist ein lebendiger Körper, wir steigen in eine neue Zeit ein.

Ruf: Stichwort neue Zeit: Das ist genau der Part, den wir als Architekten, Planer, als Kammer und Verbände als unsere Aufgabe haben. Es geht eben nicht darum, ob jemand Klinker mag oder nicht, diese Diskussionen bringen uns nicht inhaltlich weiter. Sondern die Fragen: Wie wollen wir eigentlich leben? Wohin soll sich diese Stadt entwickeln? Wie arbeiten wir in Zukunft? Welche Waren und welche Produktion brauchen wir eigentlich noch? Wir haben Flächenressourcen innerhalb der Stadt, bei denen man fragen muss: Wie gehen wir eigentlich damit um? Welchen Stellenwert hat die Industrie, welchen das Wohnen und was bedeutet in dem Zusammenhang Mobilität? Das hat zwar ganz viel auch mit Klimaschutz zu tun, aber auch mit Teilhabe, mit sozialer Vielschichtigkeit und Wettbewerbsfähigkeit als Wirtschaftsfaktor. Wir müssen Experimentierräume öffnen, weil wir viele Fragen gar nicht abschließend beantworten können. Aber am Ende ist Diskussion gar nicht: Wollen wir Hamburg sein, wollen wir Frankfurt sein, wollen wir Singapur sein? Qualität ist kein Selbstzweck. Aber qualitätsvolle Stadtentwicklung und Architektur ziehen einen wirtschaftlichen Erfolg nach sich, idealerweise.

Schulze: Ich finde das alles theoretisch richtig. Aber ich bleibe dabei: Es muss alles umgesetzt werden. Da ist einerseits die öffentliche Hand, aber es sind auch private Investoren, die das bezahlen müssen. Die Corona-Krise kostet uns mindestens 400 Milliarden Euro. Die müssen irgendwann gegenfinanziert werden. Ich stimme Ihnen zu: Ja, wir werden in den nächsten zehn Jahren einen großen Umbruch erleben in allen diesen Punkten. Aber er wird nur dann funktionieren, wenn das Geld auf der einen Seite von der öffentlichen Hand zur Verfügung gestellt wird und es auf der anderen Seite entsprechende Anreize gibt für die privaten Investoren. Und die wollen dann auch Geld verdienen. Deshalb ist der Wandel, den Sie skizzieren, ein ganz schwieriges Unterfangen.

Meinhof: Fakt ist, dass es oft auseinanderfällt. Weil die einen die Träume haben und die anderen das Geld. Das ist die Crux. Aber tatsächlich ist ja genug Geld da und es kostet nichts. Und wenn ich heute investiere, ob da fünf oder sechs oder sieben Nullen dran sind: Solange die Finanzierung unter ein Prozent kostet oder sogar Richtung Null geht, da kann ich machen was ich will. Eigentlich könnten wir heute alle Projekte realisieren, von denen wir immer geträumt haben.

of the best quality on all levels. Of course, there will be a lot of restructuring due to Corona: the city center, but also the entire hotel industry, Hannover as a trade fair location, which is suffering badly at the moment, but may be handled differently in the future than it has been in the past. The city is a living body, we are entering a new era.

Ruf: Speaking of "new time": This is exactly the part that we as architects, planners, as chamber and associations have as our task. It is not a question of whether someone likes clinker bricks or not, these discussions do not bring us any further in terms of content. Rather, the questions are: How do we actually want to live? Where is this city heading? How will we work in the future? What goods and what production do we actually still need? We have land resources within the city that we have to ask: How do we actually deal with it? How important is industry, how important is housing, and what does mobility mean in this context? This has a lot to do with climate protection, but also with participation, social diversity and competitiveness as an economic factor. We have to open up experimental spaces, because we can't answer many questions conclusively. But in the end, the discussion is not about whether we want to be Hamburg, Frankfurt or Singapore. Quality is not an end in itself. But quality urban development and architecture do result in economic success, ideally.

Schulze: I think all this is theoretically correct. But I still maintain that everything has to be implemented. On the one hand, there's the public sector, but there are also private investors who have to pay for it. The Corona crisis is costing us at least 400 billion euros. It has to be counter-financed at some point. I agree with you: Yes, we will see a major upheaval in all these respects in the next ten years. But it will only work if the money is provided by the public sector on the one hand and there are corresponding incentives for private investors on the other. And they then want to earn money. That's why the change you outline is a very difficult undertaking.

Meinhof: The fact is that it often falls apart. Because some have the dreams and others have the money. That is the sticking point. But in fact there is enough money and it costs nothing. And if I invest today, whether there are five or six or seven zeros on it: As long as the financing costs less than one percent or even goes toward zero, I can do whatever I want. Actually, today we could realize all the projects we have always dreamed of.

Qualitätsvolle Stadtentwicklung und Architektur ziehen einen wirtschaftlichen Erfolg nach sich. Dilek Ruf

Quality urban development and architecture do result in economic success. Dilek Ruf

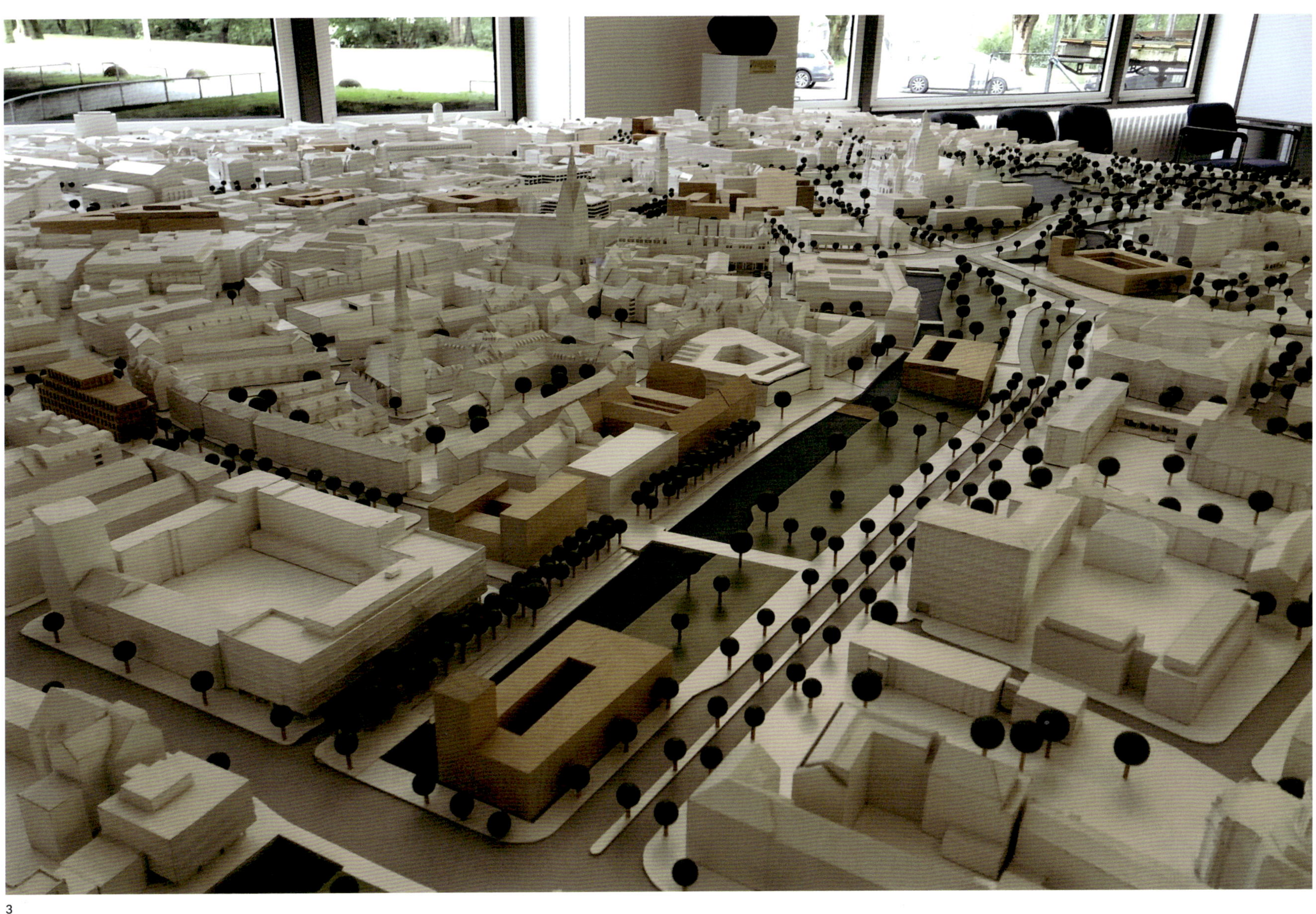

3

3 | Braucht Hannover einen zentralen Ort, an dem Bürgerinnen und Bürger sich über anstehende Planungen informieren und kreativ mitwirken können? In anderen Städten gibt es solche Ansätze. In Hannover steht im Bauamt ein Kernstadtmodell, auf dem alle angedachten, aber noch nicht realisierten Bauwerke als Holzklötze eingepasst sind. Dort kann sich jeder über mögliche Entwicklungen informieren. Aber weder ist die Lage am Maschpark besonders zentral, noch gibt es Erklärungen dazu, was das Modell zeigt.

3 | Does Hannover need a central place where citizens can inform themselves about upcoming plans and participate creatively? Such approaches exist in other cities. In Hannover, there is a model of the core city in the building office on which all the buildings that are planned but not yet realized are fitted in as wooden blocks. There, everyone can find out about possible developments. But neither is the location at Maschpark particularly central, nor are there explanations of what the model shows.

Bauwerke zur Expo
Buildings for Expo

Expo-Holzdach

Was für eine Konstruktion! 26 Meter ragt das 16.000 Quadratmeter große Expo-Holzdach auf dem Messegelände in die Höhe, der Stolz des Holzbauhandwerks zur Weltausstellung im Jahr 2000. Vom Verband Deutscher Zimmermeister bis zur Vereinigung Deutscher Sägewerksverbände haben zahlreiche Organisationen mitgewirkt.

Der Auftrag für die Architekten Herzog + Partner aus München: Ein Holzdach von bisher nie gesehener Dimension, das mit zehn Einzelelementen ein Freigelände für Veranstaltungen überschirmt. Die Dachflächen sind aus doppelt gekrümmten, 35 Zentimeter dicken Holzgitterschalen gebildet, die ihre Kräfte in zentrale Tragstrukturen aus Holzstämmen überführen. Solch ein Tragwerk war für den Holzbau damals neuartig und zuvor nur an kleineren Prototypen eingesetzt worden.

Nicht nur während der Expo lieferte der gigantische Holzschirm mit den malerischen Wasserflächen ringsherum spektakuläre Bilder auf Fernsehschirme in aller Welt. 2017 trat die US-Hardrockband Guns N´Roses vor 75.000 Zuschauern unter dem Expo-Holzdach auf. Dann gab es ein Gewitter – allerdings nicht nur aus den Lautsprecherboxen, sondern auch von oben. Das Konzert musste geräumt und für 100 Minuten unterbrochen werden. Hektisch wurde umgeplant und die Sperrstunde aufgehoben, damit das Konzert fortgesetzt werden konnte. Was schließlich klappte. So geht man in Hannover mit Unvorhergesehenem um.

Das Bauwerk, das schon etliche solcher Stürme überstanden hat, ist ein Zusammenklang aus Ingenieurbaukunst und Handwerksvermögen. Umgerechnet 17,5 Millionen Euro hat es gekostet. Unter seinem Dach sind vier Pavillons installiert mit Flächen von 975 bis 1430 Quadratmetern, die zu Messen und anderen Veranstaltungen genutzt werden.

What a construction! The 16,000-square-meter Expo timber roof on the exhibition grounds rises 26 meters into the air, the pride of the timber construction trade at the world exhibition in 2000. From the Association of German Master Carpenters to the Association of German Sawmill Associations, numerous organizations were involved.

The assignment for the architects Herzog + Partner from Munich: A wooden roof of unprecedented dimensions that uses ten individual elements to screen an outdoor area for events. The roof surfaces are formed from double-curved, 35-centimeter-thick wooden lattice shells that transfer their forces to central supporting structures made of wooden logs. Such a supporting structure was novel for timber construction at the time and had previously only been used on smaller prototypes.

Not only during the Expo did the gigantic wooden umbrella with the picturesque water surfaces around it provide spectacular images on TV screens all over the world. In 2017, the US hard rock band Guns N'Roses performed in front of 75,000 spectators under the Expo wooden roof. Then there was a thunderstorm – but not only from the loudspeaker boxes, but also from above. The concert had to be evacuated and interrupted for 100 minutes. Hectic rescheduling was done and the closing time was lifted so that the concert could continue. Which finally worked. This is how Hannover deals with the unexpected.

The structure, which has already weathered several such storms, is a combination of engineering and craftsmanship. It cost the equivalent of 17.5 million euros. Four pavilions are installed under its roof, with areas ranging from 975 to 1430 square meters, which are used for trade fairs and other events.

Objekt:	**Expo-Holzdach**
Adresse:	**Messegelände Hannover**
Architekten:	**Herzog + Partner**
Bauherr:	**Deutsche Messe AG**
Baujahr:	**2000**
Fläche:	**15 800 qm**

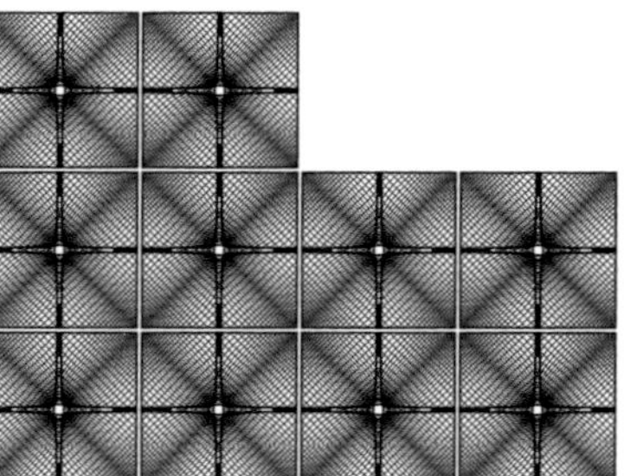

1 | Stolze Verbindung von Handwerks- und Ingenieurskunst: Das Expo-Holzdach mit seiner Gesamthöhe von 26 Metern und einer Spannweite von fast 16.000 Quadratmetern.

2 | Umgeben von Wasserbassins: Unter dem Holzdach sind vier Pavillonbauten für Indoor-Veranstaltungen platziert. Trotzdem bleibt genug Platz für Freiluft-Großkonzerte.

1 | Proud combination of craftsmanship and engineering: The Expo wooden roof with its total height of 26 meters and a span of almost 16,000 square meters.

2 | Surrounded by water basins: Four pavilion buildings for indoor events are placed under the wooden roof.nevertheless, enough space remains for open-air large-scale concerts.

STEIGENBERGER
RESTAURANT
STEIGENBERGER
RESTAURANT
Restaurant

Deutscher Pavillon

1

Mit seinen konkav gewölbten Glaswänden und der freitragenden Dachkonstruktion strahlt der Deutsche Weltausstellungs-Pavillon die Würde aus, die man vom Hauptgebäude eines Expo-Gastgeberlandes erwarten darf. Umso bedauerlicher ist, dass er zuletzt jahrelang leer stand. Das soll sich jetzt ändern: Im Sommer 2021 hat die Hamburger Bene-Stiftung von der Stadt den Zuschlag erhalten, das prestigeträchtige Gebäude zum Veranstaltungsort für Kunst und Kultur weiterzuentwickeln.

Gebaut hat den Pavillon der Bäderunternehmer Josef Wund aus Friedrichshafen. Und weil er zugleich Architekt ist, hat er ihn auch entworfen. Nach einem Freizeitbad sieht der Bau aber glücklicherweise nicht aus.

Während der Expo 2000, der bisher einzigen Weltausstellung auf deutschem Boden, war der Gastgeber-Pavillon an der Expo-Plaza ein begehrter Treffpunkt und Aufführungsort. Große Konzerte und Ausstellungen wurden hier zelebriert und rauschende Partys gefeiert. Pfiffiges Herzstück der Raumflucht im Inneren ist die Blackbox, ein vollkommen abzudunkelnder Raum mit knapp 1800 Quadratmetern im Inneren, dessen Boden 6,50 Meter unter das Straßenniveau reicht und der von sechs Brücken durchzogen wird.

Insgesamt bietet der Pavillon 6200 Quadratmeter Hallenflächen mit Raumhöhen von rund 16 Metern. Das erlaubt auch Großkonzerte: Nach der Expo erlebte der Pavillon unter anderem Kon-

With its concave curved glass walls and cantilevered roof structure, the German World's Fair Pavilion exudes the dignity one might expect from the main building of an Expo host country. It is all the more regrettable that it has recently stood empty for years. That is now to change: In the summer of 2021, the Bene Foundation in Hamburg has been awarded the contract by the city to develop the prestigious building into a venue for art and culture.

The pavilion was built by Josef Wund, a spa entrepreneur from Friedrichshafen. And because he is also an architect, he also designed it. Fortunately, the building does not look like a leisure pool.

During Expo 2000, the only world exhibition on German soil to date, the host pavilion on the Expo Plaza was a popular meeting place and performance venue. Large concerts and exhibitions were celebrated here and glittering parties were held. The clever centerpiece of the interior space is the black box, a completely darkened room with almost 1800 square meters inside, whose floor extends 6.50 meters below street level and is traversed by six bridges.

In total, the pavilion offers 6200 square meters of hall space with room heights of around 16 meters. This also allows for large-scale concerts: After the Expo, the pavilion hosted concerts by Lionel Richie and Pink, among others, and large companies such as VW and Telekom hosted parties and meetings here.

From 2013, such large-scale events were no longer possible

Objekt:	Deutscher Pavillon
Adresse:	Expo-Plaza 1
Architekten:	Josef Wund
Bauherr:	Josef Wund
Baujahr:	2000
Fläche:	17 000 qm

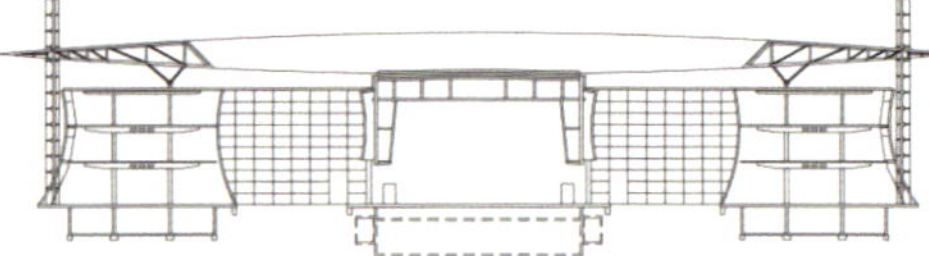

1 | Stolzer Bau des Gastgeberlandes: Die Hamburger Bene-Stiftung will die riesige Veranstaltungshalle wieder nutzbar machen.

1 | Proud building of the host country: The Bene Foundation in Hamburg wants to make the huge event hall usable again.

2

zerte von Lionel Richie und Pink, große Unternehmen wie VW und die Telekom richteten hier Feste und Versammlungen aus.

Ab 2013 waren derartige Großveranstaltungen wegen verschärfter Brandschutzauflagen nicht mehr möglich, der Pavillon stand bis auf die Büronutzungen in den Obergeschossen weitgehend leer. 2015 kaufte die Stadt Hannover die Immobilie, um dort eine Notunterkunft für Flüchtlinge einzurichten, die aber 2016 nicht mehr gebraucht wurde.

Im Verkaufsprozess sollen sich 13 Unternehmen für das Gebäude interessiert haben. Der Zuschlag für die Hamburger Bene-Stiftung soll in der Vergabe-Jury einstimmig gefallen sein. Hannovers Stadtbaurat Thomas Vielhaber sagte nach der Entscheidung: „Wir haben eine verantwortungsvolle Nachnutzerin für diese einzigartige Immobilie gefunden. Kunst kann es schaffen, eine Brücke zwischen dem Flair der Expo und der modernen Stadt zu schlagen." Man erhoffe sich einen entscheidenden Beitrag zur Revitalisierung des Quartiers, das von der Expo-Plaza bis zum benachbarten Expo-Park reicht.

due to stricter fire safety regulations, and the pavilion stood largely empty except for the office uses on the upper floors. In 2015, the city of Hannover bought the property to set up emergency accommodation for refugees, but it was no longer needed in 2016.

During the sales process, 13 companies were reportedly interested in the building. The Hamburg-based Bene Foundation is said to have won the contract unanimously in the award jury. Hannover's city planning officer Thomas Vielhaber said after the decision: "We have found a responsible subsequent user for this unique property. Art can succeed in building a bridge between the flair of the Expo and the modern city." He added that it was hoped to make a decisive contribution to the revitalization of the neighborhood, which stretches from the Expo Plaza to the neighboring Expo Park.

2 | Gewölbte Glasfassaden und eine innovative Dachkonstruktion: Der Pavillon sollte auch den Stolz der deutsche Baubranche repräsentieren.

2 | Curved glass facades and an innovative roof construction: The pavilion was also intended to represent the German construction industry.

Pavillon der Niederlande

Die „gestapelten Landschaften", der Nationenpavillon der Niederlande zur Expo 2000 in Hannover, galten als heimliches Wahrzeichen der Weltausstellung. Das achtstöckige Gebäude ohne Außenmauern zeigte eindrucksvoll das Motto des westlichen Nachbarlandes: „Holland schafft Raum".

Die anspruchsvolle Architektur des Büros MVRDV wurde aber auch zur Hypothek für die Nachnutzung: 20 Jahre lang scheiterten immer wieder Investoren und Projektentwickler mit Umbau- und Umnutzungsversuchen. So wurde der landläufig Holländischer Pavillon genannte Hochbau auch zum Symbol der gescheiterten Nachnutzung des Nationen-Bereichs der Expo – auch wenn inzwischen das gesamte Gelände vermarktet ist.

Auf 40 Metern Höhe zeigten die Niederländer in acht Stockwerken ihre Landschaften, die sie dem Meer abtrotzen. Über Außentreppen konnten die Besucher die Landschaften erklimmen bis hoch zur Plattform mit Windrädern. Das optisch und statisch beeindruckendste Geschoss im Mittelbau wird von 14 (bisher: echten!) Baumstämmen getragen.

Zwei Jahrzehnte nach der Expo war das Bauwerk schließlich nur noch eine Ruine, wurde trotz Einzäunung für Lost-Place-Fotografie und waghalsige Klettertouren genutzt – es kam zu schweren Unfällen.

Jetzt macht sich das eigens gegründete Unternehmen iLive Expo-Campus daran, dem Objekt eine Zukunft als Bildungs-, Wohn- und Arbeitscampus zu geben. Es ist ein gemeinsames Vorhaben der Partnerunternehmen Wohnkompanie Nord (gehört zur Bremer Zech-Gruppe) und der iLive-Group-Gesellschaft.

Der Pavillon selbst soll eine weitgehend transparente Hülle erhalten, darin sollen Coworkingspaces, Vorlesungs- und vielleicht auch Kinosäle einziehen. Der aufwendigste Bauschritt: Die 14 Echtholzstämme im Mittelbau werden durch 17 Stahlbetonstützen abgelöst, die mit Holz verkleidet werden. Dazu muss der gesamte Überbau demontiert werden, um die Last zu verringern.

Daneben will die Wohnkompanie ringförmig ein Studentenhochhaus mit gut 350 terrassierten Microappartements errichten, eine Brücke soll beide Bauwerke verbinden. Dieser Projektteil dürfte das Gesamtvorhaben wirtschaftlich machen.

Die Wahl des Architekturbüros sorgt für Kontinuität: Der Um- und Erweiterungsbau liegt erneut in den Händen des Büros MVRDV aus Rotterdam. Anfang 2024 soll das auf 90 Millionen Euro veranschlagte Projekt fertig sein, so die Hoffnung der Entwickler.

The "stacked landscapes," the Netherlands' national pavilion for Expo 2000 in Hannover, were considered the secret landmark of the world exhibition. The eight-story building without outer walls impressively displayed the motto of the neighboring country to the west: "Holland creates space".

However, the ambitious architecture of the MVRDV office also became a mortgage for subsequent use: for 20 years, investors and project developers repeatedly failed with conversion and reuse attempts. Thus, the building commonly known as the Dutch Pavilion also became a symbol of the failed subsequent use of the Expo's Nations Area – even though the entire site has been marketed in the meantime.

At a height of 40 meters, the Dutch exhibited their landscapes, which they wrested from the sea, on eight floors. Visitors could climb the landscapes via outdoor staircases up to the platform with wind turbines. The visually and structurally most impressive floor in the central building is supported by 14 (so far: real!) tree trunks.

Two decades after the Expo, the structure was finally only a ruin, was used for lost-place photography and daredevil climbing tours despite being fenced off – serious accidents occurred.

Now, the specially founded company iLive Expo-Campus is setting out to give the property a future as an educational, residential and work campus. It is a joint venture between the partner companies Wohnkompanie Nord (part of the Bremen-based Zech Group) and the iLive Group company.

The pavilion itself is to be given a largely transparent shell, and coworking spaces, lecture halls and perhaps movie theaters are to move in. The most complex construction step: The 14 real wood trunks in the central structure will be replaced by 17 reinforced concrete columns, which will be clad in wood. This will require the entire superstructure to be dismantled to reduce the load.

In addition, the housing company wants to build a ring-shaped student high-rise with a good 350 terraced micro-apartments; a bridge is to connect the two structures. This part of the project should make the overall project economical.

The choice of architectural firm ensures continuity: the conversion and extension work is once again in the hands of the Rotterdam-based firm MVRDV. The developers hope that the project, which is estimated at 90 million euros, will be completed in early 2024.

Objekt:	Pavillon der Niederlande
Adresse:	Boulevard der EU 4
Architekten:	MVRDV
Bauherr:	iLive Expo-Campus
Baujahr:	2000
Fläche:	9000 qm

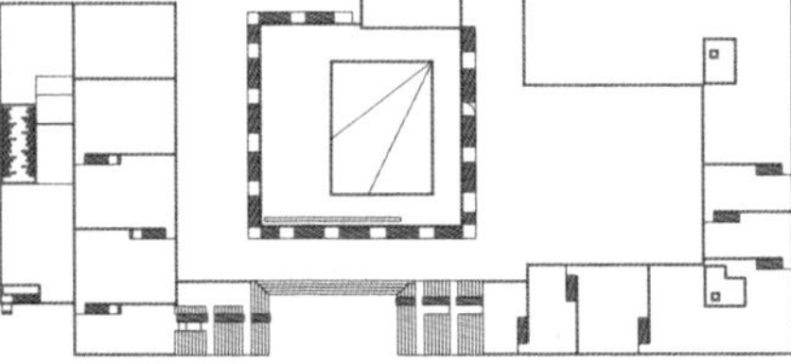

1

2

1 | Die Simulation des Rotterdamer Büros MVRDV zeigt, wie sich künftig Appartementhäuser um die „gestapelten Landschaften“ des Pavillons der Niederlande gruppieren sollen.

2 | Zurzeit aber wird das ungewöhnliche Bauwerk entkernt.

1 | The simulation by the Rotterdam office MVRDV shows how apartment buildings will be grouped around the "stacked landscapes" of the Netherlands Pavilion in the future.

2 | At present, however, the unusual structure is being gutted.

Diese geschwungenen Glasdächer sind ein Blickfang an den Hängen des Kronsbergs. Entstanden zur Weltausstellung in Hannover, aber ohne ein Expo-Bauwerk zu sein, ergänzen sie die Bebauung zwischen dem damals neu geschaffenen Wohngebiet am Kronsberg und dem Weltausstellungsareal auf und am Messegelände.

Für die IT-Technik der Sparkassen in Norddeutschland schuf das Büro Hascher Jahle aus Berlin 1999 eine expressive Architektur gewissermaßen als passives Solargebäude. Im Inneren dominiert eine Hauptachse, die am Empfang beginnt und das gesamte Gebäude durchzieht. Dort sind Aufenthaltsbereiche wie die Cafeteria, Shops, Ruheräume sowie natürlich eine SB-Bank angeordnet.

Terrassenförmig abgetreppt sind die Büroeinheiten, die sich teils als offene, grüne Bürolandschaften und teils als kleinere Kombibüros darstellen. In der damaligen dvg (zwischenzeitlich FinanzIT, heute Finanz-Informatik) wurden sehr früh hybride Bürokonzepte ohne feste Arbeitsplatzbindung erprobt.

Von allen Büros gibt es direkte Zugänge zu den begrünten Innenhöfen oder Terrassen. Hinzu kommen lichtdurchflutete Innenhöfe mit Oliven-, Feigen- und Granatapfelbäumen sowie Parkanlagen des Außenbereichs.

Ursprünglich stellte der imposante Glasbau den südöstlichen Abschluss der hannoverschen Stadtbebauung dar und damit eine Randlage. Inzwischen ist südlich davon das neue Logistikzentrum von Avarto entstanden, östlich wächst die Wohnbebauung des Kronsbergs („Kronsrode“) weiter, sodass die Finanz-Informatik nun eingebettet ist in den urbanen Raum.

These curved glass roofs are an eye-catcher on the slopes of the Kronsberg. Created for the World's Fair in Hannover, but without being an Expo building, they complement the development between the then newly created residential area on the Kronsberg and the World's Fair site on and near the fairgrounds.

For the IT technology of the savings banks in northern Germany, the office Hascher Jahle from Berlin created an expressive architecture in 1999 as a passive solar building, so to speak. The interior is dominated by a main axis that begins at the reception desk and runs through the entire building. There are common areas such as the cafeteria, stores, rest rooms and, of course, a self-service bank.

The office units are stepped down in terraces, partly as open, green office landscapes and partly as smaller combi-offices. In the former dvg (in the meantime FinanzIT, today Finanz-Informatik), hybrid office concepts without a fixed workstation were tested very early on.

All offices have direct access to the landscaped inner courtyards or terraces. In addition, there are light-flooded inner courtyards with olive, fig and pomegranate trees as well as parks in the outdoor area.

Originally, the imposing glass building represented the southeastern end of Hannover's urban development and thus a peripheral location. In the meantime, Avarto's new logistics center has been built to the south of it, and the residential development of Kronsberg ("Kronsrode") continues to grow to the east, so that Finanz-Informatik is now embedded in the urban space.

Objekt:	Finanz-Informatik (zuvor dvg, Finanz-IT)
Adresse:	Laatzener Straße 5
Architekten:	Hascher Jehle Architektur, in Arge mit Heinle, Wischer und Partner
Bauherr:	Datenverarbeitungsgesellschaft Hannover (heute: Finanz-Informatik, Frankfurt)
Baujahr:	1999
Fläche:	54 730 qm

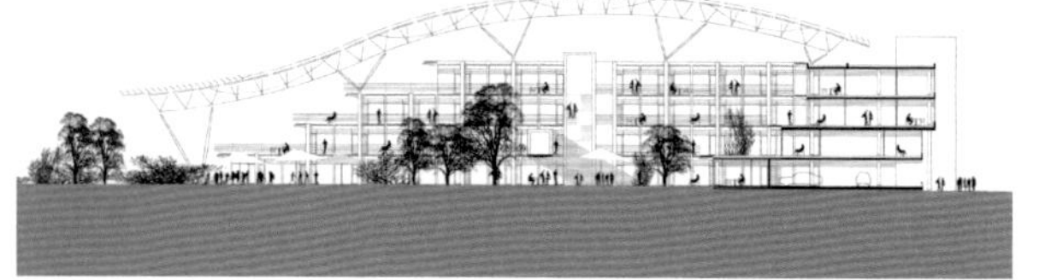

1

1 | Geschwungenes Glasdach: Das Bürohaus zeigt eine geradezu organische Architektur in der Landschaft des Kronsberges.

1 | Curved glass roof: The office building displays an almost organic architecture in the landscape of the Kronsberg.

2

3

2 | Unter dem gewölbten Dach herrscht ein besonderes Mikroklima. Für die Beschäftigten ist hier für eine entspannende Pausenatmosphäre gesorgt.

3 | Abendaufnahme des Finanz-IT-Gebäudes aus Richtung Kattenbrookstrift.

2 | A special microclimate prevails under the vaulted roof. For employees, this provides a relaxing atmosphere for breaks.

3 | Evening view of the Finanz-IT building from the direction of Kattenbrookstrift.

Blauer Bahnhof Nordstadt

Im Vorfeld der Expo entstand im Niemandsland zwischen den Stadtteilen Nordstadt und Hainholz ein neuer Bahnhof, der mit seinem leuchtenden Blau zu einem der beliebtesten Fotomotive Hannovers zählt. Anlass war die Installation des S-Bahnsystems der Deutschen Bahn im Vorfeld der Weltausstellung. Der Blaue Bahnhof ersetzt den ursprünglichen Bahnhof Nordstadt, der zugemauert am Fuße der großen Bahnüberführung Schulenburger Landstraße vor sich hinrottet.

Der Architekt Prof. Hansjörg Göritz (damals Hannover, heute USA) hatte den Bahnhof als langgestreckten Treppen- und Aufzugsbau von der Brücke konzipiert, auf der die hannoversche Stadtbahn einen Haltepunkt besitzt. Damit ist der Bahnhof ein praktischer Umsteigepunkt zwischen S- und Stadtbahn. Das Gebäude ist nahezu vollständig in blau gefärbtem Sichtbeton mit blauen Glassteinen ausgeführt. Im Inneren fühlt sich der Passant wie in einer Unterwasserwelt.

Der Erhaltungszustand ist nach rund 25 Jahren beklagenswert. Göritz hatte einen Graffitischutz auf Zuckerbasis bemustert und aufgebracht und zudem rund 1000 Glassteine des Herstellers, einer florentinischen Glashütte, auf Reserve bestellt. „Sie werden feststellen, dass die kostbare Pigmentierung des feinen vorgefertigten Sichtbetons gelitten hat. Nicht allein wegen der Graffiti-Schmierereien, sondern vielmehr durch unsachgemäße Übermalung der Bahn selbst“ schrieb jetzt Ehefrau Gisela Göritz anlässlich der Recherchen für dieses Buch.

Für Hannover ist es trotzdem ein besonderer Architekturpunkt – und eine Attraktion, die die Infrastruktur der Expo 2000 im Stadtbild hinterlassen hat.

In the run-up to the Expo, a new train station was built in the no-man's land between the districts of Nordstadt and Hainholz. With its bright blue, it is one of Hannover's most popular photo motifs. The occasion was the installation of Deutsche Bahn's commuter rail system in the run-up to the world exhibition. The Blue Station replaces the original Nordstadt station, which was walled up and rotting away at the foot of the large Schulenburger Landstrasse railroad overpass.

Architect Prof. Hansjörg Göritz (then of Hannover, now of the U.S.) had conceived the station as an elongated stair and elevator structure from the bridge where Hannover's light rail has a stop. This makes the station a convenient transfer point between commuter and light rail. The building is almost entirely in blue-colored exposed concrete with blue glass blocks. Inside, passers-by feel as if they are in an underwater world.

The state of preservation is deplorable after about 25 years. Göritz had sampled and applied a sugar-based graffiti protection and also ordered about 1,000 glass blocks from the manufacturer, a Florentine glassworks, on reserve. "You'll notice that the precious pigmentation of the fine precast exposed concrete has suffered. Not only because of the graffiti daubings, but rather by improper overpainting of the railroad itself" wrote now wife Gisela Göritz on the occasion of the research for this book.

For Hannover, it is nevertheless a special architectural point – and an attraction that the infrastructure of Expo 2000 has left in the cityscape.

Objekt:	Blauer Bahnhof Nordstadt
Adresse:	Schulenburger Landstraße (Brücke)
Architekten:	Prof. Hansjörg Göritz
Bauherr:	Deutsche Bahn
Baujahr:	1997

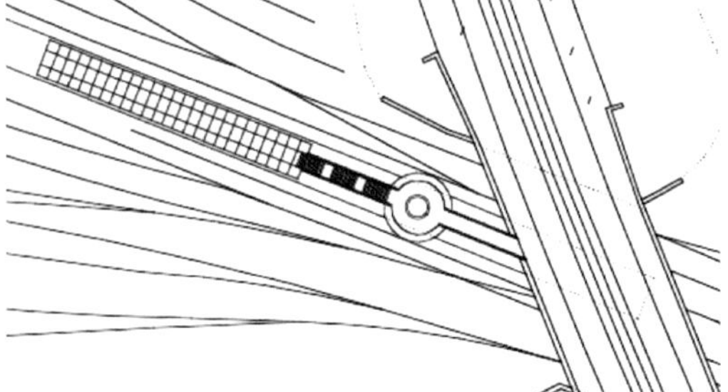

1 | Der Pflegezustand ist dürftig, aber der Blaue Bahnhof Nordstadt bietet eine ganz besondere Sphäre.

2 | Prof. Hansjörg Göritz hat den Bau mitten in die Gleisharfe platziert.

3 | Der Bahnhof erschließt die S-Bahn, die als schnelle Nahverkehrsverbindung zur Expo in Hannover eingeführt wurde.

1 | The state of maintenance is poor, but the Blue Station Nordstadt offers a very special sphere.

2 | Prof. Hansjörg Göritz placed the building in the middle of the Gleisharfe.

3 | The station provides access to the S-Bahn, which was introduced as a fast local transport connection to the Expo in Hannover.

Das ungebaute Hannover

The unbuilt Hannover

Die Stadt ist ein Möglichkeitsraum. Für jeden Quadratmeter sind unzählige Ideen denkbar, von ganz pragmatischen Schlichtbauten bis zu den visionärsten Vorhaben, von urban-dichter Nutzung bis zum Belassen als Freiraum. Was manchmal auch keine schlechte Idee ist, bei bebaubaren Flächen meistens aber Stillstand statt Fortschritt bedeutet.

Woran liegt es, ob ein Projekt sich durchsetzt? Ist es immer nur Kommerz, Wirtschaftlichkeit oder Notwendigkeit? Oder gibt es immaterielle Faktoren, dass die Zeit reif sein muss für eine Idee?

Während dieses Buch entsteht, wird im eher trägen Flachlandfluss von Hannover eine mechanische Konstruktion für eine stehende Surfwelle eingebaut, die Leinewelle. Initiiert von einem Verein, unterstützt von der Ratspolitik, aber (bisher) ohne öffentliches Geld finanziert, entsteht ein Freizeitbauwerk, das ein Identifikationspunkt in der Stadt werden soll. Die Idee an sich klingt nach Unfug. Wellen entstehen auf natürliche Weise eher dort, wo Strömung ist, und das kommt am Fuß der Alpen eher vor als in der norddeutschen Tiefebene. Die Initiatoren aber haben einen mechanischen Weg gefunden, die Kraft des Wassers zu entfesseln, ohne extra Turbinen anwerfen zu müssen. Und sie haben ihre Idee durchgesetzt und sie bauen.

Hätte das jemand vor 20 Jahren vorausgesagt, wäre diese Idee wahrscheinlich als unrealisierbar abgetan worden. Und bei einem Buchprojekt in das Kapitel über das „Ungebaute Hannover" einsortiert worden. Auch dass Hannover einmal der Ausrichtungsort für die erste Weltausstellung in Deutschland sein würde – Hannover, nicht Berlin! –, hätte bis in die Achtzigerjahre wohl ebenfalls niemand gedacht. Dass wir einmal einen Bankenpalast aus gestapelten Glascontainern an den Aegi setzen würden (Nord/LB) oder einen verdrehten Edelstahlturm ans Steintor (Gehry-Tower): All diese Ideen haben nur funktioniert, weil die Zeit reif war für sie und sich Enthusiasten für sie eingesetzt haben.

In diesem Kapitel geht es exemplarisch um fünf Ideen, die relativ weit gedacht sind, aber (noch) ihrer Umsetzung harren. Zugegeben: Der Kapiteltitel „Ungebautes Hannover" geht auf eine Themensammlung der AG Stadtleben in Hannover zurück, deren Mitglieder Anfang der Neunzigerjahre auf 200 Seiten zahlreiche gescheiterte Umbauideen für Hannover versammelt hatten. Hier aber geht es nur um aktuelle Projekte – und ausschließlich um welche, die noch auf der Agenda sind, wenn auch teils aus der öffentlichen Wahrnehmung etwas verdrängt.

The city is a space of possibilities. Countless ideas are conceivable for every square meter, from very pragmatic simple buildings to the most visionary projects, from urban dense use to leaving it as open space. Sometimes this is not a bad idea, but in the case of buildable areas it usually means standstill instead of progress.
What determines whether a project succeeds? Is it always just commerce, economics or necessity? Or are there intangible factors, that the time must be ripe for an idea?

While this book is being written, a mechanical construction for a standing surf wave is being installed in the rather sluggish lowland river of Hannover, the Leinewelle. Initiated by an association, supported by council politics, but financed (so far) without public money, a recreational structure is being built that should become a point of identification in the city. The idea itself sounds like nonsense. Waves are more likely to occur naturally where there is current, and that is more likely to happen at the foot of the Alps than in the lowlands of northern Germany. But the initiators have found a mechanical way to unleash the power of the water without having to crank up extra turbines. And they have pushed their idea through and they are building.

If someone had predicted this 20 years ago, the idea probably would have been dismissed as unfeasible. And been sorted into the chapter about "Unbuilt Hannover" in a book project. The fact that Hannover would one day be the venue for the first world exhibition in Germany – Hannover, not Berlin! – probably no one would have thought until the 1980s either. That we would one day put a bank palace made of stacked glass containers on the Aegi (Nord/LB) or a twisted stainless steel tower on the Steintor (Gehry Tower): All these ideas only worked because the time was ripe for them and enthusiasts campaigned for them.

This chapter is about five exemplary ideas that are relatively far-fetched but (still) await implementation. Admittedly: The chapter title "Ungebautes Hannover" (Unbuilt Hannover) goes back to a collection of topics by the AG Stadtleben (Urban Life Working Group) in Hannover, whose members had collected numerous failed conversion ideas for Hannover on 200 pages in the early nineties. Here, however, the focus is only on current projects – and exclusively on those that are still on the agenda, even if some of them have been somewhat suppressed from public perception.

1 | Temporäre Pyramide auf dem Maschsee: Motiv aus der „Reise der Pyramide" von Kamel Louafi, siehe Seite 290/291.

1 | Temporary pyramid on the Maschsee: motif from "Journey of the Pyramid" by Kamel Louafi, see page 290/291.

Der Leinebogen

Was wäre Hannover, wenn die Vorfahren den Willen zur Anlage künstlicher Wasserwelten nicht gehabt hätten? Es wäre eine Stadt ohne Maschsee: Im Süden des Rathauses lägen die Tümpel eines Überschwemmungsgebiets, aber keine grün-blaue Freizeitoase.

Der Architekt Peter Grobe entwickelt seit Jahrzehnten Pläne dafür, neue, zusätzliche Wasserlandschaften im Raum Hannover entstehen zu lassen. Anfangs war es im Süden der Stadt geplant, also in der Leinemasch bei Laatzen, inzwischen aus hydraulischen Gründen im Nordwesten, zwischen Herrenhausen, Seelze und Garbsen. Es geht dabei nicht nur um Segelreviere und Spazierwege am Wasser. Es geht dabei um das Entwicklungspotenzial einer Region: Leben am Wasser gilt als hochattraktiv, die geplanten Siedlungen, Marinas und Gewerbeanlagen bieten hohes wirtschaftliches Potenzial und zudem Nutzungen für Freizeit, Sport und Tourismus. Das Thema bekommt auch neuen Schwung angesichts der Diskussionen über Hochwasservorsorge, weil die Seen als Reservoir und Puffer für plötzliche Flutwellen dienen können.

Die jüngst modifizierten Pläne aber sehen vier künstliche Großseen vor, vom Südsee bei Herrenhausen bis zum West-See bei Garbsen. Das Projektgebiet umfasst rund 132,5 Hektar, davon 124 Hektar Wasserfläche – rund 50 Prozent mehr als der Maschsee (80 Hektar). Bei einer mittleren Wassertiefe von 2 bis 2,50 Metern wäre ein Bodenaushub von 3,7 Millionen Kubikmetern nötig – das Erdreich würde aber weitgehend für Modellierungsarbeiten im Projektgebiet bleiben.

Fest steht: Das Flusswasser der Leine darf nicht direkt durch die Seen geführt werden, weil diese wegen ihrer Sandfrachten verlanden würden. Deshalb muss die Leine um die Seen herum mäandern – und sie auch kreuzen (ebenso wie der Mittellandkanal), sodass eine einfache Verbindung der Seen als Segel-Großrevier nicht möglich ist. Die Idee aber gilt als technisch inzwischen weitgehend ausgereift und die Initiatoren führen inzwischen Gespräche mit Grundstückseigentümern.

Ein Kreis engagierter Mitstreiter hat sich um Peter Grobe gebildet, die sich im Verein Leinebogen zusammengeschlossen haben. Dazu gehören außer dem Ingenieur Hans-Jürgen Vogel und dem Wirtschaftspolitiker Walter Richter auch die Architekten Adrian-Alexander Hakim-Meibodi und Rainer Schiemann. In den Jahren 2012 bis 2014 allerdings hatte es heftige Widerstände gegen das Projekt Leinebogen gegeben. Die Initiatoren wollen nun einen neuen Anlauf wagen.

The Leinebogen

What would Hannover be if its ancestors had not had the will to create artificial water worlds? It would be a city without the Maschsee: to the south of the city hall would be the pools of a flood plain, but no green-blue leisure oasis.

Architect Peter Grobe has been developing plans for decades to create new, additional water landscapes in the Hannover area. Initially, it was planned in the south of the city, i.e. in the Leinemasch near Laatzen, but now, for hydraulic reasons, in the northwest, between Herrenhausen, Seelze and Garbsen. It is not only about sailing areas and walking paths along the water. It is about the development potential of a region: life on the water is considered highly attractive, the planned settlements, marinas and commercial facilities offer high economic potential and also uses for leisure, sports and tourism. The topic is also gaining new momentum in light of discussions about flood prevention, because the lakes can serve as reservoirs and buffers for sudden flood waves.

The recently modified plans, however, envisage four large artificial lakes, from Südsee near Herrenhausen to West-See near Garbsen. The project area covers about 132.5 hectares, including 124 hectares of water – about 50 percent more than the Maschsee (80 hectares). With an average water depth of 2 to 2.50 meters, soil excavation of 3.7 million cubic meters would be necessary – but the soil would largely remain in the project area for modeling work.

One thing is certain: The river water of the Leine must not be routed directly through the lakes because they would silt up due to their sand loads. Therefore, the Leine must meander around the lakes – and also cross them (just like the Mittelland Canal), so that a simple connection of the lakes as a large sailing area is not possible. However, the idea is now considered to be technically largely mature and the initiators are now holding talks with landowners.

A circle of committed supporters has formed around Peter Grobe, who have joined forces in the Leinebogen association. In addition to the engineer Hans-Jürgen Vogel and the economic politician Walter Richter, they also include the architects Adrian-Alexander Hakim-Meibodi and Rainer Schiemann. In the years 2012 to 2014, however, there had been fierce opposition to the Leinebogen project. The initiators now want to make a new attempt.

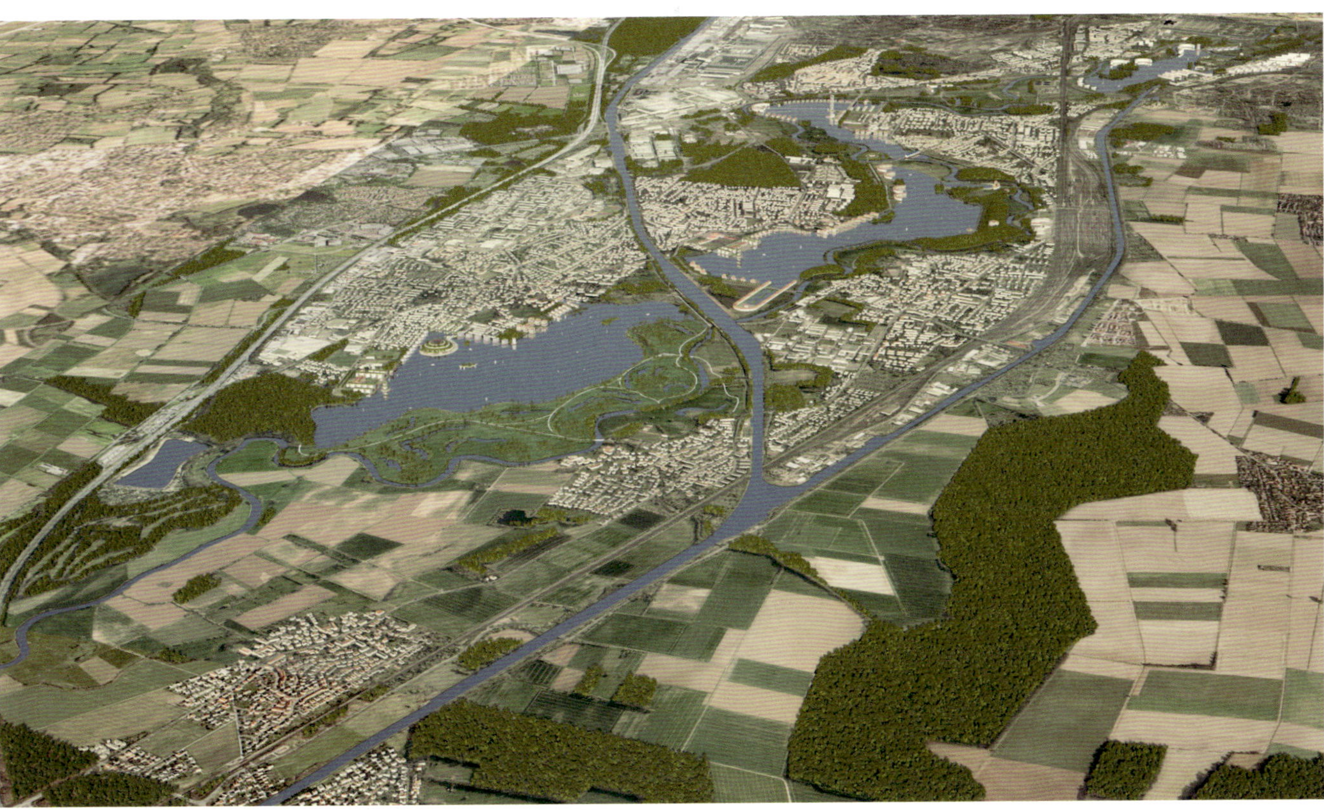

2

3

2 | Die aktuelle Konzeption für den Leinebogen: Links im Bild die Autobahn A2, vorne der Mittellandkanal mit Stichkanal Linden. Dazwischen sind die vier Seenlandschaften angelegt als Orte für Freizeit, Natur und Sport, mit Marinas sowie neuen Wohn- und Arbeitsorten.

3 | Projektion des möglichen West-Sees: So wie auf diesem Bild könnte die Bebauung am Ufer des künstlichen Gewässers aussehen.

2 | The current concept for the Leinebogen: On the left in the picture is the A2 highway, in front the Mittellandkanal with the Linden branch canal. In between, the four lakelands are laid out as places for leisure, nature and sports, with marinas as well as new places to live and work.

3 | Projection of the possible West Lake: As in this picture, the development on the shore of the artificial water body could look like this.

Die Reise der Pyramide

Gerade erst hat Bundespräsident Frank-Walter Steinmeier bei der Eröffnung des Berliner Humboldt-Forums gemahnt: „Auch wir haben blinde Flecken." Das Bewusstsein der Deutschen für die eigenen Gräuel der Kolonialzeit, für die Kunstraube und ihre bis heute andauernden Folgen für die kulturelle Identität in den einstigen Kolonialgebieten sei bei Weitem nicht ausgeprägt genug.

Weltweit wird diskutiert, wie Museen mit der Raubkunst aus der Kolonialzeit umgehen sollten. Große Sammlungen in Deutschland, Frankreich, England, aber auch in den USA sind voll mit Werken, die eigentlich der Bevölkerung in ehemaligen Kolonien gehören. Wahrscheinlich ist, dass in etlichen Nationalgalerien künftig nur noch Kopien zu sehen sind, weil die Originale zurückgegeben werden.

Der Landschaftsarchitekt Kamel Louafi, Berliner mit algerischen Wurzeln, will dieser Diskussion einen Ort geben und das Thema mit seiner „Reise der Pyramide" in die Gegenwart holen. Die Pyramide als omnipräsentes Symbol der Hochkultur in (Nord-)Afrika soll als spektakulärer Versammlungsort dienen, in dem Kunst und Diskussionen, Tanz und Konzert, Erinnerung und auch einfach nur Kontemplation möglich sind.

Es ist ein beeindruckendes temporäres Bauwerk, das Louafi entworfen hat. 180 mal 180 Meter misst die Plattform. Seile ragen auf zur 110 Meter hohen Spitze, die von einem mit Helium gefüllten Ballon mit etwa 27 Metern Durchmesser getragen wird. Die Idee ist inzwischen weit gereift: Der Lübecker Ingenieur Robert Meyknecht, der mit seiner Firma „Geo – Die Luftwerker" schon Christos begehbare „Floating Piers" auf dem Lago d'Iseo in Oberitalien konstruiert hat, hat bereits eine Pontonanlage für die begehbare Pyramide durchgerechnet. Denn an den meisten Orten ihrer Reise ist nur auf Wasserflächen genug Platz, um sie zu installieren. In Hannover soll es der Maschsee sein.

Louafi ist in Hannover kein Unbekannter. Er hat als relativ junger, unbekannter Landschaftsarchitekt in den Neunzigerjahren den Auftrag erhalten, zur Weltausstellung die Expo-Gärten zu gestalten. Das hat ihm zu weltweitem Ansehen verholfen. Ob in den Emiraten, in Afrika oder Europa: Überall hat Louafi Spuren hinterlassen. In Hannover hat er mittlerweile den Opernplatz, den Trammplatz am Neuen Rathaus und den Welfengarten neu gestaltet.

Jetzt wollte er seine „Reise der Pyramide" in Hannover beginnen lassen. Nach der Premiere auf dem Maschsee sollte sie auch in Paris, New York, London sowie afrikanischen und arabischen Städten zu sehen sein. Unter anderem die Corona-Krise hat das Projekt allerdings stark verzögert.

The journey of the pyramid

Just recently, at the opening of Berlin's Humboldt Forum, German President Frank-Walter Steinmeier warned, "We, too, have blind spots." Germans' awareness of their own atrocities of the colonial era, of art looting and its consequences for cultural identity in the former colonial territories, which continue to this day, is not nearly pronounced enough, he said.

There is worldwide discussion about how museums should deal with looted art from the colonial era. Large collections in Germany, France, England, but also in the USA are full of works that actually belong to the people in former colonies. It is likely that in the future only copies will be on display in many national galleries, because the originals will be returned.

Landscape architect Kamel Louafi, an inhabitant of Berlin with Algerian roots, wants to give this discussion a place and bring the topic into the present with his "Journey of the Pyramid". The pyramid, as an omnipresent symbol of high culture in (North) Africa, is to serve as a spectacular gathering place where art and discussions, dance and concert, remembrance and also simply contemplation are possible.

It is an impressive temporary structure that Louafi has designed. The platform measures 180 by 180 meters. Ropes rise to the 110-meter-high top, which is supported by a helium-filled balloon about 27 meters in diameter. In the meantime, the idea has come a long way: engineer Robert Meyknecht from Lübeck, who has already constructed Christo's walkable "Floating Piers" on Lake Iseo in northern Italy with his company "Geo – Die Luftwerker," has already worked out a pontoon system for the walkable pyramid. That's because in most of the places she's traveling to, there's only enough room to install it on water surfaces. In Hannover, it is to be the Maschsee.

Louafi is no stranger to Hannover. As a relatively young, unknown landscape architect in the 1990s, he was commissioned to design the Expo gardens for the World's Fair. This has helped him to achieve worldwide renown. Whether in the Emirates, Africa or Europe, Louafi has left his mark everywhere. In Hannover, he has since redesigned the Opera Square, the Tramm Square at the New City Hall and the Guelph Garden.

Now he wanted to start his "Journey of the Pyramid" in Hannover. After the premiere on the Maschsee, it was also to be seen in Paris, New York, London, and African and Arab cities. However, the Corona crisis, among other things, severely delayed the project.

4

5

4 | Ort für Diskussionen und Kultur: So könnte die Pyramide auf dem Maschsee aussehen. Rechts der Hellebardier von Alexander Calder sowie die Fackelläufer-Statue.

5 | Die Simulation der Pyramide auf dem Maschsee zeigt eindrucksvoll die geplante Größe der Installation.

4 | Place for discussions and culture: This is what the pyramid on the Maschsee could look like. On the right, the halberdier by Alexander Calder and the Torch Runner statue.

5 | The simulation of the pyramid on the Maschsee impressively shows the planned size of the installation.

Stadtumbau am Köbelinger Markt

Manchmal schließen sich Zeitfenster für die Umsetzung guter Ideen wieder, wenn alles zu lange dauert. Im hannoverschen Innenstadtdialog City2020 waren in den Jahren 2009/2010 insgesamt vier Flächen als Interventionsräume ausgemacht worden: Klagesmarkt und Marstall (beide umgebaut, siehe Kapitel „Bauwerke 2016–2021), das Hohe Ufer (in Teilen umgebaut, siehe Kapitel „Im Gespräch") und der Köbelinger Markt.

Dort sollte das alte Bürgeramt Leinstraße abgerissen werden und nach einem Wettbewerbs-Siegerentwurf des Darmstädter Büros Trojan Trojan von 2010 ein attraktives Innenstadtquartier entstehen. Vier kleinere Gebäude waren geplant sowie – als Gegenpol zum Großbau des ehemaligen Maritim-Grandhotels – ein höheres Punkthaus am Theodor-Lessing-Platz. Bis zu 100 Wohnungen hätten entstehen sollen, im Erdgeschoss jeweils Büros, Gastronomie, Einzelhandel und Dienstleistungsbetriebe.

Das Vorhaben der Stadt aber, den maroden Verwaltungsbau Leinstraße ab etwa 2017 zu verlassen und damit Platz für die Neukonzeption zu schaffen, hat sich immer weiter verzögert. Aktuell ist 2022 angepeilt – die Räume werden noch als Ausweichquartiere benötigt.

Damit wäre bis zur Umsetzung der Trojan-Konzeption mehr als ein Jahrzehnt vergangen – unwahrscheinlich, dass man sie ohne neuen Planerwettstreit realisieren wird. Bürgermeister Thomas Hermann, in der ersten Dekade dieses Jahrtausends einer der Erfinder des City-2020-Wettbewerbs, hat bereits öffentlich vorgeschlagen, man müsse den Platz heute „neu denken" und in die Planung möglicherweise auch Teilflächen miteinbeziehen, die an die Markthalle grenzen.

Urban redevelopment at Köbelinger Markt

Sometimes time windows for the implementation of good ideas close again when everything takes too long. In Hannover's inner city dialog City2020, a total of four areas were identified as intervention areas in 2009/2010: Klagesmarkt and Marstall (both rebuilt, see chapter "Buildings 2016–2021), Hohe Ufer (rebuilt in parts, see chapter "Under discussion") and Köbelinger Markt.

There, the old Leinstrasse Civic Office was to be demolished and an attractive inner-city quarter was to be created according to a competition-winning design by the Darmstadt office of Trojan Trojan from 2010. Four smaller buildings were planned as well as – as a counterpoint to the large building of the former Maritim Grand Hotel – a higher point building at Theodor-Lessing-Platz. Up to 100 apartments were to have been built, with offices, restaurants, retail outlets and service outlets on the first floor.

However, the city's plan to vacate the dilapidated Leinstrasse administration building from around 2017 and thus make room for the new concept has been continually delayed. Currently, 2022 is the target – the rooms are still needed as alternative quarters.

This would mean that more than a decade would have passed before the Trojan concept was implemented – unlikely to be realized without a new planning competition. Mayor Thomas Hermann, one of the inventors of the City 2020 competition in the first decade of this millennium, has already publicly suggested that the square should be "rethought" today and that the planning should possibly include partial areas adjacent to the market hall.

8

6

7

Stadtverdichtung an der Waterloosäule

Wie schafft man preiswerten Wohnraum, wenn man an den teuren gesetzlichen Auflagen zu energetischem Konzept, Brandschutz und Barrierefreiheit nichts ändern kann? Zwei langjährige Manager der öffentlichen Bauverwaltungen haben 2017 ein Konzept dafür vorgelegt, indem Stadt und Land Grundstücke kostenfrei oder wenigstens extrem preisgünstig zur Verfügung stellen.

Klaus Heinzel, ehemaliger Chef der Hochschulplanung im staatlichen Baumanagement des Landes Niedersachsen, und Ernst Futterlieb, langjähriger leitender Baubeamter in der Stadtplanung, haben für den Waterlooplatz und den angrenzenden Friederikenplatz eine Konzeptstudie erstellt. Demnach könnten 350 Wohnungen für bis zu 700 Mieter auf dem Areal entstehen, das derzeit für Flüchtlings-/Obdachlosencontainer und eine provisorische Kita genutzt wird.

Tatsächlich sind Waterloo- und Friederikenplatz seit der Bebauung der innerstädtischen Großparkplätze am Klagesmarkt und Marstall die letzten verbliebenen, innenstadtnahen Flächen, die nicht als Parks angelegt sind und daher grundsätzlich für eine Bebauung denkbar sind. Weiterer Vorteil: Sie werden kaum für Freizeit- und Naturausflüge genutzt.

Der Friederikenplatz war jahrzehntelang als Baureservefläche für das Regierungsviertel vorgesehen. Der Waterlooplatz ist durch die Anlage der vierspurigen Stadtautobahn ohnehin in seiner historischen Form nicht mehr vorhanden. Heinzel/Futterlieb schlagen vor, dort die Gebäude an den Ostrand zu setzen und die fehlende Grünfläche zurückzugewinnen, indem der überdimensionierte Straßenraum zurückgebaut wird.

Teure Tiefgaragen könnten entfallen, weil die U-Bahnstation vor der Haustür liegt, argumentierten die beiden Planer damals. Auch solle man „auf Architekturschnickschnack und hohe energetische Anforderungen“ verzichten, um die Baukosten gering zu halten – die gesetzlichen Mindeststandards seien so hoch, dass sie ausreichten. Die Idee wurde damals nicht weiterverfolgt. Kein Wunder: Noch „schmücken“ provisorische Containeraufbauten den Platz, die nun schon seit 2016 dort stehen und eigentlich nach drei Jahren verschwinden sollten. Aktuell ist geplant, dass sie 2026 entfernt werden sollen.

Urban densification at the Waterloo Column

How do you create affordable housing if you can't change the expensive legal requirements for energy concept, fire protection and accessibility? Two long-time managers of public building authorities presented a concept for this in 2017, by making land available free of charge or at least extremely cheaply to the city and state.

Klaus Heinzel, former head of university planning in the state construction management of Lower Saxony, and Ernst Futterlieb, a longtime senior construction official in city planning, have prepared a concept study for Waterlooplatz and the adjacent Friederikenplatz. According to the study, 350 apartments for up to 700 tenants could be built on the site, which is currently used for refugee/homeless containers and a temporary daycare center.

In fact, since the development of the large downtown parking lots at Klagesmarkt and Marstall, Waterloo and Friederikenplatz are the last remaining areas close to the city center that are not designed as parks and are therefore conceivable for development in principle. Another advantage is that they are hardly used for leisure and nature excursions.

For decades, Friederikenplatz was earmarked as a construction reserve area for the government district. Waterlooplatz no longer exists in its historic form anyway due to the construction of the four-lane city highway. Heinzel/Futterlieb propose to move the buildings there to the eastern edge and to reclaim the missing green space by deconstructing the oversized street space.

Expensive underground garages could be omitted because the subway station is on the doorstep, the two planners argued at the time. They also said that "architectural bells and whistles and high energy requirements" should be dispensed with in order to keep construction costs down – the minimum legal standards were so high that they were sufficient. The idea was not pursued further at the time. No wonder: provisional container structures still "adorn" the square, which have now been there since 2016 and were actually supposed to disappear after three years. The current plan is for them to be removed in 2026.

6 | Anschaulich im Modell: Die Neubauten sollten sich behutsam in die Altstadt-Grundrisse einfügen.

7 | Ein höherer Neubau und vier flacherer Baukörper: So sah die Konzeption von 2010 für den Köbelinger Markt in der Altstadt aus. Im Hintergrund ist das Neue Rathaus zu erkennen, links davon das inzwischen umgebaute Rathaus-Kontor, rechts davon das ehemalige Maritim-Grandhotel.

8 | Die Visualisierung zeigt den Blick von Norden auf die Waterloosäule, gewissermaßen aus dem Bauwerk der U-Bahnhaltestelle Waterloo. Links die Neubauten. Rechts könnte der Platz erweitert werden durch Reduktion der Autospuren auf der Lavesallee.

6 | Illustrated in the model: The new buildings were to be carefully integrated into the layout of the old town.

7 | A taller new building and four flatter structures: This was the concept of 2010 for Köbelinger Markt in the old town. In the background, the New City Hall can be seen, to the left of it the now rebuilt Rathaus-Kontor, to the right of it the former Maritim-Grandhotel.

8 | The visualization shows the view of the Waterloo Column from the north, as it were from the structure of the Waterloo subway station. On the left the new buildings. On the right, the square could be expanded by reducing the car lanes on Lavesallee.

Markthalle reloaded

Es ist für viele Hannoveraner ein Traum, die alte Jugendstil-Markthalle wieder aufleben zu lassen. Immer wieder gab es Anläufe – aber immer wurde die Rechnung ohne die beiden Wirte gemacht. Weder die Stadt als Grundstückseignerin und Erbpachtgeberin noch die langjährigen Pächter waren im Boot. Weshalb bisher alle Anläufe scheiterten.

51 Jahre lang hatte Hannover eine reich geschmückte Jugendstilmarkthalle nach Pariser Vorbild. In den Bombennächten von 1943 wurde sie zertrümmert. Anfang der Fünfzigerjahre forderten zehntausende Hannoveraner den Wiederaufbau. 1955 kam er – aber in der nüchternen Eleganz der Zeit, als rationaler Bau, der das Herz nicht berührt. Als hochrangiges Denkmal der Nachkriegsjahre steht die Markthalle inzwischen unter Schutz.

Etwa im Fünfjahrestakt erlebt Hannover neue Anläufe für eine frische Konzeption. Lange Zeit ging es darum, die alte äußere Form wiederherzustellen als Jugendstil-Eisenkonstruktion mit den vier Türmchen auf den Ecken und farbigen Glasuren an dem 84 mal 48 Meter großen Gebäude. Bei exakter Platzierung aber würde sie weit auf die heutige Karmarschstraße ragen: Die war im 19. Jahrhundert nur ein schmaler Weg für Kutschen.

Der rührige Verein Hannoversche Stadtbaukultur brachte 2017 Entwürfe und auch mögliche Investoren für eine andere Form von Markthalle ins Gespräch. Architektonisch sollte sie zwar an die Jugendstilformen erinnern, allerdings als Passagenbauwerk sowohl Markthallenfunktion als Wohnungsbau beinhalten und auch den rückwärtigen Teil des Grundstücks mitnutzen. Dort befindet sich das abbruchreife ehemalige Bürgeramt Leinstraße am Köbelinger Markt (siehe Köbelinger Markt).

Markthallen boomen weltweit. Rotterdam etwa hat mit seinem hypermodernen Flugzeughangar vorgemacht, wie sich eine Markthalle zum neuen Treffpunkt in der Stadt umformen lässt. In Berlin-Kreuzberg zeigt die „Markthalle Neun", wie sich „anders essen" und „anders einkaufen" auf kreative Weise verbinden lassen. Ob Florenz oder Istanbul: Überall sind Markthallen Treffpunkte der Stadtgesellschaft, touristische Magneten und kulinarische Tempel.

In Hannover bestreitet kaum jemand, dass die Markthalle in die Jahre gekommen ist und dringend neue Impulse braucht, architektonisch und konzeptionell. Bisher aber war die Zeit nicht reif.

Market hall reloaded

It is a dream for many Hannoverians to revive the old art nouveau market hall. Time and again, there have been attempts – but the two landlords have always been left out of the equation. Neither the city as landowner and leaseholder nor the long-time tenants were on board. Which is why all attempts have failed so far.

For 51 years, Hannover had a richly decorated Art Nouveau market hall based on the Parisian model. In the bombing nights of 1943, it was smashed to pieces. In the early 1950s, tens of thousands of Hannoverians demanded that it should be rebuilt. It came in 1955 – but in the sober elegance of the time, as a rational building that does not touch the heart. As a high-ranking monument of the post-war years, the market hall is now under protection.

Every five years or so, Hannover experiences new attempts at a fresh concept. For a long time, the aim was to restore the old exterior form as an Art Nouveau iron construction with the four turrets on the corners and colored glazes on the 84 by 48 meter building. If placed exactly, however, it would project far onto today's Karmarschstraße: in the 19th century, this was only a narrow path for carriages.

In 2017, the active Hannoversche Stadtbaukultur association brought up designs and possible investors for a different kind of market hall. Architecturally, it was to be reminiscent of the Art Nouveau forms, but as a passageway structure it was to include both market hall function and residential construction and also share the use of the rear part of the site. This is where the former Leinstrasse Civic Office at Köbelinger Markt, which is ready for demolition, is located (see Köbelinger Markt).

Market halls are booming all over the world. Rotterdam, for example, has shown with its hypermodern aircraft hangar how a market hall can be transformed into a new meeting place in the city. In Berlin-Kreuzberg, the "Markthalle Neun" shows how "eating differently" and "shopping differently" can be combined in a creative way. Whether Florence or Istanbul: everywhere, market halls are meeting places for urban society, tourist magnets and culinary temples.

In Hannover, hardly anyone disputes that the market hall is getting on in years and urgently needs new impetus, both architecturally and conceptually. So far, however, the time has not been ripe.

9

10

9 | Virtuelle 3-D-Rekonstruktion der alten Jugendstil-Markthalle, ein Projekt aus einer Virtual-Pix-CAD-Fortbildung im Auftrag des Vereins Hannoversche Stadtbaukultur. Das Gebäude im Originalformat würde heute aber bis auf die Karmarschstraße ragen.

10 | Neukonzeption von 2017: So könnte eine Markthalle als Passagenbauwerk aussehen. Die beiden mittigen Bauwerke sind Vorkriegsbestand. Rechts zieht sich die Passage bis weit auf den Köbelinger Markt.

9 | Virtual 3-D reconstruction of the old Art Nouveau market hall, a project from a Virtual Pix CAD advanced training course commissioned by the Hannoversche Stadtbaukultur association. Today, however, the building in its original format would extend all the way to Karmarschstraße.

10 | New concept from 2017: This is what a market hall could look like as a passage building. The two buildings in the middle are prewar structures. On the right, the passage extends far onto Köbelinger Markt.

Anhang und Register
Appendix and register

Bildnachweise **Photo credits**

Alle Fotos, soweit nicht anders gekennzeichnet, von Heinrich Hecht
All photos, unless otherwise indicated, by Heinrich Hecht

Seite 10 und 11: Henn Architektur
72: Delta Bau AG
73: Birgit Streicher/Delta Bau AG
88: Eike Stuhlemmer (unten)
119: Sprengel Museum Hannover (rechts)
124: VWN Privat
129: Erz Architekten (unten)
142: Hans-Georg Esch/Talanx AG
143: Thomas Bach/Talanx AG
145: Sven Otte Fotografie/Guder Hoffend Architekten
155: Jörg Hempel (oben), Henning Stauch (unten)
159: Birgit Streicher/Schulze & Partner. Architektur. (unten)
166: Sebi Behrens
169: Baum Unternehmensgruppe (unten)
173: Birgit Streicher/Schulze & Partner. Architektur.
176: Schulze & Partner. Architektur. (unten)
182–187: Thomas Langreder
188–193: Roman Thomas/Campo Immobilien
191: Gert Meinhof (unten)
211: Studio Mauer/Cityförster
212: Thomas Langreder/hanova
215: WLEG
216–217: hanova/Henning Stauch+KODA by Kodasema
223: Gundlach, Hans Schaper
226–227: Roman Thomas
231: Privat
257: KSW
262: Grieger Harzer
271: Conrad von Meding
279: MVRDV Architects (links)
281: Michael Hauschild
282: Andy Pichottki
283: Stephan Kurschat
286 u. 291: Kamel Louafi/Raphael Michalek/ Alessandro Fonte+Francisco Castaniera
289: Peter Grobe/Adrian-Alexander Hakim-Meibodi
292: Trojan+Trojan
293: Heinzel Futterlieb
295: Virtual Pix, Hannover/Verein Hannoversche Stadtbaukultur (oben)
Dimitriy Lualjuk, Lwiw/Verein Hannoversche Stadtbaukultur (unten)
299: Samantha Franson

Urheberhinweise Grundrisse **Copyright information floor plans**

Continental-Zentrale Pferdeturm	Henn Architektur, München
Hochhaushotel Intercity	Böge Lindner K2 Architekten, Hamburg
Geschäftshaus List	Léonwohlhage, Berlin
Maschinenbaucampus der Leibniz-Univers.	Fatma Buz, Hannover
Hannover-Service-Center am Schützenpl.	KSW Kellner Schleich Wunderling, Hannover
Gustav Brandt´sche Stiftung	Fatma Buz, Hannover
Marstall-Quartier	Atelier Loidl, Berlin
Deutsche-Bahn-Zentrale	Hascher Jehle, Berlin
ZF/Wabco	BKSP - Grabau, Obermann, Ronczka und Partner, Hannover
Klagesmarkt-Quartier	BKSP - Grabau, Obermann, Ronczka und Partner, Hannover
Stichweh-Leinepark	Hübotter+Stürken+Dimitrova, Hannover
City-Gate Nord	Leander von Meding, Hannover
Landtag mit Plenarsaal	Blocher Partners, Stuttgart
KPMG und KSA	VGH, Hannover
Herrenhäuser Forum	KSW Kellner Schleich Wunderling, Hannover
Mecklenburgische Versicherung	Kaspar Kraemer, Köln
Hafven/Coworking	Leander von Meding, Hannover
Sprengel-Museum, Erweiterungsbau	Meili+Peter, Zürich
Deloitte-Neubau	BKSP - Grabau, Obermann, Ronczka und Partner, Hannover
VWN-Kundencenter	Wolf-Fellner + Schlüter, Hannover
Deutsche Hypo	Kleihues+Kleihues, Berlin/Erz München
Neues Kröpcke-Center	Kleihues+Kleihues, Berlin
Klinikum Siloah	a|sh Sander Hofrichter Architekten, Ludwigshafen
Schloss Herrenhausen	JK Jastrzembski Kotulla, Hamburg
HDI-Zentrale	Ingenhoven Architects, Stuttgart
Geschäftshäuser in der Innenstadt	Guder Hoffend, Hannover
Hauptgüterbahnhof Weidendamm	Leander von Meding, Hannover
Verdichtung Krausenstraße	BBU.Projekt Dilek Ruf, Hannover
Joachimscarrée	sp.a Schulze & Partner Architektur, Hannover
Dänischer Pavillon	Carsten Grobe Passivhaus Architektur- und TGA-Planungsbüro, Hannover
Uhlhorn-Kirche als Wohnhaus	Fatma Buz, Hannover
Rathaus-Kontor	Leander von Meding, Hannover
Eilenriedestadion	sp.a Schulze & Partner Architektur, Hannover
Sparkasse am Raschplatz	sp.a Schulze & Partner Architektur, Hannover
Weiße Moderne / Dievision	Axel Brunner , Düsseldorf
Neue Hanomag	Agsta, Hannover
Dragoner-Carrée	Leander von Meding, Hannover
Ahrberg-Viertel	Leander von Meding, Hannover
VGH-Quartier	ASP/VGH, Hannover
VHV-Zentrale	BKSP Grabau Obermann Ronczka und Partner, Hannover
Ricoh-Neubau	Leander von Meding, Hannover
Torhaus am Aegi	SEP | Architekten Bockelmann Klaus, Hannover
Madsack-Medienzentrum	Carlotta Warning, MDG Hannover
Ihmeauen	Fatma Buz, Hannover
HDI-Arena	Schulitz/sp.a/Leander von Meding, Hannover
Zentrale der Nord/LB	Behnisch, Behnisch & Partner, Stuttgart
Gehry-Tower der Üstra	Leander von Meding, Hannover
INI – ein Haus mit Hirn	Siat, München
Deutscher Pavillon	Josef Wund, Friedrichshafen/Leander von Meding, Hannover
Expo-Holzdach	Herzog + Partner, München
Pavillon der Niederlande	Leander von Meding, Hannover
Finanz-Informatik	Hascher Jehle Architektur, Berlin
Blauer Bahnhof Nordstadt	Prof. Hansjörg Göritz

Heinrich Hecht in der ehemaligen Küche von Georg Baselitz im Schloss Derneburg
Heinrich Hecht in the former kitchen of Georg Baselitz in Derneburg Castle

Heinrich Hecht

… bekam zwar als Zehnjähriger seine erste Kamera geschenkt, fand aber erst nach einer kaufmännischen Ausbildung und einigen Jahren in Vertrieb und Marketing der Computerindustrie heraus, dass Fotografie seine echte Bestimmung ist. Seitdem hat er mehr als 20 Bücher und 70 Kalender produziert und an weiteren 40 Büchern mitgearbeitet. Architektur und Kunst, alles was mit Wasser zu tun hat und Wirtschaft: Das Themenspektrum ist breit gestreut. Dabei hat er private Leidenschaft und Beruf gut kombiniert: Als begeisterter Segler war Heinrich Hecht mehrere Jahre Pressesprecher der Kieler Woche und fotografiert sie regelmäßig durch, zudem war er 1989 Sprecher des Deutschen Admiral's Cup Teams. Im Jahr 2000 verantwortete er als Teamleiter und Fotograf alle offiziellen Fotoaufnahmen der EXPO 2000, erstellte einige Jahre später einen Bildband über die Nord/LB und ausserdem das offizielle Buch zur Einweihung des JadeWeserPorts in Wilhelmshaven. Als Kunstliebhaber dokumentiert er seit 2017 verschiedene Ausstellungen der Hall Art Foundation auf Schloss Derneburg, war 1995 offizieller Fotograf der Reichtagsverhüllung von Christo im Team von Wolfgang Volz – und war natürlich auch 2021 bei der posthumen Verhüllung des Arc de Triomphe in Paris als Fotograf dabei. Heinrich Hecht lebt in Schaumburg auf einem alten Resthof.

… was given his first camera as a present when he was ten years old, but only after an economic education and a few years in sales and marketing in the computer industry, found out that photography was his true destiny. Since then, he has produced more than 20 books and 70 calendars and collaborated on another 40 books. Architecture and art, everything to do with water and business: the range of topics is broad. In doing so, he has combined private passion and profession well: As an enthusiastic sailor, Heinrich Hecht was press spokesman for Kiel Week for several years and regularly photographs it; he was also spokesman for the German Admiral's Cup Team in 1989. In 2000, as team leader and photographer, he was responsible for all official photo shoots of EXPO 2000. A few years later, he produced an illustrated book about Nord/LB and also the official book for the inauguration of the JadeWeserPort in Wilhelmshaven. As an art lover, he has been documenting various exhibitions of the Hall Art Foundation at Derneburg Castle since 2017, was the official photographer of Christo's wrapping of the Reichstag in 1995 in Wolfgang Volz's team – and was, of course, also present as a photographer at the posthumous wrapping of the Arc de Triomphe in Paris in 2021. Heinrich Hecht lives in Schaumburg on an old remnant farm.

Conrad von Meding

... schreibt seit 25 Jahren für die Hannoversche Allgemeine Zeitung über Architektur und Stadtentwicklung, Bauen und Wohnen und das Zusammenleben der Menschen im urbanen Raum. Der studierte Soziologe hat Bücher über das „Bauen in der Stadt" (2011) und den Wiederaufbau von Schloss Herrenhausen (2013) geschrieben, ist ein gefragter Moderator bei öffentlichen Diskussionsveranstaltungen und bietet regelmäßig Führungen auf die Waterloosäule an, weil sich Hannovers Silhouette von dort aus am besten erklären lässt. Er wohnt in der Innenstadt in einem in Eigenarbeit restaurierten Hinterhofhaus von 1847.

... has been writing for the Hannoversche Allgemeine Zeitung for 25 years about architecture and urban development, building and living, and how people live together in urban spaces. He studied social sciences at Hannover University and has written books on "Building in the City" (2011) and the reconstruction of Herrenhausen Palace (2013), is a sought-after moderator at public discussion events, and regularly offers guided tours of the Waterloo Column because Hannover's silhouette can best be explained from there. He lives in the city center in a backyard house from 1847 that he restored himself.

Impressum **Imprint**

Herausgeber / Publisher: Leuenhagen & Paris, Hannover
Redaktion / Editing: Conrad von Meding
Art-Direktion / Art-Direction: Heinrich Hecht
Grafikdesign / Graphic design: Leon Auffenberg
Lektorat / Editor: Imke Schaffors
Lektorat Übersetzung / Editor Translations:
Dr. Andreas Urscheler, Zürich; Nicki Gallichan, Saint-Tropez

Druck / Printing House: Gutenberg Beuys Feindruckerei, Langenhagen
© 2021, Leuenhagen & Paris, Hannover

Alle Rechte vorbehalten / All rights reserved.

Nachdruck bei genauer Quellenangabe nur mit schriftlicher Genehmigung von Leuenhagen & Paris
Reprint only with written approval by Leuenhagen & Paris

Die Deutsche Nationalbibliothek verzeichnet diese Publikation in der Deutschen Nationalbibliografie; detaillierte bibliografische Daten sind im Internet über http://dnb.dnb.de abrufbar.

ISBN: 978-3-945497-16-6